PIRATES

A New History, from Vikings to Somali Raiders

Peter Lehr

全球海盗史

从维京人到索马里海盗

[英]彼得·莱尔 著　于百九 译

SPM

南方出版传媒

广东人民出版社

·广州·

图书在版编目（CIP）数据

全球海盗史：从维京人到索马里海盗 / （英）彼得·莱尔著；于百九译. —广州：广东人民出版社，2022.1（2022.3重印）
书名原文：Pirates: A New History, from Vikings to Somali Raiders
ISBN 978-7-218-15203-5

Ⅰ.①全…　Ⅱ.①彼…　②于…　Ⅲ.①海盗—历史—世界　Ⅳ.①D59

中国版本图书馆CIP数据核字（2021）第174415号

QUANQIU HAIDAO SHI: CONG WEIJING REN DAO SUOMALI HAIDAO
全 球 海 盗 史：从 维 京 人 到 索 马 里 海 盗
［英］彼得·莱尔　著　于百九　译　　　　　版权所有　翻印必究

出 版 人：肖风华

丛书策划：施　勇
项目统筹：陈　晔　皮亚军
责任编辑：陈　晔
责任校对：钱　丰
责任技编：吴彦斌　周星奎

出版发行：广东人民出版社
地　　址：广州市越秀区大沙头四马路10号（邮政编码：510102）
电　　话：（020）85716809（总编室）
传　　真：（020）85716872
网　　址：http://www.gdpph.com
印　　刷：唐山富达印务有限公司
开　　本：889毫米×1194毫米　1/32
印　　张：9　字　数：202千字
版　　次：2022年1月第1版
印　　次：2022年3月第3次印刷
著作权合同登记号：19-2021-179号
定　　价：59.00元

如发现印装质量问题影响阅读，请与出版社（020-83716848）联系调换。
售书热线：（020）87716172

A merry Life, and a short one

及　时　行　乐

目 录

引言：海盗的突然回归

11月里阴沉的一天，一艘轮船劈开中国南海的波浪，航行在上海到马来西亚巴生港（Port Klang）的途中。船上的23名水手各自忙碌，谁也没有注意到出现在附近的几十艘小渔船。突然，一伙不知道从哪里冒出来、全副武装的不速之客爬上了轮船，挥舞着长刀和枪械。匪徒们很快控制住了被吓坏的船员，接着把他们关在船舱里。过了一会儿，船员们被反绑着手臂押送回甲板。他们被蒙住眼，沿着甲板栏杆站成一排，接着遭到了棍击、刀刺或者枪击。但他们最终的命运是一样的：全部23人——有些人还活着——都被扔进大海，以抹掉这桩骇人罪行的全部痕迹。据说，即使在"17、18世纪所谓的海盗黄金时代，公海上也极少发生像这伙劫船匪徒所犯下的这么凶残、冷血的屠杀行为"[1]。但是这次袭击发生的时间并不久远——它发生于1998年11月16日，被袭击的是散装机动货轮"长胜号"。

"长胜号"惨案和其他一些发生于20世纪90年代的类似事件有一个共同点：尽管抢劫过程野蛮残暴，但是它们基本上都没引起公众的注意。海盗能够引起公众的注意，一般来说是通过虚构的故事——比如罗伯特·路易斯·史蒂文森的《金银岛》，或者好莱坞电影，比如道格拉斯·范朋克主演的《黑海盗》和埃罗尔·弗林主演的《喋血船长》，以及近年来极其成功的约翰尼·德普主演的《加勒比海盗》系列。这些书籍和电影将海盗们刻画成浪漫潇洒的人物，跟实际情况相去甚远。[2] 在相对较小的学术专业圈子（当然还包括海员和海事执法机构）之外，"海盗的威胁"好像已经消失了，这样一来，"piracy"（海盗行为）这个名词本身更多地与各种形式的知识产权盗版联系在一起，而不是与它的起源——海上犯罪联系在一起。在 2005 年 11 月，这一情况终于改变了，当时出现了一种新型的公海海盗组织——索马里海盗，他们肆无忌惮地袭击了一艘现代邮轮，引起了国际关注。

"世鹏精灵号"（*Seabourn Spirit*）[3] 不是那种定时往来于非洲之角① 附近水域的破旧轮船。它是一艘顶级的奢华邮轮，船上的 164 名船员为 208 位贵宾提供服务。此前不久，它还被 "《悦游》杂志读者之选"（*Condé Nast Traveler* Readers' Poll）票选为年度最佳小型邮轮。2005 年 11 月，"世鹏精灵号"从埃及亚历山大驶向新加坡，在美妙的红海之旅后，船上的 200 名乘客随邮轮穿过曼德海峡②，进入亚丁湾③。乘客们憧憬着他们在下一个停靠港——蒙巴萨④ 的旅程。

11 月 5 日星期六，当地时间清晨 5 点 30 分，"世鹏精灵号"

---

① 即非洲东北部的索马里半岛。（本书脚注如无特殊说明，均为译者注。）

② 曼德海峡（Bab el-Mandeb）：连接红海和亚丁湾的海峡，位于也门和吉布提之间。

③ 亚丁湾（Gulf of Aden）：也门和索马里之间的一片阿拉伯海水域，是船只往来地中海和印度洋的必经之路，也是波斯湾石油输往欧洲和北美洲的主要通航水路。

④ 蒙巴萨（Monbasa）：肯尼亚第二大城市、历史名城，东非主要港口之一。

航行到距索马里巴纳迪尔^①海岸大约 100 海里（185 公里）处，此时船员和乘客们大多尚在梦乡。在舰桥上，一切如常：船员在雷达屏幕上监视其他船只的位置，并密切注意在舰首附近来回穿梭的几艘小渔船，它们完全无视己方轮船的优先通行权。突然，两艘小艇加速冲向邮轮。舰桥上的船员们起初大惑不解，旋即感到震惊：小艇上的人挥舞着突击步枪和火箭筒。船员们恐怕是过了一小会儿才意识到，他们被海盗袭击了。尽管之前的几个月里发生过一些袭击事件，但都发生在离海岸更近的水域，而且目标仅限于当地的小型船只，而不是最先进的西方邮轮。海盗们会攻击"世鹏精灵号"这样一艘邮轮，简直闻所未闻。

不论吃惊与否，船长斯文·埃里克·佩德森（Sven Erik Pedersen）毫不犹豫地拉响了警报，并且指示"世鹏精灵号"全力提速。他的计划是甩开这两艘 7 米长的小型玻璃钢船，要是能有机会撞翻其中一艘那就更好了。邮轮安保人员听到警报声后立即采取行动：退役警察迈克尔·格罗夫斯（Michael Groves）用一根高压水管，与靠上来疯狂射击的海盗交战，他希望能用高压水柱打翻海盗的小艇；邮轮警卫长、前廓尔喀^②士兵索姆·巴哈杜尔（Som Bahadur）操纵邮轮上的"声波炮"，发射出刺耳的高频声波，阻止袭击者靠近。规避动作、高压水管和声波炮三管齐下，终于甩掉了袭击者，海盗船消失在了清晨的薄雾中。除了索姆·巴哈杜尔被

---

① 巴纳迪尔（Banaadir）：索马里南部地区，其核心城市为索马里首都摩加迪沙。

② 廓尔喀（Gurkha）：尼泊尔部族，以盛产雇佣兵闻名。

弹片击中受了一点轻伤外，船上没有任何人员伤亡，不过有一发火箭弹击中了船体，炸毁了一间特等客舱。还有一发火箭弹击中船尾后被弹开了，没造成什么损害。

总之，这次袭击本来有可能演变成一场旷日持久的人质危机事件，最终被成功地化解了，邮轮、船员和乘客们也幸运地逃脱了。出于安全考虑，邮轮没有按照原计划在蒙巴萨停靠，而是直接驶向维多利亚港①。接着，邮轮从那里驶往新加坡，并如期抵达。乘客们在新加坡下船，他们有一肚子故事要讲给旁人听。[4]

之后的数年时间里，国际社会将逐渐习惯索马里海盗这种肆无忌惮的行动。但在 2005 年 11 月，这次事件太不寻常了，以致很多观察家——包括时任澳大利亚外交部部长的安东尼·唐纳（Anthony Downer）——不太愿意称其为海盗袭击。对于他们来说，这次袭击事件更像是海上恐怖主义行为，幕后黑手或许是"基地"组织。两个四人海盗小队怎么可能劫持一艘 134 米长的现代化邮轮？更何况邮轮上还有好几百人。这些观察家认为，八名海盗没有能力控制住这么多人。只有时间能让大家接受现实：对，这次就是海盗袭击；而且强悍的索马里海盗拿起突击步枪和火箭筒，就敢毫不犹豫地动手绑架几十名甚至数百名惊慌失措、几乎手无寸铁的乘客和船员。从那时起，虚构的加勒比海盗们必须要和现实世界里的索马里海盗们相竞争，才能占据媒体头条和"公众对远洋航行的印象"[5]。部分索马里海盗的大胆行动还被搬上了大银幕：一帮海盗袭击了悬挂美国国旗的集装箱货轮"马士基·阿拉巴马号"（*Maersk*

① 维多利亚港（Port Victoria）：位于东非岛国塞舌尔首都维多利亚。

Alabama），但却没能顺利劫持它，这起事件在 2013 年被改编成卖座电影《菲利普船长》，由汤姆·汉克斯主演。

2009 年 4 月，"马士基·阿拉巴马号"满载着救援物资，它的目的地是遍地饥荒的索马里。鉴于索马里国内大部分港口的严峻安保形势，货轮选择开往肯尼亚的蒙巴萨港——这意味着货轮需要径直穿过海盗肆虐的索马里近海水域。就在 4 月 8 日，距离半自治的索马里邦特兰①海岸 240 海里的大海上，4 名武装人员驾驶一艘小艇，靠上了缓慢航行的远洋货轮。跟"世鹏精灵号"的船员一样，"马士基·阿拉巴马号"舰桥上的船员们也采取了规避动作，试图阻止海盗登船。海员们奋力打翻了海盗的小艇，但是索马里海盗还是登上了货轮。船员们撤退进一间"避难室"（有点像高级公寓里面的紧急避险室），组成第二道防线。他们可以从这里弃船撤离、寻求救援，还能在避难室里控制货轮。只是，"马士基·阿拉巴马号"的船员们运气不太好：尽管大多数美籍船员都及时撤进了避难室，但货轮的掌舵人——船长理查德·菲利普（Richard Phillips）和助理技术长扎希德·礼萨（Zahid Reza）被海盗打了个措手不及，成了人质。令人意外的是，菲利普船长的海员们也设法抓到了一名俘虏——这次袭击的海盗头子。他原本是强迫扎希德·礼萨带他在船上四处查看，结果自己反而在机舱外被轮机长佩里给制伏了。戏剧性的一幕出现了：一边是剩下的 3 名海盗，他们手上有菲利普船

----

① 邦特兰（Puntland）：位于索马里东北部，当地氏族于 1998 年 7 月发表自治宣言成立自治政府，是为邦特兰国。邦特兰是索马里第二个事实分裂的地区，但在 2012 年索马里实行联邦制之后，邦特兰成为索马里联邦成员州。

长做人质；另一边是 19 名美国船员，海盗头子是他们的阶下囚。经过一番紧张忙乱的协商，双方同意交换人质，然后海盗们可以驾驶"马士基·阿拉巴马号"的一艘亮橙色救生艇离开货轮——他们自己的小艇早就沉了。但是海盗没有守约，他们挟持着菲利普船长，驾驶救生艇逃走了。

收到其余船员呼救的数艘美军战舰迅速赶到现场，发现他们要面对的是一起不同寻常的绑架事件：一艘 8.5 米长的救生艇航行在波涛汹涌的水面上，船上四名全副武装的索马里海盗挟持着一名人质。随后这场危机迎来了高潮。一名海盗代表登上美国军舰"班布里奇号"（Bainbridge）进行交涉，此时，埋伏已久的美国海军海豹突击队狙击手们确认了三个击杀目标：一名海盗没有任何遮挡——不过让人略感担忧的是，他手里的突击步枪正顶着菲利普船长的头——另外两人则斜身探出救生艇的窗户，呼吸着新鲜空气。几枪精准的射击过后，三名海盗当场毙命，菲利普船长顺利获救。剩下的那名海盗后来被判处 33 年零 9 个月监禁，在美国一座戒备森严的监狱里服刑。

当下，甘愿冒着生命危险去当海盗劫财的不仅仅是索马里人。目前有很多尼日利亚人也走上了这条路，他们在几内亚湾①大肆作案，而马六甲海峡的海盗袭击事件也越来越频繁。

海盗成了热门话题——不仅仅出现在新闻头条或者系列娱乐大片中，出版商争先恐后地出版关于海盗的档案、文章和书籍，各种

---

① 几内亚湾（Gulf of Guinea）：位于非洲西侧，石油储量丰富。其沿岸主要国家包括加纳、尼日利亚、喀麦隆、加蓬、刚果等国。

学术会议也在全球广泛召开。所有这些，总算厘清了 20 世纪 80 年代以来海盗袭击事件急剧增加的原因：20 世纪 70 年代晚期突然兴起的贸易全球化和自由化带来了海洋运输的高度繁荣，大约十年后苏联解体和冷战的结束则导致很多地区没有了往常巡逻的军舰。从海盗的视角来看，这意味着更多的捕猎目标和更低的落网风险。此外，各种关于"为何走上海盗之路"的深度研究问世，审视的重点在于当今这个时代，个人是怎么决定要当海盗的。不过尽管这类研究都很有意思也很深刻，但它们展现出来的只是毫无规律的结论，因为这些研究总是关注特定的区域，没有对当今和历史上受海盗危害的不同地区进行比较研究。因此，还有许多悬而未决的问题等待我们去探索。今天这些做了海盗的人，他们的动机跟过去的人是一样的吗？当代海盗的行事作风，跟他们的前辈相比又如何呢？历史上为了遏止海盗行为所采取的措施，有没有值得今天的我们学习的呢？还有，最重要的一点，既然如今的海军前所未有的强大，为什么我们至今都未能一劳永逸地将海盗彻底铲除？为什么海盗在如此艰难的情况下仍然存在？本书将针对以上问题做出回答，并重点介绍古今海盗的演变历程——成为一名海盗，作为一名海盗，以及最终远离海盗活动。[6]

海盗活动历史悠久，世界上多处海域都出现过海盗的身影，我们不可能只聊"某一类海盗的生涯"。为了厘清不同时期、不同文化中海盗行为的延续和断层，书中关于海盗的历程将会按照地理进行细分：地中海、北方海域和东方诸海都曾经出现过大量海盗，这些海域将是本书主要关注的区域。本书还会细分成三个历史时期。第一部分时间跨度从公元 700 年到 1500 年，在这个阶段，上述三大海域彼此基本没有交流，是类型迥异的海盗各自肆虐的舞台，他们各自发展，互不联系。第二部分聚焦于公元 1500 年到 1914 年，在此期间，欧洲海上强国通过渐次掌控"社会力量的四个源头：意识形态联结、经济纽带、军事关系和政治联系"，在跟曾经非常强大的"火药帝国"（奥斯曼帝国、印度莫卧儿帝国以及中国的清王朝①）的较量中逐渐占据上风。[7] 欧洲国家对陆地的影响力同样在增强，1500 年它们控制着 7% 的土地，1800 年这一比例上升到 35%，"到 1914 年，当这个时代戛然而止时，它们……控制着世界上 84% 的土地"[8]。我们会发现，虽然当地一直存在着海盗行为，但欧洲列强对地区事务的持续干预加重了海盗问题的严重程度，它们一方面带来了西方式的舰船和武器，另一方面又把西方的海盗和冒险家带到了本就动荡不安的地区。最后，第三部分涉及的时间跨度自 1914 年至今，试图探寻在当今全球化的时代背景下，海盗行为是如何发展，或者说转变的。

关于"海盗"定义的简短说明

有两个概念会在本书中反复被提及："海盗"（pirates）和"私掠者"（privateers，在地中海地区被称为"corsairs"②，这个单词源自拉丁语"cursarius"，意为"袭击者"）。正如我们将看到的，

---

① 另一说为奥斯曼帝国、印度莫卧儿帝国和波斯萨非王朝。
② 一般情况下，本书将"corsair（s）"译为"私掠海盗"。

这两种海上掠夺者使用相同的策略，进行极其相似的行动——区别在于，"海盗"按照自己的意愿进行劫掠，而"私掠者"（或者说"私掠海盗"）根据法律授权行事，拥有私掠许可证。这个核心区别在《牛津英语词典》（*Oxford English Dictionary*）对"piracy"一词的定义中得到完美体现："在没有法律授权的情况下，在沿海或海上进行的抢劫、绑架或其他暴力行为。"[9] 那么，"privateering"（私掠）就可以定义为"在法律授权的情况下，在沿海或海上进行的抢劫、绑架或其他暴力行为"。我们接下来讲述的很多故事的主人公，他们游走于灰色地带，从事的行当介于非法的海盗和合法的私掠之间——因此，我们接下来的讨论中不可避免地会涉及私掠者。

第一部
各地起源，公元 700—1500 年

入伙贼船

为什么人们会选择成为海盗或私掠者，决心靠海上劫掠为生？浪漫的好莱坞大片和小说总是会掩盖一个丑陋的事实，即当海盗是一个（在世界上很多水域仍然是）非常危险的职业。在过去，人们选择这个职业可能是为了快速致富。但更有可能的结局是溺亡、饿死，抑或死于坏血病、疟疾、瘟疫或者任何一种当时尚未命名的外来疾病；也可能因事故或战斗而终生残疾；也可能战死，或者被各种可怕且相当难以忍受的方式折磨致死；也可能被政府处决，或者干脆被扔到监狱里等死。所以，值得注意的是，选择海盗作为职业，并不一定是浪漫主义的产物，也不一定是出自对冒险的热爱。

下决心当海盗，通常由两种力量之一驱动：一种是对现实的不满，比如贫困无助、失业、艰苦的生活条件以及对未来几乎不抱希望；另一种则是贪婪和快钱的诱惑。畏罪潜逃则是另一种强大的驱动力："大海一直是社会上那些违法犯罪行为的避难所。"[1] 这些要素的实际影响，并不依赖于大的地区因素，而是跟次级区域乃至于当地的具体环境紧密相关，这些具体环境可能随时间发生巨大变动。

中世纪晚期，也就是 1250—1500 年，在地中海地区有很多经济发达的区域，为那些有上进心的人——尤其是技艺熟练的手工匠人——提供了很多完全合法的成功机会。但是，人口增长同样会带来失业率上升，那些较贫困的局部地区则会愈发贫穷，原因在于各个海洋强国之间持续不断的劫掠和反劫掠，而这些势力又依赖于私掠者（即"持证劫掠"的私掠海盗）和"无证劫掠"的海盗。在地中海沿岸的基督教势力范围内，存在着威尼斯、热那亚和比萨等老牌海洋强国，它们的繁荣得益于诸多港口之间蓬勃发展的海上贸易，包括拜占庭、奥斯曼帝国的主要港口（如亚历山大）、黑海沿岸的港口（如卡法①）。丝绸、香料、瓷器、宝石、黄金、白银、毛皮和奴隶等高价值的货物，让威尼斯、热那亚和比萨的商人们赚得盆满钵满，而拜占庭和亚历山大的商人也没少赚。如果生活在这些繁荣的港口城市的市民想要去当海盗，那么多半是贪欲作祟，私掠者也是如此。显然，他们大部分人都来自社会底层：从事这样的高危行业，这些人可能失去的东西最少，可能获得的利益却最多。以港口城市贝贾亚（Béjaïa，位于阿尔及利亚）和特拉帕尼（Trapani，位于西西里岛）为例，"出身平凡的人"比如工人、小商贩或工匠、渔民以及海员会把出海劫掠当作兼职。[2] 至于那些居住在散布于航海路线上的小岛上艰难度日的渔民和农民，他们肯定早就对满载的过路商船垂涎三尺了。经济的发展通常无法惠及这些地区，而且私掠者在猎捕奴隶的过程中也经常造成破坏，同时还会拿走任何能赚钱的东西。在怨愤和贪婪的共同作用下，上述的一些地方顺理成章地演变成了知名的海盗窝点——其中有一部分甚至延

---

① 卡法（Kaffa）：即今天的费奥多西亚（Feodossia），位于克里米亚半岛。

续到了 19 世纪。

在北欧海域，艰苦的生活条件同样是组织松散的海盗和私掠舰队诞生的核心原因。私掠舰队一开始被称为"粮食兄弟会"（Victual Brothers），后来叫作"均分者"（Likedeelers），活跃于 14 世纪最后十年和 15 世纪早期的波罗的海及北海地区。在这片区域，持续的海战给沿海地区造成了巨大破坏，而压迫式的封建土地秩序使得农民处于严苛的、入侵式的控制之下。13—14 世纪，大量农民和没有土地的工人移居城市，希望能在城里过上更好的生活，结果却发现，在相对单一的城市生活中，他们的境遇愈发悲惨。条顿骑士团国（State of the Teutonic Order）的情况尤其如此，这是一个由天主教军事组织建立的国家，疆域包括今天的爱沙尼亚、拉脱维亚、立陶宛、波兰、俄罗斯和瑞典这些国家的部分地区。该组织参与了对抗非基督教部族王国和公国的十字军东征，直到 15 世纪初期。

海盗活动在波罗的海水域早已司空见惯，其形成原因和其他地方完全相同：这里密集的海上交通带来了丰厚的收入，而沿海国家不断变化的政治局势又导致海洋警务无法有效进行。例如，在 1158 年，苦于频繁的海盗侵袭，丹麦沿海地区日德兰半岛（Jutland）和西兰岛（Zealand）的居民纷纷逃往内陆地区，留下了日渐荒芜和无人看守的土地："到处都是荒芜一片。武器和要塞也靠不住。"[3]14 世纪最后十年，梅克伦堡的约翰公爵在与丹麦的玛格丽特女王交战期间，向所有站在己方的人都发放了私掠许可证。此举大大放松了限制，使得无组织的零散海盗发展成有组织的庞大舰队。梅克伦堡与丹麦的战争主要在海上，这就需要建造新的战船，也需要新的水手。战争会带来大量抢劫掠夺的机会，于是出身三教九流的冒险者和亡命徒（其中以北德意志人为主）纷纷聚集在梅克伦堡的港口，急切地应征。《德特马编年史》（*Detmar Chronicle*）这样描述他们：

> 在这一年［即 1392 年］①，一帮难以管束的臣民，也就是来自各个城镇的市民、官员和农民聚集在一起，自称"粮食兄弟会"。他们表示，将要讨伐丹麦女王，以解救被她囚禁的瑞典国王。此外，他们不会俘虏或劫掠任何人，反而会支持那些用物资和援助来参与对抗丹麦女王的人［来自梅克伦堡］。

粮食兄弟会并没有遵守这一承诺，反而威胁到了"整片海域和所有商人，无论是敌是友"⁴。

所以说，粮食兄弟会以及他们的后继者"均分者"跟其他大型的有组织的海盗集团一样，并不是突然间出现的。鉴于其团伙中绝大部分人都是文盲，没人留下回忆录之类的记录，因此，到底是贪婪还是怨愤导致这帮人走上了海洋抢劫之路，还有待讨论。不过这两个因素很可能在刺激那些来自汉萨同盟大城市的众多成员身上发挥了作用。他们多半意识到，梅克伦堡公爵对私掠者的召唤太过于诱人了——这是一个摆脱赤贫、大发横财的好机会；就算是死了，起码也算是为更好的生活争取过。⁵对于现有的水手来说，加入粮食兄弟会则更有意义：尽管梅克伦堡的私掠合约包括了"没有劫掠，就没有报酬"的条款，但是通过掠夺致富的好机会本身就非常

---

① 引文中，中括号里的内容为本书作者所加，全书同。

吸引人。如果船长决定要加入海盗兄弟会，船员们甚至不需要换别的船。商人与私掠者、海盗的区别仅仅在于，后者的船只配备的人员更优秀、武装程度更高。

考虑到所有的这些情况，海上强盗联盟的称号就特别能说明他们的特征。一般认为，"粮食兄弟会"这个名字来自该集团受雇为私掠者时负责的一项任务：1390 年，这个私掠者兄弟会受命为斯德哥尔摩饥困的民众提供补给——或者说"供粮"（victualising）——该城被丹麦敌人切断了补给。[6] 一个更加合理的解释是，"粮食兄弟会"这个名字单纯是指他们自给自足的状态。[7]"兄弟"或者"兄弟会"暗示了成员之间可能不平等但互相依存的关系；这一特征在"均分者"这一名称（Likedeelers 来自中古低地德语）中变得更加突出，这个称呼出现在 1398 年左右的德语文献中，意为"平均分配的人"。在等级森严，所有人都应该清楚自己社会地位的时代，不论高低贵贱、战利品平均分配的概念本身便是对政治精英（贵族、教会和强大的汉萨商人）的一种挑战。

有趣的是，在中世纪那些决心走上海盗或者私掠道路的人当中，不仅仅有被压迫的阶层。海盗和私掠者的生活甚至有可能诱惑一些贵族——并且通常出自非常相似的原因：为了逃避残酷命运给他们带来的贫穷和悲惨的生活。当然了，这里说的贫穷只是相对而言，很多贵族可以说是被冒险精神而非其他原因带到大海上的。但是，也有很多贵族出身的人被迫当了海盗或者私掠者。例如在 14 世纪的意大利，各个城邦之间，甚至不同派系之间频繁发生暴力冲突，导致许多名门望族不得不离开家乡，踏上逃亡之路。他们"寻求通过从事海上袭掠和路上抢劫的活动来维持自己的生活水平

（或者更准确地说，多半是为了生存）。1325年左右，许多来自热那亚的吉伯林（Ghibelline）[8]战船攻击船队、进行海上突袭和抢劫"[9]。1464年，就连热那亚的公爵兼大主教保罗·弗雷戈索（Paolo Fregoso）都当了海盗——在当时还算是一位臭名昭著的海盗——此前他被政敌驱逐出城。[10]在这个阶段，意大利的流亡豪门并不是唯一一处境艰难的贵族。1302年，突如其来的意外和平让加泰罗尼亚的骑士们纷纷失业，陷入窘境。他们当中的许多人便集结到一个叫罗赫尔·德·弗洛尔（Roger de Flor）的人旗下，此人曾是圣殿骑士团（Knights Templar）的一名军士，因涉嫌行为失当而被逐出骑士团，当了海盗。对于这项职业，他有着丰富的经验。从8岁开始，他便在圣殿骑士团的战船上担任见习骑士，其间屡遭海上突袭。在14世纪中的大部分时间里，这些职业雇佣兵以加泰罗尼亚大佣兵团（Catalan Grand Company）的名头，活跃在东地中海，干着私掠或海盗——取决于他们是为了某个领主而战还是纯粹为了他们自己——的营生。[11]

对于14世纪末的粮食兄弟会和波罗的海而言，情况略有不同。很多低阶贵族尽管维持着表面光鲜和贵族排场，实则已经陷入了"不幸的贫穷"（infausta paupertas）状态。[12]他们当中的大多数人依赖于名下土地的收入，当农产品价格跌入谷底时，他们极易受到频繁发生的农业危机的影响。作为动荡的战乱时期的典型产物，这些贵族至少还拥有一项适销对路的技能：在频繁的大小战争中磨炼出来的久经考验的战斗能力。不仅如此，由于其悲惨处境，他们通常会认为抢劫和掠夺只是"小恶""微不足道的罪过"，并不觉得这是非常羞耻的事情。当时的一句谚语证实了这一点："闲游也好，抢劫也罢，都无伤大雅；世上最良善的人也会做这样的事情（ruten，roven，det en is gheyen schande，dat doint die besten von dem lande）。"[13] 于是，把陆地上抢劫的行为延伸到海上也是顺理成章的选择。

当然了，这里又有一点和"普通人"不同的地方，大部分决定加入海盗集团的贵族都会担任首领。他们依靠微薄的财产，购置一艘大船，配备上武器，带上自己身经百战的随从。他们不无理由地希望能靠着一两次成功的突袭收回成本。在其他比较穷的贵族当中，有一些仍可凭借出色的战斗技巧和领导能力攀升到海盗集团的领导层，无须事先自掏腰包买船。有两位托钵修会出身的僧侣便是这样，他们在粮食兄弟会中担任高层要职。[14]

这两位僧侣加入海盗集团的原因无从知晓。不过，令人吃惊的是，他们并不是最早成为海盗的修士。[15] "修士"厄斯塔斯（Eustace the Monk），又号"黑修士"，原名厄斯塔斯·布斯凯（Eustace Bousquet），1170 年左右生于法国布洛涅①的一个贵族家庭：他的父亲博迪安（Bauduin）是这片沿海地区的一位高级男爵，而厄斯塔斯似乎在骑士素养和航海技术两方面都受过很好的训练；日后作为私掠者和海盗所取得的出众战绩表明，他早年间很可能在地中海当过私掠海盗。[16] 尚不清楚他为什么会进入本笃会修道院成为一名僧侣；但他离开教会的原因倒是比较明确：除了某些涉嫌行为不良的流言外，他还试图为父亲报仇，他父亲被另一名贵族所杀。在布洛涅一带经历了一小段时间的亡命生涯之后，他充分利用了自己在

---

① 布洛涅（Boulonnais）：法国北部沿海地区。

地中海做私掠海盗经验。大约在 1204 年，他加入了英格兰的约翰王麾下成为一名私掠者，当时约翰王正在跟法国国王腓力二世进行一场持久战。在将近十年的时间里，厄斯塔斯不仅袭击法国船只，还攻击法国在英吉利海峡的沿海地区。他将萨克岛（island of Sark）变成了一处半独立的海盗据点，惹恼了附近的英格兰港口黑斯廷斯（Hastings）、新罗姆尼（New Romney）、海斯（Hythe）、多佛（Dover）和桑威奇（Sandwich），这五座港口亦称"五港同盟"（Cinque Ports），也饱受厄斯塔斯的劫掠。当 1212—1213 年英格兰宫廷开始反对他时，厄斯塔斯迅速改换门庭，回到了法国阵营，转而袭击英格兰船只、攻击英格兰沿海地区。最终，他在 1217 年 8 月 24 日的桑威奇战役中丧命。英格兰水手投撒石灰粉，弄瞎了法国士兵的眼睛，成功登上了厄斯塔斯的战船："他们跳上了厄斯塔斯的船，残忍地结果了他的手下。所有的贵族都被俘虏，'修士'厄斯塔斯被杀。他的头被砍了下来，战斗旋即结束。"[17]

违背庄严的誓约投身海盗事业的，不只是个别基督教修士：在地球的另一端，我们还发现了同样走上这条路的古怪佛教僧侣。例如，徐海曾是一位受人尊敬的博学僧人，在杭州城外著名的虎跑寺修行多年，过着平静的生活。[18] 但是，1556 年，不知什么原因，他突然离开寺院加入倭寇——这是 15 世纪 40 年代至 16 世纪 60 年代活跃在中国东南沿海地区的海盗集团。[19] 他通晓典仪、诵经和算卦，这给他带来不少好处，为他赢得了"船员们的忠诚，他们称他为'天差平海大将军'"。[20] 但是，就像加入海盗的北海及波罗的海的基督教僧侣一样，徐海的情况也是特例，而非普遍现象：倭寇主要从日本、中国和马来地区招募新人，他们要么因为贪婪，要么因为怨愤，或者两者兼而有之。其中大多数人可能是曾经服役过正规海军舰船的经验丰富的中国水手。促使海盗数量激增的原因在于政府通过了对海洋贸易的严格约束法令，甚至彻底"海禁"，以及遣散强大的明朝远洋舰队——这支舰队曾经在郑和的率领下，于1405—1433 年多次游历印度洋海域。

中国海事政策的这一突然变化导致数千名水手失去生计，他们只能绝望地寻找新的出路。很多商人选择通过转投海盗来继续他们已经变得非法的贸易活动——要么组织突袭，主动出击；要么抵御劫掠，被动防守。这些商人海盗中最有权势的汪直[①]，在当海盗之前曾经是一位备受尊敬的富裕盐商。在日本封建领主的庇护下，他在九州设立据点，[②] 并在那里掌控他飞速发展的海盗帝国，但从不主动参与任何劫掠行动。从他的例子可以看出，从受人尊敬的商人变为令人恐惧的商人海盗，并非出于自愿：明朝的海禁摧毁了他的海上贸易事业。[21] 他别无选择。

神的旨意

如果当海盗不会留下什么社会污点，那么这条路会容易走得多。在某些海洋文明里——比如从中世纪早期的 8 世纪起就肆虐不列颠群岛、爱尔兰和欧洲大陆沿海地区的维京人；再比如位于地

---

① 一说王直。

② 汪直在日本九州肥前国大名松浦隆信的保护下，于肥前国平户岛（今属长崎县）建立据点。今长崎县平户市有汪直铜像。

球另一端的差不多同时期的罗越人（Orang Laut，直译为"海洋之民"），他们经常袭掠马六甲海峡沿岸地区。这些掠夺者被视为高贵的勇士，值得被崇敬和尊重。[22] 在这些文明中，参与海盗劫掠是公认的为自己赢得名望、获取财富的手段之一。

对于那些生活在尚武的社会并希望通过自己的努力成为封建领主的人来说，有三个要素是最重要的：赢得勇猛战士的声誉、通过捕获奴隶来积聚人力、积累财富。这在维京社会尤其重要：

> 在维京人的世界里，财富并不是深埋地下或者藏在箱子底的被动累积的黄金白银，而是社会地位、盟友和人脉。维京时代的斯堪的纳维亚社会通行的是开放的制度，在这样的制度之下，每个社会成员、每个家庭单位理论上都是平等的，都必须不停地对抗其他人以维护自己的或自家的地位。[23]

在这样的社会中，为了维持或者提高一个人的地位，随时可用的可支配财产是必须的，这样才能送出符合他身份的丰厚礼物。毫无疑问，黄金和白银是更受偏爱的财产。[24] 送出的礼物至少要跟收到的礼物价值相当，这种持续的压力导致了"毫无约束"的掠夺嗜好。当然了，在少见的、短暂的和平时期，合法掠夺是不存在的，而海盗——不太合法但也没被过多谴责的海上掠夺形式——提供了一种可以被社会普遍接受的选择。因此，"攫取浮财和奴隶的暴利肯定诱惑了很多人投身强盗行列"[25]。这种习俗在10—12世纪维京人普遍信仰基督教之后仍然保留了下来。

中世纪晚期，地中海两岸普遍处于非常虔诚的状态。在这样的背景下，宗教极大地推动了"我们对抗他们"的思想，诠释了为什么"他们"可以——不，是必须——被攻击、被消灭。无论是8—13世纪的撒拉森①海盗，还是巴巴里私掠海盗②，抑或那些"护教者"，也就是圣约翰医院骑士团③，这些地中海的私掠者们用这种非常简单的二分法来给自己的行为辩护，实际上他们的潜在动机更多带有经济和政治性质。远在1095年教皇乌尔班二世在克勒芒会议④上用"神的旨意"（Deus vult）作为口号宣布第一次十字军东征之前，这一用语就是一个对海上劫掠行为强有力的合法解释——这也解释了为什么我们会发现有许多基督教骑士会参与这样的冒险。而在"另一边"，也就是伊斯兰世界，由于缺少正规海军，他们更多依靠海盗袭掠来削弱基督徒的海军力量。他们的看法和天主教世界完全一样：穆斯林海盗和私掠者视他们自己为"ghazi"，也就是为了伊斯兰而战的勇士。不消说，这种掺杂着宗教动机的、为了政治和经济利益而进行的海上斗争在印度洋以及远东地区随处可见——只要穆斯林和基督徒的政治和经济利益发生冲突。

　　正如"神的旨意"所表达的那样，真正的宗教狂热在这些冒险

---

　　①　撒拉森（Saracen），中世纪基督教国家对一些东方国家和民族的统称，泛指穆斯林。

　　②　巴巴里私掠海盗（Barbary corsairs）约定俗成的译法是"巴巴里海盗"。按照本书对"海盗"和"私掠者"的定义，该名词应理解为"巴巴里私掠者"，故加以强调。

　　③　简称医院骑士团，"护教者"（The Religion）是医院骑士团的昵称。

　　④　克勒芒会议（Council of Clermont）：1095年11月，天主教会在法国中部城市克勒芒举办会议。其间教宗乌尔班二世发表了演讲，号召基督徒前往东方征讨异教徒，夺回圣城耶路撒冷。第一次十字军东征由此开始。

活动中是一股强大的驱动力。比如说医院骑士团，他们"轻视生命，随时准备捐躯以侍奉基督"，伟大的英格兰历史学家爱德华·吉本如此贴切地叙述道。[26] 比萨和热那亚经常袭击北非海岸的穆斯林港口，"用其收益来光耀上帝，因为他们把其中一部分钱捐给了圣玛利亚大教堂，那时候比萨人刚刚开始着手建造它"[27]。这些行为充分表明了一个事实，即宗教被用来合法化海盗行为："这些侵袭让他们感觉自己是在跟穆斯林进行一场神圣的斗争。上帝会用胜利、战利品和难以具象化的精神满足来嘉奖他们的努力。"[28] 然而，仅仅从宗教的角度来形容上述冲突未免太过于简单化了：如有必要，强大的经济和政治驱动力可以轻易跨越这种被大肆鼓吹的宗教鸿沟。据说，活跃于 15 世纪早期的唐·佩罗·尼尼奥（Don Pero Niño）是一位非常虔诚的卡斯蒂利亚①私掠海盗，他在卡斯蒂利亚的国王恩里克三世（Enrique III de Castilla）的命令下执行私掠任务，也曾经受到当地政府的邀请，对直布罗陀和马拉加的港口（当时都是科尔多瓦哈里发国家的领土）进行过友好的访问。在他的传记中作者指出："他们带给他牛、羊、家禽、大堆烤面包和盛满了古斯米②和腌肉的

---

① 卡斯蒂利亚（Castilla）：从 11 世纪开始出现的基督教封建王国，是西班牙"光复运动"中后期的主导国家，与周边国家融合形成了西班牙王国，自 15 世纪末开始成为大航海时代的欧洲主要殖民帝国。今天的西班牙语便是从卡斯蒂利亚语演变而来。

② 古斯米（kouss-kouss）：亦可音译为"库斯库斯"，即蒸粗麦粉，一种起源自北非柏柏尔人的食物，是西北非人民的主食之一，在西班牙、西西里岛、法国南部等南欧地区亦常见。古斯米蒸熟后通常会搭配牛羊肉及西葫芦、胡萝卜、土豆等蔬菜，辅以佐料，做成盖浇饭一样的食物。

平底大盘子；不过，这不表示船长会碰摩尔人①给他的任何东西。"[29]
尽管如此，由于当时卡斯蒂利亚与科尔多瓦哈里发国家并未交战，
所以穆斯林没有受到他的伤害——不像他们那些生活在北非海岸的
兄弟们，正在跟卡斯蒂利亚交战。即便是狂热的圣约翰医院骑士团，
也没有把每一个穆斯林都当作敌人——根据"敌人的敌人就是我的
朋友"这一准则，例外情形肯定是有的。

　　在穆斯林一方，类似的机制同样在运转着。尽管私掠被视作陆
上"圣战"（jihad）的海上延续，那些参与其中的人理论上也算是
为伊斯兰而战的勇士，很多希腊人、卡拉布里亚②人、阿尔巴尼亚
人、热那亚人甚至犹太人也叛逃加入了他们的行列——倒不一定是
由于皈依伊斯兰教之后激发出来的宗教狂热（大部分叛徒并没有真
正皈依），而是出于经济方面的动机：贪婪和快钱的诱惑。[30]一个
典型的例子就是活跃于 14 世纪的令人闻风丧胆的"海盗埃米尔"
乌穆尔帕夏（Umur Pasha）。乌穆尔帕夏作为一名伊斯兰战士是无
懈可击的，他因更喜欢"送法兰克俘虏的灵魂下地狱"而不是留着
他们换赎金的作风而闻名。教皇克雷芒六世因为他的危险行径，亲
自向其宣战。但这并不妨碍乌穆尔帕夏为信奉东正教的拜占庭帝
国的皇帝安德洛尼卡三世及其继任者约翰六世效命，执行私掠任
务。尽管《乌穆尔帕夏史诗》（Destan d'Umur Pasha）的作者在这
篇 2000 行的长诗中颂扬了帕夏的一生，但他还是忙不迭地补充道：

---

　　① 摩尔人（Moor）：历史上主要用于称呼伊比利亚半岛的穆斯林。

　　② 卡拉布里亚（Calabria）：位于意大利半岛最南端，即意大利半岛"靴
子尖"的位置。

"［对］皇帝和他的儿子像奴隶般顺从。"显然在掩饰帕夏对于"真正的大业"公然的背叛——想必主要还是出于经济原因。[31]

睁一只眼闭一只眼

海盗事业想要发展起来，除了海盗个人的政治和经济动机以及宗教狂热之外，还需要一些更重要的条件：来自腐败官员、某些港口乃至政治体系本身的默许，所有这些要素综合起来才能创造出一个"有利环境"。不幸的是，既有的中世纪史料对官员个人在这方面所起的作用都含糊不清。不过，关于某些港口的信息则非常充足，可以对营造有利环境的这部分因素提供一点启发。跟那些相对较小、地处偏远的强盗巢穴不同，大型港口在海盗活动中扮演着至关重要的角色，不仅是安全的避风港，还是海盗们处理赃物的重要据点。[32] 此外，在这样的大港口，还能招募水手，获取关于船只动向和清剿海盗行动的最新情报。

在地中海的"圣战"中，无论是站在十字军一方对抗穆斯林，还是以"圣战"的名义对抗基督徒，都能为各大港口提供一层高尚的伪装，从而主动参与海上劫掠活动，或者通过向海盗们提供安全港来补充物资或进行贸易，从而坐收渔利，都能为各大港口提供合法的表象。像阿尔及尔、布日伊①、突尼斯和的黎波里这样的港口，如果不是积极参与到海上劫掠中，恐怕难以存续。

在中世纪的北海沿岸，基督教时代前的所有宗教到了13世纪

---

① 布日伊（Bougie），阿尔及利亚北部港口贝贾亚的旧称。

几乎全部都消亡了，而伊斯兰教还没有传播到这么远的北方。在这里，没人把"圣战"当借口来合法化海盗行为。取而代之的是，政治上的分裂和中央政权对偏远沿海地区的控制相对薄弱，都极大地促进了这个地区对海盗友好的港口的兴起。比如，在北海和波罗的海，主要的政治实体是汉萨同盟（一个由港口城市组成的松散的商人联盟）和几个领邦国家①：丹麦王国、挪威王国、瑞典王国、梅克伦堡公国②以及条顿骑士团所建立的僧侣国家。有些汉萨城市还充当着这些领邦国家的重要港口：比如维斯马（Wismar）和罗斯托克（Rostock）便在梅克伦堡公国承担着这样的角色。这种分裂导致了这些政治实体之间以及汉萨同盟各派之间的地方权力斗争。这便为粮食兄弟会提供了近乎完美的有利环境：总会有一两个秉持"不问任何问题"政策的港口愿意为他们提供安全的避风港。1398年初，在条顿骑士团和汉萨城市吕贝克（Lübeck，见后文）的共同努力下，粮食兄弟会终于被驱逐出了他们的北海"猎场"。在这之后，粮食兄弟会发现北海的弗里斯兰③海岸有个别的小港口仍然愿

---

① 领邦国家（territorial state）：西方史学名词，专指公元 1000 年后的中世纪中期形成的一些具备稳定社会结构和领土的国家。与之前依赖部落联盟、亲族关系和松散的社会关系所构成政治实体不同的是，领邦国家具备稳定的领土范围，并且能够使用武力对一定范围内的领土进行保护。领邦国家已经具备现代意义上的国家的很多特征，但仍有些许不同，例如领邦国家不一定有完备的司法系统。

② 梅克伦堡公国（Duchy of Mecklenburg）：位于今德国北部、丹麦东南部地区的公国，其国家元首即前文提及的梅克伦堡公爵。

③ 弗里斯兰（Friesland）：欧洲地理概念，指北海东南海岸的一片地区，东北至今丹麦西南部，西南方向经今德国西北直到今荷兰北部海岸，依照方位可以分为北、东、西三部分。其原住民为日耳曼人中的弗里斯兰人，是今英格兰主体民族盎格鲁 - 撒克逊人的主要起源之一。

意跟他们做交易："在东弗里斯兰海岸，有着广袤的沼泽，这里不受任何封建领主的统治，而是分属不同的乡村教区，由当地的酋长（hovetlinge），来行使权力。"[33] 由于这些酋长——例如维策尔·托马斯·布罗克（Widzel tom Brok）、埃多·维肯（Edo Wiemken）和西贝特·卢本森（Sibet Lubbenson）——彼此之间经常争斗，久经沙场的粮食兄弟会可以提供方便的兵源；而他们奉行的"没有劫掠，就没有报酬"的战斗原则，以战利品的形式带来了财富，这些财富可以在当地市场进行交易。

在东方海域，类似的适合海盗发展的环境也在起作用。在这里，官绅常常跟活动在中国海岸的倭寇海盗勾结。士绅阶层包括通过科举考试并在当地为官的读书人。1548 年，提督浙江、福建两省海防军务的朱纨因此留下名言："去外国盗易，去中国盗难。去中国濒海之盗犹易，去中国衣冠之盗尤难。"[34] 这种海盗和精英之间的互利互惠关系，在 14 世纪末期到 15 世纪的日本倭寇身上也可以看到。九州岛的沿海大名们经常借助海盗的力量，一边保护自己的海上贸易，一边骚扰竞争对手的商船：

赞助对于陆上的精英和海上的盗匪来说，都是一笔好买卖。海盗希望能加强对那些具有重要战略意义的海上据点的控制，并获得额外的许可，以加大力度劫掠船只、勒索过路费。包括军阀在内的陆地上的主顾们，则希望能获得对偏远海域的间接控制权，否则这些海域可能会脱离他们的掌控。[35]

然而，委托海盗办事是有风险的：短期来说，是一项颇为成功的策略，但是从长远来看，这可能会导致意想不到的后果。例如，三佛齐（Srivijaya，称雄于 8—13 世纪的海洋强国，以马六甲海峡为中心，核心统治区域包括苏门答腊岛、爪哇岛以及马来半岛）的统治者们招募罗越人作为海军雇佣兵，借此强迫途经马六甲海峡的商船停泊到三佛齐港口巨港 ①，以收取重税。但是，只要当地政权的统治力有了下滑的迹象，或者在它遭到其他王公贵族的挑战时，罗越人便会立即变成海盗，直接打劫那些之前他们受命引导入港的商船。日本的大名们也明白，九州海岸的海盗团伙都是相当善变而且难以控制的盟友。

　　尽管有着不同的社会背景，这些海盗集团，无论是游荡在北海和波罗的海的粮食兄弟会，还是活跃在英吉利海峡的海盗，或是东南亚海域的罗越人，抑或东亚海域的日本海盗，都会毫不犹豫地要么作为"未获授权"的海盗为自己卖命，要么转换阵营为更强大、更富有的竞争对手效力。从雇主的角度来说——无论是梅克伦堡公爵、约翰王、三佛齐统治者，还是日本沿海大名——选择海盗的原因都是一样的：装备和维护常规战船实在太昂贵了，委托海盗更划算——至少短期内是这样的。不过，随着时间的推移，这种做法容易后院起火，因为"海盗不需要对陆地上的势力唯命是从，［却］能够随意无视他们立下的誓言，接受其他主顾的出价"[36]。

---

　　①　巨港（Palembang）：中国古籍称巴林冯或旧港，位于苏门答腊岛东南部，一度为三佛齐的首都。

别无选择

有时候，大自然母亲自己会制造"导火索"，强迫人们投身海盗行列。在中国的帝制时代，洪水、干旱、台风等自然灾害是造成大规模海盗活动的主要原因。自然灾害通常伴随着大饥荒和流行病，会导致农村地区的粮食骚乱、叛乱和盗匪四起——后者在沿海地区的表现形式便是有组织的海盗活动。[37] 在日本，洪灾、饥荒和广泛传播的流行病摧毁了陆地上人们的生计，破坏了国内的和平与稳定，也经常造成大规模海盗活动的爆发。1134 年的大饥荒导致了由饥饿引发的海盗狂潮，他们的主要劫掠目标是驶往京都皇廷的运粮船。皇廷立即对他们采取了行动，武士领袖平忠盛在 1134 年和 1135 年领导的两次会战，征服了海盗。[38]

自 3 世纪以来，不断地有北欧的盎格鲁人、撒克逊人和朱特人①选择下海当海盗，当时的海平面稳步上升，逐渐淹没了这些农民曾经劳作的耕地。[39] 很显然，在贫困年代，盗匪和海盗趋于普遍，基本上是"一种在特定情况下的逃避贫困的自助形式"[40]。有的时候，仅仅就是因为别无选择。这一点，在处于环境糟糕地区的其他社会中尤为明显。维京人崛起的北欧社会便是一个典型例子。北欧诸国位于地理环境复杂的沿海边缘地区，拥有数不清的峡湾、河流和一系列陡峭的山脉，这就导致陆上运输即便不是完全不可能，也

---

① 朱特人（Jutes）：朱特人和盎格鲁人、撒克逊人一样是定居在丹麦和今德国北部的日耳曼民族，其族名和日德兰半岛（Jütland）的名称同源。当罗马帝国逐渐失去对英格兰的控制时，盎格鲁人、撒克逊人、朱特人和弗里斯兰人来到英格兰，逐渐与当地居民融合成为盎格鲁－撒克逊人。

是非常困难的。加上人口的增加和气候的逐渐变化，在 8—11 世纪
期间，地理环境因素几乎把整个社会推下大海，他们要么经商，要
么劫掠，要么两样都干。⁴¹北欧诸国都有将战场上的个人英勇行为
置于最崇高地位的尚武文化，彼此之间经常开战：丹麦人对抗瑞典
人、瑞典人对抗挪威人、挪威人对抗丹麦人。其中许多战争都包括
海战和频繁的海上掠夺，这使得很多沿海定居点化作废墟。例如，
在瑞典哥得兰岛①的考古发掘中，发现了许多精心埋藏的宝藏，其
中存有黄金、白银和其他珍宝，其年代可追溯至这个动荡不安的时
期。这些沿海劫掠扩展到更富足的不列颠、爱尔兰和欧洲大陆的海
岸，只是时间问题。

　　大自然母亲不仅仅会把整个社会推上海盗之路，还会提供一个
极其适宜进行海上劫掠的环境，借此把人们"拉"上这条贼船。散
布在加勒比海以及希腊和黎凡特②之间水域的众多小岛便是很好的
例证：很多岛屿扼守主要海上交通线，是完美的伏击地点，适合守
株待兔，等着毫无戒心的船只送上门。爱琴海诸岛就是这样的理想
选择。莱斯沃斯岛③、博兹贾岛④和达达尼尔海峡（Dardanelles）之
间的区域是三大主要海上航道的交汇处，这些航道连接着君士坦丁

---

　　① 哥得兰岛（Gotland）：波罗的海最大的岛屿，位于瑞典东南方。
　　② 黎凡特（Levant）：西方历史上常用的一个模糊的地理概念，狭义上指地
中海东岸的中东部地区，广义上还额外包括两河流域西部、小亚细亚南部沿海地区、
西奈半岛和北非东部等地区。
　　③ 莱斯沃斯岛（Lesbos）：又译莱斯博斯岛，位于爱琴海东部，靠近小亚细
亚半岛，现为希腊第三大岛，也是地中海第八大岛。
　　④ 博兹贾岛（Tenedos）：位于达达尼尔海峡西南出口一侧的小岛，现属土
耳其。

堡和地中海沿岸的其他主要港口：一条航道自威尼斯出发，经过亚得里亚海；第二条从巴巴里海岸和亚历山大出发，一路沿着黎凡特和小亚细亚；第三条则会经过基克拉泽斯群岛①和希俄斯岛②。在爱琴海诸岛之间，这些航线途经的水域相当狭窄，一旦有不可预测的暴风、激流和危险的暗礁，便会更加危险。"在每年航运的高峰期，尤其是春秋两季，这些海域上的船只密密麻麻"，成为"各路海盗和私掠海盗最喜爱的狩猎场"。[42]

在北方，北海和波罗的海沿岸地区也提供了很多利于隐蔽的地方，包括海湾、小型岩石、暗礁和沼泽地，海盗或者私掠者可以在这些地方将船只隐藏起来，等待猎物。海峡群岛③——比如泽西岛（Jersey）、根西岛（Guernsey）、奥尔德尼岛（Alderney）、萨克岛——是滋生海盗的温床。"修士"厄斯塔斯便以萨克岛为行动据点，因为该岛地理位置优越，可以拦截海上船只。中世纪晚期，航海业刚刚起步，沿着海岸航行的习惯使得除了最有经验的海员外，人们很难避开如此明显的海盗经常出没的地点。风险总是存在，因为前往某些目的地，必须经过有海盗出没风险的地点。例如，西兰

---

① 基克拉泽斯群岛（Cyclades）：位于希腊本土东南方的群岛，包括200多个大小岛屿。

② 希俄斯岛（Chios）：位于爱琴海东部，靠近小亚细亚半岛，现为希腊第五大岛。据说这里是古希腊诗人荷马和古希腊医学界希波克拉底的故乡和主要居住地。

③ 海峡群岛（Channel Islands）：又名盎格鲁—诺曼底群岛，是位于英吉利海峡中的群岛，靠近法国北部的诺曼底海岸。海峡群岛自11世纪诺曼征服以来便是英国王室属地，而非英国领土。

岛①和菲英岛②这两座大岛屿在卡特加特海峡（Kattegat，从北海通往波罗的海的狭窄海域）上，形成了一道"海上咽喉要冲"，仅有三条狭窄的水道进出波罗的海——厄勒海峡（Oresund）、大贝尔特海峡（the Great Belt）以及小贝尔特海峡（the Little Belt），合称丹麦海峡（Danish Straits）。在粮食兄弟会和均分者横行的年代，这些海域因海盗袭击而臭名昭著，往来的商船通常都会结队而行，以便互相照应。

在东方海域，密集的红树林，比如马六甲海峡（这是另一个让人胆寒的海上咽喉）沿岸浓密的红树林非常利于海盗设伏，而安达曼海（Andaman Sea）则能让海盗们在快速袭击后消失得无影无踪。

连接红海和亚丁湾的曼德海峡也叫"泪之门"（Gate of Tears），和连接波斯湾和西印度洋的霍尔木兹海峡，均为海上咽喉要道，也都因海盗肆虐而饱受恶名。环礁、暗礁和小岛也发挥着类似的作用，让较小的船只得以逃脱，同时阻止较大的船只通过岛礁之间狭窄的浅水道。19 世纪，英国皇家海军的亨利·凯帕尔船长评论道："犄角旮旯和缝隙里当然会有很多蜘蛛，海盗也是一样的。如果有岛屿作为巢穴，这些岛屿附近又有小港湾和浅滩，有海岬，有岩石和暗礁——总之，就是有方便潜伏、突袭、进攻和撤退的环境，那么就会有盗贼涌现。"[43]虽然凯帕尔谈及的是他在 19 世纪交战过的海盗，但是这段话拿来描述五百年前中世纪晚期的海

---

①　西兰岛（Sjælland）：丹麦本土最大的岛屿，丹麦首都哥本哈根就位于该岛东部海岸。

②　菲英岛（Fyn）：位于日德兰半岛和西兰岛之间，与西兰岛隔大贝尔特海峡相望。

盗也是恰如其分。

尽管环境因素影响了海盗的发展，但也不能单纯地归咎于环境：那些成为海盗的人仍然有别的选择。以撒丁岛人为例，他们背朝海岸线发展出一个农牧社会，而不是将撒丁岛变成海盗窝。[44] 就连地处地理环境复杂的沿海地区的维京人，其实也有机会成为简单而纯粹的商人，而非下海进行劫掠。

海上寻觅猎物

想要当海盗，首先得有一艘船。对于新成立的"创业"海盗团伙来说，这个问题通常是这么解决的：要么依靠某一艘商船或者战船上的哗变，要么偷窃一艘停在港口的、合适的、无人看管的船只。很多海盗都是通过这两种方式起步的。可惜的是，中世纪的文献里找不到任何关于海盗团伙起步阶段的详细记载：史料大多描述的是那些已经扬名立万的海盗，比如来自粮食兄弟会和均分者的克劳斯·斯托尔特贝克（Klaus Störtebeker）和戈德克·米歇尔斯（Godeke Michels）；以及著名的私掠者，比如"修士"厄斯塔斯和唐·佩罗·尼尼奥，他们的船是从各自的领主那里得来的。我们会在后面看到一些成功海盗的例子，他们通过煽动叛乱或者偷窃无人看管的船只开启海盗生涯。但是这种情况在早期肯定也发生过。

成熟的海盗团伙会根据他们喜欢的狩猎水域来选择某种船只类型。如果是在离据点不远的近海水域，他们会选择轻快的船只，因为它们非常适合伏击。乌斯科克人（Uskok）——16 世纪活跃于亚德里亚海的海盗——正是由于这个原因喜欢一种名叫"brazzere"
的小型桨帆船。与此相对，那些在远海狩猎的海盗则会选择远洋大
船——通常来说，那些诚实的远洋商人也会选择这样的船。例如，
粮食兄弟会跟汉萨同盟使用的船只就是一样的——随处可见的"柯
克船"（cog）——只不过他们的船员更多，船首和船尾还有船楼，
这些海盗船和同盟的战船，即"维和船"（Friedeschiffe）非常相似。
同时期活跃在东亚海域的中国和日本海盗们也喜欢改装商船，他们
选择的是中国帆船[①]，因为当时这种船只比较常见，外观看起来也毫
无攻击性。[45]在近海快速突袭中，小型桨船也会被用到，海盗们通
常会在船首和船尾加置一两座战斗塔，搭载比平常更多的船员，以
将其改造成战船。

　　一旦有了一艘合适的船，海盗就可以出海了，接下来他们还需
要找到目标。在雷达发明之前，能否发现船只依赖于观察者站立的
位置。根据数学公式，一个身高 5 英尺 8 英寸（1.73 米）的人站在
海平面上，可观察范围约为 5 公里；而同样身高的人站在 100 米高
的悬崖上，他的观察范围可以达到 40 公里。由于远海通常找不到
悬崖，替代方案就是主桅杆上的瞭望台。依照桅杆高度的不同，视
野范围可以人为扩大约 15—20 公里。即使如此，错过目标的概率
非常高。

　　当然，海盗会选择有可能遇到大量船只的便利之地，从而使自

---

　　① 中国帆船（Chinese junk）：这是西方文献中对于中国古代大帆船的称呼，
亦可音译为"戎克船"。据中国史学家朱维干考证，该称呼可能是由闽南语"艐"
或"艏"字转音而来。关于其具体形制，详见本书术语表。

已处于优势局面——可以在主要航线积极搜寻，也可以在合适的藏身之处慢慢等着，以待伏击毫无防备的船只。有时候，之前安全的港口及其停靠点也可能成为伏击地点。15 世纪的热那亚贵族安塞尔梅·阿多尔诺（Anselme Adorno）在他的游记里讲述了在曾经安全的著名港口外发生的一场伏击。时值 1470 年 5 月，他乘坐一艘重达 700 吨的大型热那亚船前往圣地①，船上"配备了大炮、十字弓和标枪……备有 110 名全副武装的船员以应对海盗和土耳其人"[46]。途中，这艘热那亚船原计划要停靠在撒丁岛的阿尔盖罗港（Alghero），但它的体积太大，不得不在港外下锚。阿多尔诺以及与他同行的朝圣者们乘着船上的长艇进入港口。在港内没有发生什么意外。但是当他们划船回来时，海盗突然杀了出来，试图乘船插进热那亚长艇和他们"漂浮的堡垒"之间。热那亚船的船长果断采取反击措施，扭转了乾坤：他命令船员向海盗开火，阻止他们靠近，并派出两艘长艇，交由全副武装的水手护送朝圣者们安全返回大船。[47] 在其他的情形中，船员和乘客们就没有这么幸运了——他们会被抓住，所有值钱的东西都被抢走，然后被囚禁起来，直到支付了赎金。[48]

有些海盗的组织性更强，他们会试图提前了解满载货物的船只会在何时何地出现，以便进行埋伏。例如，乌斯科克海盗便以探子和眼线遍布亚得里亚海的各大港口而为人熟知，甚至在威尼斯也

---

① 圣地（Holy Land）：西方世界的一个模糊地理概念，指约旦河东岸以及约旦河与地中海之间的区域。犹太教、基督教、伊斯兰教均以此处为神圣之地。

有。1586 年 9 月，威尼斯政府曾经"发现一名来自莱西纳①的文书官员弗朗切斯科·达布鲁扎（Francesco da Bruzza）其实是间谍——他不仅会向乌斯科克人报告每一艘船只的离港情况，还会指明在哪里能找到属于土耳其人的货物"[49]。

对于那些在开阔水面上行动的海盗来说，他们的船只远离海岸，视野受限，一定程度的相互合作是必须的。13 世纪晚期，活跃在阿拉伯海的海盗们在离开印度西部海岸后，会搜寻、拦截并击溃那些商船的防御。出于安全考虑，大部分商船仍旧会沿着海岸航行。著名旅行家马可·波罗如此回忆道：

> 你一定知道，在马拉巴尔②和邻近的省份古吉拉特，每年有超过 100 艘船只出海。它们是私掠海盗船，专事劫持其他船只、抢劫商人……这些凶恶的私掠海盗船大部分都散落在各处……但是有的时候……它们会排队巡航，航行间距 5 英里（8 公里）……他们只要看到一艘商船，就会一个接一个地向其他私掠船发信号，这样就不会有任何船只能够在不被发现的情况下通过这片海域。[50]

马可·波罗还描述了这些早期海员所采取的对策："商人们非常熟悉这些凶恶私掠海盗的习惯……武器和装备齐全，而且他们……坚决防守，对袭击者造成巨大打击。"[51] 饶是如此，还是有

①　莱西纳（Lesina）：意大利东南部港口城市，位于亚得里亚海西南海岸。
②　马拉巴尔（Malabar）：印度南部的一个沿海地区，包括今喀拉拉邦的北半部，以及卡纳塔克邦的部分沿海地区。有时候会用"马拉巴尔"来泛指印度西南海岸。

很多船只沦为海盗的猎物。[52]

对于更积极的海盗和私掠者，或者不想在等待中颗粒无收的人来说，面对着密集的海上交通和单薄的防御，沿着海岸来回巡航就是一种制胜手段。如果海盗或者私掠者认为自己已经足够强大了，或者手里有一支小型舰队，那么袭击沿海的村落和城镇也不失为一种选择——同样，这种方式不是没有风险的，但优势是可以提前知道目标位置。对于驰骋地中海的基督徒和穆斯林私掠海盗来说，袭掠海岸是一种常规策略：俘获当地人并在奴隶市场贩卖，是他们的一种典型商业模式。

有时候，海盗要是运气不佳，撞上正在执行反海盗任务的战船，那么猎人就变成了猎物。对于捕猎中的海盗来说，另一项风险就是在远离友好海岸的时候耗尽淡水和口粮。长期航行的大型桨帆船特别易受影响，因为船员数量庞大，通常包括大量水手和士兵，此外还有一百多名桨手，需要大量饮食补给。例如，一艘轻型桨帆船，配备两百人左右的船员，包括桨手、水手、士兵和高级船员，这些人每天要消耗大约90加仑（340升）水，而船上通常会装载800—1500加仑（3000—5600升）水。[53]这就意味着，最大巡航时间只有两星期，否则饮用水就会耗尽。由于私掠海盗船的船长们在任何时候都依赖天气条件，所以他们并不是总能赶到安全的港口来为自己的桨帆船补足饮食。比如说，在1404年，卡斯蒂利亚私掠海盗唐·佩罗·尼尼奥的舰队——包括数艘装备精良、人员齐全的桨帆船——因为遭遇暴风雨被困在巴巴里海岸附近的一处荒岛上，无法返回西班牙。他们的饮用水惊人地支撑了20天之久，随后他说服了已经绝望的、渴到不行的船员们，冒着被伏击和歼灭的危险，设法从敌对的巴巴里海岸汲取淡水。尼尼奥和他的船员们在那一天可谓非常幸运：就在他们装满水桶后，一队穆斯林士兵便向他们杀了过来。[54] 尼尼奥的舰队成功逃脱，没有一名船员被俘或受伤，但整个过程还是非常惊险。这次事件凸显了海盗和私掠海盗的职业生涯的危险性——甚至还没到寻找猎物那一步。

压制猎物

好莱坞海盗电影中的英雄们通常会纵身跃上被海盗攻击的船甲板上，使用刺剑、马刀、匕首、手枪以及滑膛枪加入到一场酣斗中。其实，大部分海盗都会尽量避免短兵相接，而是依靠我们现在称之为"震慑"的手段，以期能不战而屈人之兵，用历史学家彼得·厄尔（Peter Earle）的话来说："重要的是战利品的价值，而非夺取战利品带来的荣耀。"[55] 话虽如此，并不是所有的海盗都期望完全避开战斗。例如维京人，他们认为自己是战士，在战斗中牺牲是他们所期望的。从有限的史料中我们还找到一些类似的例子，比如东南亚海域的"海洋之民"罗越人，还有活跃在东海的倭寇海盗。有记载表明，甚至有过数名海盗发起自杀式冲锋以吸引敌方火力的情况[56]——这更像是常规武装部队会采用的战术。但是这些都属于例外情况：大部分"普通"海盗所期望的，是仅仅把海盗旗升起来就可以得逞。

他们通常会挂着旗子伪装成商船，接近一艘毫无防备的船只，然后突然升起他们臭名昭著的带有骷髅和交叉股骨图案的黑旗，或是具有同样含义的当地惯用旗帜——这种方法能成功引起对方船只的注意。通常，被吓坏了的船员会放弃战斗，直接投降，寄希望于能从这场遭遇中活命，即便这意味着要丢掉他们的财产和船。只要迅速比较一下双方船员的人数就能意识到，任何抵抗都是徒劳的。一艘标准的商船，会非常经济地安排人手，通常甲板上也就二十多个水手；而海盗船上几乎总是拥有更多的船员，他们都是训练有素、久经沙场的水手兼打手。看着他们挤上舷墙，挥舞着各式各样的致命武器（例如短弯刀和佩剑），听着他们叫喊和辱骂，对商人的船员们来说真是一种磨难。极度的恐惧，以及对于海盗只有在没有遭遇抵抗才会大发慈悲的认知下，很多船员不顾船长的命令而拒绝战斗。换句话说，海盗们无须冒任何生命危险，就已经赢得了心理战——而这正是他们所期望的。俘房商船之后漫长而有条不紊的掠夺过程通常来说又是这种震慑手段的延续。在第一次成功的突袭中，登船的海盗的确非常残暴，这加强了"抵抗都是徒劳"的印象。

不过，战斗也不是永远都能避开的。如果遭受攻击的船只选择顽抗到底，那么这很可能是一场持久战，双方将短兵相接，血拼一场。在 12 世纪 50 年代就有这样一桩实例，故事发生在地中海一带，主角是一支维京小船队和一艘穆斯林大船。维京贵族罗涅瓦尔德·卡利·卡洛松（Rognvald Kali Kolsson）在一位名叫威廉（William）的主教陪伴下，正在前往罗马和圣地的朝圣之旅中。尽管这位贵族此行的本意是虔诚的，但他并不觉得抢劫一把途中遇到的穆斯林有什么错——他发誓把一半的战利品捐赠给穷人，以此抚慰自己的良心。在撒丁岛海岸外，他那支包括九艘长船的船队遇到了一艘相当难对付的穆斯林舰船：维京人一开始还以为那是一片云彩，后来才发现那是一艘快速大帆船（dromond）——一种大型桨帆船。这是一个守备完善、令人生畏的敌人，主教警告道："我觉得，你要想把船靠过去，这绝非易事……你最多能把阔斧钩在船舷上缘，接着他们就会用硫黄和滚烫的沥青浇你们一身，从头到脚。"[57]在这里，主教指的很可能是恶名昭彰的"希腊火"（Greek fire）的一个变种。这是一种液体燃烧武器，类似于今天的凝固汽油弹，通过压力泵驱动虹吸管，向敌船喷火。为了压制棘手的敌船，维京人充分利用了己方舰船的数量优势。有的船不停地向穆斯林快速大帆船发动一轮又一轮的弓箭齐射，以牵制其船员，另外的船则快速移动到敌船侧翼——必须抓紧这段宝贵时间，因为虹吸管没办法压到足够低，它对于过近的目标无能为力。接下来的近身战非常惨烈："那艘快速大帆船上面的撒拉森人……其中有相当一部分黑人……抵抗得很顽强。"一名叫埃尔林（Erling）的维京战士因此战赢得了绰号："埃尔林跳上大帆船甲板时，脖子上狠狠地挨了一下。伤口就在肩膀往上一点，后来也恢复得不太好，导致他在余生都只能把脑袋歪到一边了。因此他得了个绰号，叫'歪脖子'。"最后，维京人占了上风，除了一个他们认为是撒拉森人领袖的高个男人和一些俘虏以外，他们把大帆船上的人都杀了。维京人在船上搜刮一番，随后将船付之一炬，而罗涅瓦尔德伯爵则作诗一首，以庆祝这场胜利、讴歌埃尔林的勇敢，言语间还对敌人表达了赞扬："埃尔林，光荣的长矛手，热切地向着敌船胜利前进，以血为旗——黑色的战士、勇敢的少年，被我们活捉，或被我们斩杀，鲜血染红了我们的刀剑。"[58]

无畏的唐·佩罗·尼尼奥也没能永远避开战斗。1404 年，他的舰队在突尼斯附近的一个岛上埋伏了数天，以期能逮住一艘毫不设防的穆斯林舰船。但是，一直都没有船只经过。最终，唐·佩罗·尼尼奥失去了耐心，决定直捣突尼斯——考虑到这座港口的防御情况，这可是相当大胆的举动。尽管如此，他的船员们还是在突尼斯成功袭击了一艘桨帆船，船上的人或被杀死、或被俘虏。接着，他们又攻击了一艘大型突尼斯商船。这一回，尼尼奥鲁莽的风格体现出来了：突尼斯商船撤进了一道狭窄的海峡，此时理应放弃追击，但他并没有这么做，而是继续穷追不舍。当他的战船撞角撞上商船的艉楼时，尼尼奥立即跳了上去，他大概以为他的那一大帮手下会跟在后面登船。结果，撞击大加莱赛战船①带来的巨大冲击力把他小一号的战船向后推了出去，因此，尼尼奥的船员们没办法登船。他忠实的副官兼传记作者迪亚斯·德加梅斯（Diaz de Gamez）宣称，被困在敌船艉楼甲板上的唐·佩罗·尼尼奥，像一头雄狮一般顽强战斗，直到他的船再次就位，其他船员们冲上来帮忙。营救勇敢但鲁莽的船长并不是他们唯一的问题：突尼斯水手和士兵已经开始从狭窄的海峡两岸涌上双方舰船的甲板，将原本可以成功突袭的机会变成了惨烈的求生之战："人太多了，不可能瞄准以后再放箭，也不可能对准目标再抡家伙。"[59] 最终，身受重伤的尼尼奥设法跳回了自己的船，而他的表亲用船将他的船拖出了海峡，这才脱离了险境。尽管有些艺术加工，但迪亚斯·德加梅斯还是精妙地刻

---

① 加莱赛战船（galleass）：流行于16—17世纪的一种大型战船，常见于地中海。它是一种体型巨大的桨帆船，需要大量水手，由此产生的补给需求导致其很难进行远洋航行。

画出了海盗们登上严阵以待的商船时种种自私、血腥、混乱和复杂的景象——在这个例子里，商船还得到了港口居民的大力帮助。

在这个时代的北方海域，像桨帆船这种专门的战船还没有出现。商人和海盗都会选用木制柯克船，装配有作战平台，船员们全副武装，兵器包括匕首、剑、斧、长枪、弓和十字弓，有的船还会配备当时刚出现的火绳枪：这是一种相当笨重而且精度不足（还贵得离谱）的前膛装填火绳式火器。[60] 从某种意义上说，这种火器拉平了保持警惕的汉萨商船与海盗船之间的胜负概率，通常来说这种遭遇战本来应该是一边倒的：现在，强盗们并不总是能够得逞。1391 年，数艘粮食兄弟会的舰船突袭了一艘来自施特拉尔松德①的大型柯克船。他们很可能以为，只要一看到己方船只，商人们就会"降下旗帜"（以示投降）。但令海盗们吃惊的是，施特拉尔松德柯克船的船员们——他们为数众多，且装备精良——居然奋起抗击。船员们不仅勇敢地挫败了海盗们登船的企图，甚至还杀上了海盗船的甲板。这场近身肉搏战一定血腥无比，但施特拉尔松德人取得了胜利，他们俘虏了 100 多名海盗。[61] 由于没有足够的锁链和脚镣，再加上大获全胜之后报复心，施特拉尔松德人干脆把俘虏装进了大木桶里，在桶上凿个孔，只把头露出来。然后，这些装着活人的木桶就像普通的木桶一样被装在船里，完全不考虑装在桶里的人的安全。[62] 船只安全回到施特拉尔松德后，被俘的粮食兄弟们立即被从桶里放了出来——只不过数小时后就被砍了头。[63]

---

① 施特拉尔松德（Stralsund）：波罗的海沿岸城市，位于今德国东北部。

袭掠海岸

海盗袭击不只发生在海上，还有一些更高水准的海盗活动，以规模或大或小的真正的海盗舰队的形式，对陆地上的目标展开大规模水陆两栖作战行动。在阿拔斯王朝和法蒂玛王朝的统治时代（750—1258），撒拉森海盗经常会对地中海沿岸的基督教国家进行有组织的袭掠，其侵扰范围从希腊诸岛一路到法国和西班牙。例如，在838年，一支撒拉森海盗舰队袭击了马赛，在劫掠一番后将城市付之一炬。他们还会洗劫教堂和修道院，掳走教士、修女和普通信徒，这些俘虏有的被赎回，有的则被卖到奴隶市场。[64] 在四年后的842年10月，撒拉森海盗在另一次袭击中，沿着罗讷河上溯30公里到达阿尔勒（Arles），沿途烧杀抢掠，没有遇到任何有组织的抵抗。[65] 这不是他们第一次袭掠阿尔勒，也不是最后一次：他们不断地回来，直到973年，他们与阿尔勒伯爵威廉一世（William I）的军队交战并被击败。但是撒拉森人并不满足于仅仅袭掠法国海岸：846年8月27日，一支强大的海盗舰队攻击了罗马。他们无法攻破罗马城坚固的城墙，于是洗劫了城郊那些毫无防备的奢华庄园，就连圣彼得大教堂也没能幸免。[66] 但是，撒拉森海盗们没能够活到享受这批新财宝的那天。据说在返程的路上，他们的船在一场"可怕的暴风雨"中沉没了，因为他们"用污秽的嘴亵渎了上帝和我们的主耶稣基督以及他的使徒"，《圣贝尔坦编年史》（Annals of Saint Bertin）如此虔诚地记录道。[67] 甚至有传言说，有一部分从大教堂里偷出来的财宝后来被冲上了第勒尼安海的海岸，一同冲上岸的还有海盗的尸体，他们死死抓住财宝不放手，这些财宝后来被带回罗马。但这更像是虔诚的一厢情愿，而不是对事实的叙述。

仅仅数十年之后，撒拉森人和基督徒再次发生冲突。869 年 9 月，一支撒拉森舰队劫掠了卡马格（Camargue），袭击并生擒了一位货真价实的大主教——阿尔勒的罗兰（Rolland of Arles）。讽刺的是，这位大主教被俘虏时，正在视察沿海地区的反海盗防御工作。按照这种尊贵人质的通用待遇，基督徒支付了赎金。不幸的是，年事已高的罗兰在被释放之前就亡故了。撒拉森人信守承诺，给他的尸体穿上华服，安置在椅子上交还了回去。

不止地中海沿岸的基督教国家遭受过毁灭性的大规模袭掠。在北方，维京人也进行了长期的大规模沿海侵袭。这些袭击一开始规模不大，主要是探索性的远征：维京人冒险穿越北海到达不列颠、爱尔兰和法兰克海岸，袭掠目标是沿海地区，也包括内河航运系统。通常，这样的袭掠只有大约 10—12 艘船参与，船员最多有 500 人[68]，基本上都是"打砸抢"（smash-and-grab）式的攻击。[69] 第一次有记录的袭掠是针对多塞特（Dorset）海岸的波特兰岛（Portland），发生在 787 年：

> 这一年，［威塞克斯①的］贝奥赫特里克国王（King Beorhtric）迎娶了奥法（Offa）②的女儿埃德博（Eadburg）。

----

① 威塞克斯（Wessex）：盎格鲁 - 撒克逊人在英格兰建立的七大王国之一，意为"西撒克逊人的王国"，位于英格兰西南部。

② 奥法（Offa）：麦西亚王国的国王。麦西亚王国亦是盎格鲁 - 撒克逊人建立的七大王国之一，位于英格兰中南部。

在他统治的年代，第一次有北方人的三艘船出现，他们来自
［挪威的］霍达兰（Hordaland）。于是，当地的采邑总管（地
方最高行政长官）骑马去见他们，打算带他们去国王的居城，
因为他也不知道这些到底是什么人。结果他们杀了他。这些是
第一批袭击英格兰的丹麦船只。[70]

把他们当作诚实的商人，对毫无戒心的采邑总管比杜赫尔德
（Beaduheard）来说是一个可以理解的错误，因为在那个时代，"很
难分得清商人和强盗"——他们经常是同一拨人，是进行贸易还是
劫掠视当地情况而定。[71]但这样的错误是致命的。最初对这些"来
访者"动机的迷惑变成了几年后极大的震惊——793年，维京人洗
劫了著名的林迪斯法恩（Lindisfarne）修道院。

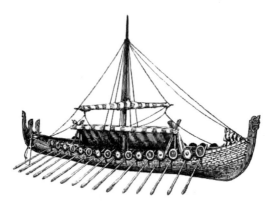

图1 维京"达卡"（drakkar）长船，常用于海盗劫掠，例如维京人
洗劫林迪斯法恩那一次

这次袭击来得就像是晴天里的一道霹雳：岛上的僧侣们在这一

天开始时，并不知道接下来要发生什么。由于没人想过会有什么来
自海上的危险，因此没有值班人员，也就没有人来警告将会发生
什么事。可能有人看到快速驶近的长船时觉得好奇，并有一丝担
忧——但是到了那时，除了逃命之外做什么都晚了。英国编年史家
兼修道士达勒姆的西米恩（Simeon of Durham）如此记录道：

> 林迪斯法恩的教堂遭遇了毁灭、杀戮和强夺，几乎被彻底
> 摧毁。（他们）用脏污的脚踩踏圣物，他们掘倒圣坛，抢走了
> 教堂里所有的珍宝。有的弟兄被他们屠杀，有的被他们拴上锁
> 链掳走，更多的人被他们剥光、凌辱、扔出门外，有些人淹死
> 在了大海里。[72]

对林迪斯法恩的这次恐怖袭击是历史的分水岭，从此以后整个
世界①看起来完全不同了："维京时代"（Viking Age）拉开了序幕。
毫不意外的是，人们认为维京人是出于宗教仇恨才把目标对准
教堂，他们在"吞食基督之血"——冰岛作家马格努斯·马格努松
（Magnus Magnusson）如此生动地解释道。[73]对维京人来说，教堂
和修道院只不过是他们肯定能找到，可以搬走战利品，让他们满载
而归、不虚此行的地方而已。[74]像林迪斯法恩这样的宗教中心不仅
仅是敬神的地方，它们还是作坊，包括金匠和银匠在内的各种具备
高超技艺的工匠都住在这里，他们制造精美的艺术品，装饰圣坛、
圣物箱和弥撒经书；在一副由农场、小村庄和零星小城镇构成的中

---

①　这里主要指欧洲世界。

世纪景观中，修道院是存放任何一件具备经济和文化意义的物品最合理的地点。[75] 最后，非常讽刺的一点是，修道院会特意修建在岛屿上或者海岸边，以避开陆地上的军事冲突，结果却恰好成了海上掠夺者们唾手可得的目标。综上所述，并不是信条（也就是"信仰"）而是贪念（也就是"掠获物"）让毫无防备的僧侣和牧师成了有利可图的劫掠对象。

在法国和德意志地区，持续不断的王位之争和随之而来的内战，让维京人可以深入大陆内部，发动更加大胆的袭掠，而无须担心遭遇协同防御。隐修学者努瓦尔穆捷的埃尔门塔里乌斯（Ermentarius of Noirmoutier）在 860 年写下了这样的文字，以描述这场灾难的庞大规模："船只越来越多，维京人无休止地涌入，从未停止。各地的基督徒都遭受着烧杀抢掠。维京人征服了沿途所有地方，没有什么能阻挡他们。"[76] 公元 885 年，一支强大的维京军队——约有 3 万人、700 艘船——在一个名叫西格弗里德（Sigfred）的丹麦首领率领下，包围了巴黎。这是维京人第三次进行这样的冒险行动，不过这次不像之前那样成功。在巴黎伯爵厄德（Odo）的英明领导下，人数居劣势却众志成城的守军——包括 200 名士兵和一些被征募的市民——克服了重重困难，击退了骇人的维京战士。

活跃在东海的海盗们同样施行维京式的"打砸抢"式袭掠，但年代更晚一些。关于日本掠夺者在 15 世纪对中国海岸的袭击，《明史》这样记载："倭性黠，时载方物、戎器，出没海滨，得间则张其戎器而肆侵掠，不得则陈其方物而称朝贡。"[77] 这再一次应验了：商人和掠夺者确实很难分辨，在很多情况下这两者都是同一拨人。和维京人的例子一样，这些早期有点机会主义性质的袭击迅速升级、发展成由几十艘甚至数百艘船组成的舰队进行的大规模沿海袭掠。海盗也会进入内河航运网络劫掠城市，那些城市远离海岸，因此并没有任何防范海盗的措施。如果不采取有力的反制措施来遏止这些袭掠，它们很快会演变成陆战。以僧人徐海为例，他更像一个维京军事领袖，而不仅仅是个海盗船长：1556 年春，他派出两个倭寇海盗团伙，混成一支数千人的队伍，沿着长江两岸的港口和村镇一路残忍地奸淫掳掠、滥杀无辜。他们遇到的抵抗微不足道，都是一些战斗力不强的地方乡勇。对于受难者来说非常不幸的是，此时训练有素的政府正规军队正在跟北方地区的军队全力作战。[78]劫掠过后，海盗们却因为战利品的分配问题起了内讧。[79]这就是他们失败的根源。在此次成功劫掠后的第二年，这些海盗就被归来平乱的中央正规军彻底歼灭，指挥军队的是胡宗宪和阮鹗等将领。这几位将军在与海盗团队交战之前使用巧妙的策略减少了他们的有生力量：

> 胡宗宪认为，在当时的情况下，智取胜于强攻。他把一百坛毒酒装在一艘小船上做诱饵，派两名可靠的兵士假扮成后勤人员，一看到敌人的先锋部队就弃船而逃。强盗们得了酒，便停下来畅饮一番。有些人就这么死了。[80]

尽管如此，相对防守方而言，说到具体的行动和策略，维京人和倭寇总是能占据上风，因为他们可以主动选择攻击地点。他们可以在滨海地区进行侦查，发动两栖作战来保护滩头阵地，然后向内陆深入，依靠侧翼包抄战术和灵活的机动性完胜防守兵力。如果地形允许，入侵者会充分利用内河航运系统。维京人经常沿着莱茵河、塞纳河、卢瓦尔河以及瓜达尔基维尔河（Guadalquivir）一路袭扰科隆、特里尔（Trier）、巴黎、沙特尔（Chartres）和科尔多瓦（Córdoba）这样人口众多的中心城市。与之类似的是，倭寇的舰队也会冒险深入中国腹地，借助主干河运系统和渠道网络攻击内陆城市。见证者谢杰回忆说，一开始"海盗只是绑架百姓，逼迫其家属到他们的巢穴去交付赎金。后来他们占领我们的土地，赖着不走，杀死我们的官员，攻击我们的城市，造成了几乎无法挽回的局面"[81]。维京人和倭寇的暴行显然跟通常情况下的海盗行为相去甚远。他们的行动甚至引出了这样一个问题：什么时候海盗不再是海盗，而是其他一类人——比如说，帝国的缔造者。不过，如果将海盗行为定义为未经法律授权，在海上发起的抢劫、绑架或暴力行为，那么很显然，在中世纪和近代早期，维京人和倭寇就已经远远地走在了海盗活动发展的最前沿。

海盗暴力

海盗对暴力的使用基本上因其"商业模式"而定：如果海盗的目的是像地中海的私掠海盗、罗越人和倭寇那样，绑架船员和乘客以换取赎金，那么俘虏会受到很好的优待——他们是"长着腿的钱"；与此相反，如果海盗的主要目标是掠夺，那么俘虏的生命就会受到极大的威胁，特别是如果他们没有乖乖束手就擒的话，海盗可能会因此而被激怒。女性还有被强奸的危险。尽管有些海盗的所作所为是出于乐趣，但其实大部分人使用暴力都是有目的的：比如说酷刑，只是一种用来获取关于被藏匿的财宝信息的工具。

除了最大化劫掠收益之外，暴行还有另外一个目的——海盗们以此传达信息给几类不同的人：第一类，给海盗团伙自身；第二类，给那些航行经过海盗出没水域的船只和那些经常被海盗光顾地区的居民；第三类是给敌人的，也就是海军、民兵以及司法和行政官员。对于第一类人，暴力行为是一种大多数海盗成员都会参与其中的"团建"活动，因此他们也就成了这项罪行的共犯——想要金盆洗手就更困难了。对于第二类人，酷刑折磨在心理上有一种"这可能也会落到我头上"的效果，尤其是当经过夸张歪曲和添油加醋的暴行消息传到码头和港口时。传达的消息是：不要做任何形式的抵抗，不要隐藏任何值钱的东西，因为这么做的后果严重到你无法想象。至此，海盗借助极端的暴力——无论是想象中的还是现实中的——给自己打造了一面"残忍无情的暴徒"的"招牌"：永远都不要抵抗他们。[82] 而对于第三类人，海盗的残忍行径严重限制了反制措施的实施。特别是偏远地区的政府官员，他们无法争取到正规军队或者军舰的支持，于是，他们在计划对那些活跃在自己管辖的港口或省份的海盗实施打击之前，会踌躇再三：他们可能会以可怕的方式丢掉性命，这风险实在是太高了。同样地，从当地民众中招募的乡勇也不愿意跟身经百战的海盗拼命。他们大概会赞同那句著名的谚语："留得青山在，不怕没柴烧。"不管是哪种情况，海盗向那些有可能反抗他们的人传达出来的信息是一样的：如果你要与我们为敌，那就要小心了。

陆上剿匪

为了终结海盗活动，人们尝试过很多不同的战术和战略：在海上和陆地上追捕海盗；用金钱收买他们，或者赦免他们；拉拢他们做海盗猎手；偶尔还能强行逼迫他们在远离大海的地方重新落脚。看起来最简单直接的一种解决方案，就是干脆限制海盗赖以生存的海上贸易。没有海上贸易，也就没有海上强盗——至少明帝国的两位皇帝是这样想的。1368 年，明朝开国皇帝朱元璋（也依他的年号而被称为"洪武帝"）颁布了一系列"海禁"政策。15 世纪早期，皇帝朱高炽（又称"洪熙帝"）在他的父皇朱棣（永乐帝）驾崩后，也颁布了一系列类似的海禁法令，朱棣曾经派遣船队先后七次进行远至印度洋的大规模远洋航行。这个朝廷甚至解散了远洋舰队，任凭舰船在船坞中腐烂，并解雇了船上的水手，从此以后严禁一定吨位以上的船只。朝廷的决定也受到了儒家思想的影响。按照儒家思想的观点，细究起来，舶来品里面没有什么好东西；而天朝上国地大物博，亚洲内陆地域广阔，中国无论需要什么，都可以在自己的势力范围内找到。但是，朝廷的政策却导致海上犯罪数量不降反增：中国商人别无选择，只能诉诸走私或者海盗营生。数千名失业在家的水手投奔了他们，这些水手来自那些被废弃的远洋舰队；相当多的沿海政府官员和士绅也加入了他们的行列，他们有的对于沿海袭掠睁一只眼闭一只眼，有的干脆主动参与进来。明帝国反海盗政策的初衷是好的，但其结果却格外地事与愿违，倭寇的浪潮没有平息，反倒愈演愈烈。地方民兵队伍仓促组建，期望能至少象征性地抵抗一下。直到 1567 年，由于大规模军事行动和海禁法令的废除，倭寇终于被彻底消灭了。[83]

为了打击海盗活动而封禁一切海上贸易，这给大明王朝这个可以自给自足的帝国带来了灾难性的后果，而对于那些依赖海上贸易来给人民供应日常必需品的社会来说，这种极端措施显然是无法实行的。不过，其他地区也还是采取了一些基于陆地的海盗反制措施，尽管程度上不算激进。例如，地中海沿岸的居民自古以来都会采取各种防御措施，不单单是为了遵从罗马帝国——后来是拜占庭帝国——颁布的法令，也是为了保护他们的生活方式，尤其是在没有大帝国的舰队往来巡航的危机年代。而遭到海盗周期性侵扰的沿海地区居民，有的便会抛弃他们认为无法守御的村庄，迁移到稍微安全一些的内陆村落——这些地方离大海又足够近，这样他们就可以继续从事惯常的渔业和小规模海上贸易。而那些留在海边的人，会采用一些简单的保护手段，例如在山上修建瞭望塔和观察点，或者预备好就近的防御工事，当海盗船出现时，居民们可以逃进去暂避。塞浦路斯岛就是一个典型的例子。君士坦丁堡在 1453 年陷落以后，塞浦路斯就完全暴露出来了。为了保护沿海地区，岛上建立起瞭望塔警戒网，以便尽早发现接近的海盗和私掠船队：

> 每隔半英里设置两名村民，备足柴火，观察是否有船只接近岛屿；一旦发现任何船只，他们会尽可能地燃起大火。日落之后，每名哨兵一旦发现什么动静，都有义务点一把火，这火至少持续六段主祷文的念诵时间。[84]

　　还有一些被称为"马尔泰洛塔"（Martello towers）的小型堡垒，最早出现于15世纪，由科西嘉人（Corsican）建造。后来热那亚人在他们的鼎盛时期（1530—1620）会建造这种堡垒来抵御巴巴里私掠海盗和海盗的频繁袭掠。这种简易的堡垒其实就是加固的塔楼，12—15米宽，经常会在塔顶的露台装备重型大炮。后来，英国人沿用了这一堡垒形制，并继续在全球各地建造。[85] 中国和朝鲜也采取了类似的措施——包括在港口、城镇和村落修筑堡垒——来防范倭寇持续不断的侵扰，以保护沿海人民。[86] 加洛林帝国也在北海地区的港口、城镇和村落修筑堡垒，以保护沿海地区的居民不受维京人袭掠，接下来会做出进一步详细说明。

　　"主啊，从北方人的怒火中拯救我们吧（A furore Normannorum libera nos，Domine）。"[87] 这句中世纪颂歌描绘了受到维京袭掠影响的人们，在面对无情地逐步深入欧洲大陆内部的维京人时，是如何依靠祈祷寻求帮助的。这并不是说加洛林王朝面对维京人没有积极采取措施，没有尝试巩固沿海防御。实际上，伟大的皇帝查理曼（768—814年在位）本人便意识到了维京威胁的严重性。在查理曼长期统治的后半段，他会定期巡视沿海地区。应对维京威胁的防御措施包括打造舰队来保护北海和大西洋沿岸的河口地区，以及在沿海防御工事的基础上搭建瞭望塔警戒网。[88]《法兰克王家年代记》（Royal Frankish Annals）记录道，皇帝在800年"3月中旬离开了亚琛（Aachen）的宫殿，穿过高卢海（Gallic sea）海岸。这片海域当时屡有海盗出没，他在这片海域组建了一支舰队，在多个地区设置了岗哨"[89]。查理曼的儿子虔诚者路易（Louis the Pious，814—840年在位）也认为必须保持强大的舰队和海岸防御工事。然而，只要皇帝们把注意力转向别处，专注于他们那庞大而松散的帝国内部更紧迫的问题上时，他们精心布置的沿岸防御体系便会迅速土崩瓦解：当地的封建领主发现，没了帝国的支持，维护这些设施的费用实在是太高了，难以负担。经常性的内部纷争也减弱了他们对于大海的关注。如此一来，毫不意外地，维京人仍然可以按照他们的意愿来去自如。他们肆意掠夺、洗劫和焚毁那些远离海岸的城镇，甚至是科隆和特里尔这样的大城市。在 834—837 年，维京人定期袭掠北莱茵河三角洲重要的弗里斯兰港口兼贸易中心多雷斯塔德（Dorestad）——这种袭掠甚至可以被预测，以至到了第四年，《圣贝尔坦编年史》有些讽刺地评注道："北方人会在这个时候依照惯例对弗里斯兰发动突然袭击。"[90]

为什么没人阻止他们？通常来说，阻拦袭掠是很难的：海盗可以随意选择时间和地点，这就使得他们的行踪很难预测。但是，任凭海盗年复一年地洗劫多雷斯塔德这个非常重要的港口，这一点可就不那么容易解释了。《圣贝尔坦编年史》在记述路易皇帝于第四次海盗袭击后进行的公众调查时，有所暗示：

> 这时，皇帝召开了一次大会，对那些受他委派负责保卫海岸的权贵进行了问询。从讨论中可以明显看到，一部分原因在于这个任务难度极大，另一部分原因在于某些人违背了皇帝的命令，让他们抵抗袭击者是根本不可能的。[91]

虔诚者路易和他的儿子们——阿基坦的丕平（Pippin of Aquitaine）、日耳曼人路易（Louis the German）和洛泰尔一世

（Lothar I）之间经年累月的内战在一定程度上导致了中央政府缺乏对沿岸地区的稳定统治，维京人得以横行无忌。多雷斯塔德不断遭受洗劫，这表明查理曼时期组织起来的加洛林舰队已经不再是一支有效的战斗力量了——假如它曾经是的话。路易皇帝组织了一支新的舰队，它"随时准备向任何需要的方向进行更快速的追击"[92]。但是，在不断有丹麦海盗蹂躏弗里斯兰的背景下，这支舰队是否比他父亲的更好，是很令人怀疑的。

840 年，路易死后，加洛林帝国分崩离析，潜在的继承人为了争夺领土而彼此争斗。旷日持久的内战让维京人越来越深入到帝国内陆地区，而没有遇到太多有组织的抵抗。仅在 9 世纪 60—70 年代，屡遭侵扰的市民和村民们才得到一些喘息的机会。国王秃头查理（King Charles the Bald）在巩固了对自己那部分加洛林帝国领土的统治后，开始着手施行"胡萝卜加大棒"政策，以期解决维京人问题：在维京人的力量过于强大、难以击败的地区，他会用金钱来换取和平，并建立临时的同盟，挑拨维京人互相攻伐。不过，他还是在塞纳河和卢瓦尔河沿岸建造了堡垒和防御工事网，以封锁维京人的舰队。[93] 但是，在他于 877 年去世之后，一场新的内战又削弱了帝国的防御力量。881 年，维京舰队卷土重来，他们当中有的沿莱茵河袭击亚琛、科隆和特里尔等城市，[94] 有的则深入法兰克内陆进行彻底的洗劫、掠夺，以至到了 884 年，"其破坏规模和现代战争的情况不分伯仲"[95]。如果我们把这些维京袭掠跟发生在西班牙的情况对比一下，很快就会发现，坚决的、有组织的抵抗会产生完全不同的结果：844 年，维京强盗成功地洗劫了里斯本和加的斯（Cadiz），但是他们在塞维利亚（Seville）被科尔多瓦埃米尔国

（Emirate of Córdoba）治下一支准备充分的穆斯林军队坚决地击退了。维京人在 859—860 年重回地中海，在法兰克和意大利海岸只遇到零星抵抗，但是他们在西班牙滨海地区再次被穆斯林征集的部队击败。这一系列维京袭掠是"维京人在地中海最大胆也最深入的侵掠，但它并不是征服战。维京人是掠夺者，他们要的是战利品，他们依靠速度和出其不意来达成目的。面对真正的抵抗时，维京人会迅速撤离，寻找更软的柿子捏"[96]。

从这些例子当中可以清楚地看出，采取基于陆地的纯粹防御性措施来对抗海盗，必定是要失败的。那些面对海盗威胁的人陷入了这样的困境：如果最初的试探性袭掠没有被控制住，那么"打砸抢"性质的机会主义式海盗攻击便有可能演变为大规模侵袭，最终可能会推翻现有国家的统治。然而，防住漫长的海岸线上发生的每一次袭掠又是不可能的：维京人和倭寇可以选择在何地何时进行劫掠。像维京人一样，倭寇能够轻易穿越薄弱的海岸防御，沿着长江、黄河以及京杭大运河这样的主要水道逆流而上。对付他们的攻击，采取长期措施是很难的。经历第一次袭击后，人们会立即加强防御设施，军民之间也会出现一种注意警戒、提高警觉的氛围。但是，接下来，"一切照旧"的做法重新抬头，之前的种种准备工作逐渐被放弃。毕竟，瞭望台只有站上了人，才能观察到海面上的情况；而战船也只有得到完善的保养，才能出海作战——这两件事都需要钱。内战和政治斗争对防御方来说也毫无裨益，这从前文的对比当中也能看出来：相互掣肘的法兰克人的应对策略无济于事，而科尔多瓦埃米尔国的反制措施则行之有效。

海上剿匪

在海上，针对海盗的防御策略有所不同。当需要冒险穿过海盗频繁出没的海域时，海员们倾向于选择装备完善的大型船只。维京贵族罗涅瓦尔德的舰队俘虏的那艘快速大帆船便是一个很好的例子：它不但尺寸巨大、船员众多，而且装备有希腊火喷射器，这种武器和现代火焰喷射器一样管用。这种"水上堡垒"可不是什么毫无自卫能力的猎物，而是强大无比的对手，它们有能力对抗哪怕是意志最坚定的海盗[97]，所以在舷侧炮问世之前，各大水域的水手们都喜欢驾驶大型舰船以吓退来袭的海盗。例如，在15世纪，从亚历山大到贝鲁特（Beirut）的航线充满危险但是利润丰厚，为了保护这条航线，威尼斯军械库（Venetian Arsenal）建造了拥有三层甲板的大型船只。这种船在船首和船尾楼甲板装载了宏伟的塔楼，配备有100—150名全副武装的士兵，还搭载了多达4门射程达到600步的射石炮。[98]东方海域也有类似的水上堡垒。在这些地方，水手们偏爱大型远洋帆船，这种船上也装备有类似于火焰喷射器的武器。在北方海域，汉萨同盟也使用过类似的大型船只——柯克船。作为贸易航线上的巨型堡垒，柯克船通常配备的船员人数是实际操控船只所需人数的两倍。

另一种形式的防御是在数量上获得安全感，海员们有时候会结伴航行：数艘快速桨帆船、加莱赛战船或者柯克船一同航行，能有效阻止海盗发动攻击。在威尼斯、比萨和热那亚主导的辉煌的意大利航海时代，这也是地中海一带的通行做法。[99]尽管不受监管的自由商船——也就是如今的"不定期船运"（tramp trade）——也存在，但是载有贵重货物的船只都处于受管制的船队体系（称为"慕达"①）的管控之下，尤其是那些驶向黎凡特的跨地中海船只，以及目的地是佛兰德斯（Flanders）和安特卫普（Antwerp）的大西洋航船。船队由一位海军统帅领导，通常他麾下会有多艘战船提供保护。[100] 在北方海域，汉萨同盟会组织商船结伴出海，以保护他们的航行不受粮食兄弟会和均分者的袭扰。在东方，《明史》提到过有海盗袭击中国船队——这说明有组织的船队也是存在的，而且很可能有正规战船护航。但是现有史料未能就此提供更多的信息。

　　还有一种形式的防御，便是凭借船只本身较快的速度和灵活性独自航行。掌舵这类船只的船长知道，加入船队是有代价的。首先，在船队出发之前有义务等待其他船只聚齐；很多船长"强烈反对"在集结点"长久等待"。[101] 其次，整支船队的速度必须照顾到最慢的船只。尽管有规章制度，但是独自航行的诱惑一定非常强烈，特别是考虑到这样一队满载贵重货物的船只铁定会吸引沿途的每一名海盗，无论船队中有没有战船坐镇。最后，还有一件无论如何都很有可能发生的事情，那就是船队可能被逆风或洋流驱散。这样，落单的船失去了保护，很可能被发现并遭劫。如果快船的船长们没有加入船队，而是独自航行，就能充分利用自己船只的灵活性，那么就可以面对没有海盗的海洋和顺畅的航道。但是，别忘了，海盗并不是水手们需要应付的唯一麻烦：数百年来，突如其来的狂风、

————————

① 慕达（muda）：即商船固定航线制度。

暴雨、地图上未标明的礁石和水下的浅滩所导致的船只失事，肯定
要比海盗造成的损失更多。

猎捕海盗

使用战船护航是一种相当被动的对抗海盗的方式。更有效的策
略是单独或者以编队的形式部署这些战船，来猎捕海盗。这种策略
能否成功，依赖于两个数字：已知活跃的海盗船的数量，以及可调
用的战船数量。除了极少数情况外，海盗总是比海盗猎手要多。原
因有这么几个：首先，不是所有战船都能用于猎捕海盗船——很多
战船是用来跟其他战船交火的，这就意味着它们又大又慢，吃水很
深，导致它们无法进入浅水。比如地中海的重型加莱赛战船、北方
水域的柯克船，只有在一定数量的小型快速舰船的辅助下才能用来
猎捕海盗船。威尼斯人在地中海采取的策略是组织多支同时拥有超
强火力和超快速度的海盗猎捕混合编队，这也是北海和波罗的海的
汉萨同盟的选择。其次，一旦集中资源部署多艘舰船前往海盗可能
出没的地点进行围剿，那么其他地区就缺少巡逻警戒，很可能会滋
生海盗活动。最后，拥有庞大贸易网络的海洋强国需要在极其广阔
的水域进行巡航，并且需要保卫其海岸免受敌国战船的定期侵扰。
所以，即便是在其鼎盛时期，也很少能组织起足够的战船来猎捕
海盗。

猎捕海盗还要靠运气，需要对潜在藏匿点了如指掌，以及对当
地水文条件（例如礁石和浅滩的分布情况、洋流、气候和风向）如

数家珍。此外，还需要足够的耐心，唐·佩罗·尼尼奥第一次大型猎捕海盗的远征就是一则很好的证明。1404年，他奉国王的命令，镇压强大的卡斯蒂利亚海盗，这些海盗肆意骚扰往来于西班牙和黎凡特之间的商船。尼尼奥在卡塔赫纳（Cartagena）下锚时，得知两个臭名远扬的卡斯蒂利亚海盗——唐·冈萨雷斯·德·莫兰萨（Don Gonzalez de Moranza）和阿尔奈马尔（Arnaimar）——被人看到在阿拉贡（Aragon）海岸不远处袭击商船。[102] 他跟踪了他们两个星期，但没能追上他们的船。最后，他在马赛的港口里找到了他们，对立教皇本笃十三世（Benedict XIII）居住在此。原来，正是本笃十三世雇用了这些卡斯蒂利亚海盗，授予他们许可证，使他们成为私掠者。局势剑拔弩张，而就在唐·佩罗·尼尼奥和他的船员们受到阿维尼翁教皇的款待时，这两名卡斯蒂利亚私掠海盗趁机逃走了，奔向科西嘉岛和撒丁岛方向。唐·佩罗·尼尼奥追踪他们到了撒丁岛，但是线索又断了。歪打正着的是，他在阿拉贡港口阿尔盖罗（Alguer）遇到了另外三名有嫌疑的海盗。尽管这三艘海盗船装备精良，还处在防波堤的坚实保护下，唐·佩罗·尼尼奥还是傲慢地要求他们投降。阿尔盖罗的掌权者乞求他放过海盗一马，"说他们离了这些海盗就不能活了，因为只有他们才能守卫港口，给他们供应粮食"[103]。唐·佩罗·尼尼奥自己的幕僚也不太支持强攻，因为他们知道，面对联合起来的海盗、堡垒火力以及城市民兵，己方很难取胜。已然沮丧万分的唐·佩罗·尼尼奥明智地决定沿着巴巴里海岸航行：他在那里遇到的船只全部是来自卡斯蒂利亚的敌人，毫无疑问都是可以下手的目标。

北方水域同样有猎捕海盗的行动——主要是由汉萨同盟推动

的。汉萨同盟依赖海洋贸易，因此也需要维护海洋航线的安全。所有向梅克伦堡申请私掠许可的人都得到了准许，这严重加剧了海盗威胁。海盗们则很快学会了如何在大型舰队中行动，攻击那些之前垂涎而不可得的目标。例如，在1394年夏天，粮食兄弟会旗下不少于300艘舰船组成了一支舰队，袭击了波罗的海水域，捕获了一支由五艘船组成的英格兰船队和其他一些船只。[104] 这股威胁甚至持续到1395年法尔斯特布（Falsterbo）和约签订之后，将途经波罗的海前往俄罗斯的各条汉萨航线置于极其危险的境地。有趣的是，并不是所有的汉萨同盟城市都急于清剿海盗：有些城市深受粮食兄弟会蹂躏之苦，例如但泽（Danzig）和吕贝克；而有些城市却从中获利，比如维斯马和罗斯托克。因此，猎捕海盗行动从一开始就是由个别城市组织起来的冒险活动——如果它们自认为足够强大，可以应付得了海盗；或者它们可以从中获益。以多尔帕特（Dorpat，今爱沙尼亚塔尔图）为例，这座城市便十分明智地将它寥寥数艘"维和船"缩在港口里，因为他们独自面对庞大的海盗舰船时，一点胜算都没有。[105] 而规模和实力都远超多尔帕特的施特拉尔松德就曾经派出多艘战船，成功抓捕了数百名海盗，其中大多数人都被砍了头。吕贝克出力最多，调集了20艘战船来猎捕海盗。但是，即便是这样的小型舰队，也无法与由至少数十艘人员齐整、装备精良的舰船组成的大型海盗舰队相抗衡。[106] 普鲁士在1397年试图组织一场"海洋防御"（Seewehr），结果也是徒劳，因为很多预期的参与者更愿意对海盗睁一只眼闭一只眼。

汉萨同盟和海盗都使用同样类型的舰船，这偶尔会导致一片混乱。1396 年 7 月，一支汉萨小型舰队刚刚设法通过哥得兰岛西南端的胡堡角（Cape Hoburg），他们的瞭望员便发现了两艘来源不明的大型柯克船正迎风快速接近。是海盗！所有不需要操控船只的海员都迅速穿上盔甲、拿起武器，各就各位。他们握紧手里的剑、长枪或抓锚（grapnel），焦急地等待战斗开始；十字弓手也站到高处，做好准备。就在最后一刻，那两艘身份不明的柯克船调头规避，看起来它们并不想战斗，而是要逃跑。水手们隔着海面叫喊起来，满是对它们的嘲笑和咒骂。而那两艘柯克船看起来确实是撤退，它们逆着风，以尽可能快的速度航行，航速超过了汉萨同盟的柯克船。但是，出人意料的是，这两艘船又减慢了速度，让汉萨同盟的柯克船能够追赶上来，并列而行。眼看双方就要撞上了，未知舰船上的人再次被喊声淹没。他们否认自己是海盗，声称自己来自卡尔马城（Kalmar）——当时瑞典最重要的城市之一。汉萨同盟舰队的指挥官犹豫了：或许他们确实只是无辜的商人。但是，还没等他传令手下待命，那些求战心切的船员已经开始登上可疑舰船的甲板了。汉萨船员们很快赢得了胜利。看起来能负担得起赎金的人都被俘虏了，其他人则被扔进了大海。被捕获的柯克船经过一番检定，确认船体老旧、虫蛀严重、毫无用处，被付之一炬。这真的是伟大的汉萨舰队对海盗取得的另一场伟大胜利吗？很不幸，答案是否定的：后来证明，这两艘柯克船确实来自卡尔马，实际上它们是瑞典官方的海盗猎人。[107]

　　在东方，中国各个王朝也会不时地组织正规海军，沿着海岸线和近海水域展开猎捕海盗行动。按照范围和规模来说，这些行动在明朝永乐帝（1402—1424 年在位）统治期间达到巅峰。典型的例子便是在 1407 年，郑和奉诏率领中国第一支"宝船"舰队前往印度洋，在途中擒拿了恶名昭彰的中国海盗陈祖义。陈祖义出生于中国广东，以马六甲海峡沿岸的港口城市巨港（三佛齐帝国曾经的所在地）为中心，建立了一个海盗王国。1400 年，陈祖义手下大约十艘船只组成舰队，袭击了一支中国船队，这是他第一次引起明朝政府的注意。从那时起，他的舰船便会经常在马六甲海峡猎捕商船，袭掠海峡两岸的沿海居民点。在派出舰队之前，郑和谨慎地评估了海盗的实力、推测他们在战斗中最可能使用的战术。中国舰队有300 多艘大小舰船和 2.7 万名水手及士兵，面对这样的军力，海盗算不上什么大麻烦，但是"巨港的海员素以海战勇猛著称。中国海军擅长在海战中撞击敌舰，而马来人倾向于派出甲兵强登敌船"[108]。郑和的谨慎得到了回报：据中国史书《太宗实录》①记载，1407 年初，郑和得知海盗们停泊在槟城（Penang）港，便立即敦促其投降。双方谈判失败之后，海盗舰队扬帆起航，试图逃进开阔海面。鉴于明帝国舰队的强大火力，这一举动堪称以命相搏，不过他们可能也没有别的选择了。而史书也没有说明，郑和是否愿意饶海盗们一命。在接下来的战斗中，超过 5000 名海盗丧生。陈祖义本人和另外两名头目被生擒，戴着镣铐回到了中国，并于 1407 年 10 月被处决。[109]

---

① 此处当指《明太宗实录》。明成祖朱棣驾崩后庙号太宗，嘉靖年间改庙号为成祖。

攻袭海盗巢穴

在海上猎捕海盗是个不小的挑战：海盗的数量总是比海盗猎人多。另外，海盗的主要据点数量有限——海盗们在这些据点里享受"快乐生活"，还可以销赃，补充饮食和武器、弹药，以及修补船只。因此，打击海盗的合理做法是攻打他们的巢穴，而不是猎杀单只海盗船——只要海盗猎人的实力强大到足以做到这一点，并且海盗造成的危害足够严重，这样昂贵的冒险才是值得的。在很多情况下，例如海盗据点位于敌人的势力范围之内，那么想要攻打它，就需要跟其他有同样想法的国家联合起来，才有机会成功。

罗马帝国和早期的拜占庭帝国手里都握着这样的好牌：它们有能力控制整个地中海沿岸地区。但在 7 世纪后半叶阿拉伯帝国崛起后，这种情况便不复存在了，政治控制力不断受到挑战。这就意味着，想要端掉海盗的巢穴或真正的大型避风港，是一件非常困难的事情——后者需要发起大规模的军事行动，通常要动用数百艘舰船和数万名士兵。比如说，1249 年，时值第七次十字军东征，一支基督徒舰队短暂控制了埃及城市杜姆亚特（Damietta），这是撒拉森海盗的大本营。一支小型舰队奉命外出侦察敌军实力，结果与敌军遭遇，一场激烈的战斗就此打响。编年史家马修·帕里斯（Matthew Paris）回忆道：

> 于是，我们向他们猛力发射箭矢和石头……我们还把装满石灰的小瓶子……扔向敌人。我们的箭矢射穿了那些海盗的身躯……而石头把他们砸成肉泥，石灰则从破碎的瓶子里扬了出

来，弄瞎了他们的眼睛。[110]

敌人的很多舰船沉没了，数百名撒拉森人战死。城市很快被攻占，但是并没有持续太长时间：一年后，作为法国国王路易九世（Louis IX）赎金的一部分，杜姆亚特被归还给了埃及马穆鲁克。路易九世在曼苏拉（Al Mansurah）战败被俘，眼睁睁看着自己的军队全军覆没。不消说，杜姆亚特很快便再次成了海盗和私掠海盗的主要据点。

奥斯曼帝国也曾经有过惨痛的教训，并借此明白了想要攻破私掠海盗或海盗的重要据点有多么困难。他们的麻烦来自罗得岛（Rhodes），这是一个位于安纳托利亚海岸外的岛屿，名义上是拜占庭帝国的领土，但实际上从 1309 年 8 月 15 日开始，罗得岛便落到了十字军组织医院骑士团手中。医院骑士团是伊斯兰世界的死敌，他们在大约 20 年前被逐出了圣地。[111] 罗得岛居民"给他们的新统治者提供上好的船只和优秀的水手"，在他们的帮助下，医院骑士团开始了他们的海上十字军之旅，很快就成为令人闻风丧胆的私掠海盗团体。[112] 医院骑士团的海上巡航，或者说"行商"（caravan），不光对于穆斯林商船来说是个坏消息，他们持续不断的劫掠"被看作是对基督教世界和土耳其人之间尚存的脆弱和平条约的威胁"[113]。在 1437 年和 1454 年，医院骑士团大团长两度承诺要将罗得岛一带的私掠海盗和海盗驱逐出去，但这诺言从未实现。于是，奥斯曼帝国决定用武力拔除这一"肉中芒刺"。[114]

第一次对罗得岛堡垒的强攻发生在 1480 年 5 月 23 日到 8 月 17日之间。尽管奥斯曼拥有约 7 万名士兵和 160 艘舰船，远超骑士团的 300 名骑士、300 名士官和 3000—4000 名士兵，但是入侵者仍然遭到顽强抵抗，不得不撤退。防备严密的守军只损失了几十人，而奥斯曼帝国有 9000 名士兵阵亡、1.5 万人受伤。四十年后，1522 年 6 月 24 日，奥斯曼帝国卷土重来——这次他们的军力更加强大，达到 20 万人。他们仍然没能轻松获胜，围城六个多月之后，人数远远处于劣势的骑士们和他们的追随者终于投降了。由于守军在这场艰苦围城中的英勇表现，苏丹苏莱曼一世允许幸存的骑士团成员和 5000 名当地居民自由离开——这是非常慷慨的姿态，因为苏丹的军队这次也受到了重创。[115] 但这并不是医院骑士团的终局：1530 年，神圣罗马帝国皇帝查理五世（Charles V）将马耳他岛交给他们统治。由于地理位置优越，马耳他岛迅速发展成为比罗得岛还要易守难攻的海盗据点。[116]

图 2 医院骑士团的桨帆船木制模型

在北方水域，1395 年签订的法尔斯特布和约结束了波罗的海的战争，但没有结束海运受到的威胁：粮食兄弟会还在袭扰海上运输。现在他们已经不再是私掠者了，而是纯粹的海盗。不过他们仍然可以从波罗的海的个别区域得到支持：政治分化，以及王国、公国和港口城市之间持续的敌意，为海盗们提供了现成的避风港。更糟糕的是，就在战争结束之前，粮食兄弟会占据了哥得兰岛，包括城市维斯比（Visby），并将其变成了他们的据点。[117]1398年初，在与汉萨同盟进行了一系列毫无成果的谈判后，普鲁士决定有所动作。条顿骑士团大团长康拉德·冯·荣金根（Konrad von Jungingen）调集了一支强大的舰队，包括84艘舰船、5000名士兵、400匹马和50位条顿骑士。这支军队在3月21日成功登上哥得兰岛；在摧毁三座海盗城堡之后，他们包围了维斯比，守军很快投降了。[118]这座岛屿虽然不再是海盗据点，但这并不意味着粮食兄弟会就此覆灭，不过他们已经元气大伤。在吕贝克外交使团的协助下，普鲁士依靠外交手腕逐渐扭转了局势：一个接一个的港口、国家和君主倒向了普鲁士。曾经无比强盛的粮食兄弟会，其规模已经锐减到400人左右。残余的粮食兄弟会成员还想做最后一搏，寻求一位赞助人来帮助他们东山再起。但是，当潜在的支持者斯德丁（Stettin，今波兰什切青）的贝尔宁公爵（Duke Bernim）稍微表露出一点兴趣时，汉萨同盟便迅速集结起一支舰队，封锁了斯德丁——然后，就没有然后了。在失去了波罗的海全部据点之后，粮食兄弟会只能退往北海。他们最初从弗里斯兰酋长们那里获得了支持，但是汉萨同盟在1400年发起的几次远征也将这些支持终结了。于是，粮食兄弟会——或者说均分者，这是他们后来的自称——很快便消逝在了历史长河之中。

在东方，也有类似的臭名昭著的海盗巢穴，是那些依赖于海上运输的沿海国家的"肉中芒刺"。其中最难以攻克的就是对马岛

（Tsushima），这座岛屿卡在 120 海里宽的朝鲜海峡中间。朝鲜海峡将朝鲜半岛和日本列岛隔开，同时又将日本海和东海连接起来。谁控制了对马岛，谁就实际上钳制住了来往朝鲜海峡以及海峡沿岸的海上交通。以 14 世纪为例，日本海盗以此为据点，持续侵扰朝鲜沿海居民点。1389 年，朝鲜国王李成桂[①]派出了一支以战船为主的强大舰队，对该岛实施打击报复。300 艘倭寇舰船和数百栋房屋被付之一炬，并解救了 10 名朝鲜俘虏。[119] 海盗们藏匿了起来，但是朝鲜王廷一旦把注意力从海上移开，他们便立即重新走上劫掠的老路。这些海盗后由日本大名宗氏领导，他们再次以对马岛为据点开展海盗活动，逐渐成为朝鲜的心腹大患。1419 年 6 月 19 日，李氏朝鲜国王世宗派出一支包括 200 艘战船和 1.7 万名士兵的舰队，一举捣毁了臭名远扬的对马岛海盗据点，并占领了该岛。[120]

这次行动——在朝鲜历史上称作"己亥东征"（Gihae Eastern Expedition），日本史书则称其为"应永外寇"（Ōei Invasion）——最初是成功的。由于大多数海盗船都在海上，朝鲜人很轻易地占领了对马岛。在接下来的日子里，有 135 名海盗被杀或被俘、129 艘舰船被烧毁、约 2000 栋房屋被毁坏。此外，还有 131 名俘虏和 21 名奴隶被释放。战争进入第四个星期，就在战事看起来即将结束时，朝鲜军队在一场遭遇战中被日本军队伏击，后者的指挥官是对马岛的实际统治者、海盗首领宗贞盛，这场战役被称为糠岳之战（battle of Nukadake）。在这场短暂但惨烈的战斗中，

---

①　原文如此。实际上此时李成桂虽然独揽大权，但朝鲜半岛仍处于王氏高丽统治之下。1392 年，李成桂逼迫王氏高丽恭让王退位，自立为王，创建李氏朝鲜。

朝鲜人损失了 150 人，他们决定及时止损。与宗氏达成协议后，朝鲜人于 1419 年 7 月 3 日撤离对马岛，他们很可能相信了宗贞盛的说辞——他说一场超强台风就要到来。[121] 在短暂的平静之后，海盗袭击再起波澜。最终，消灭海盗活动靠的不是军事征服，而是外交手段。1443 年，李氏朝鲜赐予宗氏大量的贸易特权，并"达成协定，他们将努力清除海盗活动，制止在朝鲜港口贸易的日本船只使用伪造的文件或仿制的印章"[122]。允许宗氏依靠合法贸易手段聚拢财富，同时让他们负责朝鲜和日本之间海域的维和工作，以根除海盗活动和非法走私，这确实是长久之计。

现在应该很清楚了，海盗活动不仅与浪漫主义和冒险活动有关，还与贪婪和怨愤有关，再混杂着一定程度的信条或宗教。本质上说，个人走上海盗这条路，其实是理性选择的结果，考量的因素包括当前的生活条件、海盗活动的预期回报以及摆脱海盗的可能性等。在这个过程中，腐败的官员、"不多管闲事"的港口和默许海盗行为的政府形成的社会认同或者说有利环境，肯定发挥了一定的作用。在个人或者整个群体选择成为海盗的过程中，宗教信仰也是一个重要因素：如果这是上帝（或安拉）的旨意，那么下海做一名海上十字军战士或者圣战战士就不是一项罪行，而是神圣的职责；于是，掠得的战利品也就可以看作是上帝对海盗以武力展示出的虔诚的奖赏——作为伊斯兰世界的死敌，医院骑士团在这一方面就是个绝佳的例子。这条理由让私掠海盗活动存在了数个世纪，尽管真正的宗教狂热在这段时期内，似乎有所起伏。

还有一点也很明显：海盗活动并不是像小说和电影里经常描述

的那样，仅仅是发生在海上的船与船之间的交火。就像维京人和倭寇的例子所表明的那样，大规模袭掠过程中，可能会有数十艘舰船和成百上千名海盗对沿海村庄和城镇发动攻击。这种事情才是所有海盗袭击中最暴力、最残忍的：在彻底的奸淫掳掠过程中，海盗们享受着"滥杀无辜和肆意抢掠的狂欢"[123]，居民点被洗劫、掠夺、烧毁，大批居民被残忍地杀害，幸存者则被掳走为奴。想要制止这种大规模袭掠，靠的是受害国的资源和决心——出于各种原因，这两个条件经常会欠缺。内战是一个原因；另一个原因在于，权力分散在几个较小的公国手中，如果它们联合起来，便能进行有效的抵抗。大多数时候，由于没有海军，小国只能采取被动的防御措施，而没有能力主动出击。当受害的国家既有能力组织起足够的海军，又有拔除海盗据点的政治意志，那么清剿海盗的行动便会在对海岸的猛攻和对要塞的两栖作战当中达到高潮。这一过程常常会导致沿海村落的大规模破坏，进攻方全然不顾其居民是否是海盗的同党，这跟海盗袭掠的典型模式完全相同，是一场"滥杀无辜和肆意抢掠的狂欢"。

最后，由于海盗活动产生的根源相同，逃不出艰苦的生活条件、一贫如洗的经济状况和局部战乱等范畴，因而海盗活动在上述三片海域（地中海、北方海域和东方海域）所表现出来的特征都非常相似，尽管在这个时期三个海盗活动非常频繁的地区彼此之间几乎相互隔绝。不过也有一些例外：有一些地中海私掠者，比如唐·佩罗·尼尼奥，偶尔也会离开他的主要活动范围，来到北海进行袭掠；而维京船队有时候也会离开北方，深入地中海兴风作浪。不过，所有海盗活动的可能形式都是分别从各自海域独立发展出来的，无论是临时起意的兼职海盗（他们平常维持着捕鱼一类的营生，偶尔会袭击那些比自己的船只更弱的船），还是有组织的海盗舰队（比如地中海的撒拉森人、北方的维京人和东方的倭寇）。因此，尽管我们可以说海盗活动已经是一种全球性的现象，但它确实是起源于多个地区的。在讨论下一个时代，即 1500—1914 年时，我们应该记住这一点。在这一时期，我们会看到海盗活动——特别是西方的海盗活动——蔓延到了全球。

第二部

欧洲海权的崛起，公元 1500—1914 年

及时行乐

一定要记住，海盗和私掠者都是高危职业，死于非命的可能性要远高于一夜暴富。尽管这当中多少会有一些可能存在的浪漫主义或者对冒险的热衷，但是当个人走上海盗之路时，通常情况下起作用的是一些更为世俗的"推拉"因素。正如我们所看到的，在上述 700—1500 年间的情况是如此，而在接下来四百年发生的故事中也是如此。我们将在本章节进行探讨。

"拉力"因素解释起来很简单：他们期望能一夜暴富，虽然这肯定伴随着早逝的风险。当然了，大部分选择这条职业道路的人，可能都会同意海盗船长"黑巴特"巴塞洛缪·罗伯茨（"Black Bart" Bartholomew Roberts）——1682 年 5 月 17 日，他出生在威尔士的卡斯纽维兹·巴赫（Casnewydd Bach），1722 年 2 月 10 日，他在即将 40 岁时，在加蓬的洛佩斯角（Cape Lopez）附近死于海难——留下的那句名言："及时行乐就是我的座右铭。"[1] "推力"因素则要复杂一些，但通常可以概括成"艰苦的生活条件"：因赤贫、剥削、屈辱和失业造成的个人苦难，以及给整个社会带来灾难的局部战争。以地中海地区为例，整个贸易体系在 15 世纪末到 16 世纪上半叶取得了蓬勃的发展。这个繁荣时代使各类产业迅速发展，反过来又导致了劳动力的极大流动，这些流动的手工业者在欧洲各地寻找着待遇优厚的工作。但是，在 16 世纪下半叶，黄金和白银从西班牙在新大陆的属地（1492 年由克里斯托弗·哥伦布"发现"）似乎永无止境地流入，引起急剧的通货膨胀，导致了经济逐步的、灾难性的衰弱，其结果便是特困阶层人口的迅速增加。[2] 绝望的时代需要绝望的手段——随着地中海地区经济的每况愈下，陆上的盗匪和海上的海盗活动也再次兴起。

17 世纪的英格兰农民的处境不比地中海的农民好，尽管二者的境况略有出入：在封建制度下，农民任由封建领主专制倾轧，活得像牲口一样，甚至连牲口都不如——于是，他（有时候是她）肯定反复地仔细考虑过一个问题：只能这样过下去了吗？一个成功的海盗每年能捞到 1500—4000 英镑，为什么我还要为一年收入一英镑而整日辛劳？[3] "按照现行的法律，盗窃别人一英镑，你就会被处以绞刑。所以，为什么不干一票大的？"[4] 英格兰农民，还有荷兰、法国、佛兰德和德意志农民，他们很清楚，只需要一点点胆量和一点点运气，就会有一大笔惊人的财富在等着自己——这些是他们从到处吟游的说书人那里听来的。再者，从 16 世纪开始，小商贩也会卖一些小册子和民谣，给那些寥寥无几的能读书识字的人。这些极度夸张的故事讲述了勇敢的莽汉们从西班牙、葡萄牙或印度的珍宝船上获得的令人难以置信的财富——船上满载着成箱的金银，成袋的钻石、红宝石、绿宝石和珍珠。[5] 而那些住在沿海地区的人甚至可以直接听水手们讲述这些事情。再一次，如果只需要一些勇气和运气，就能赢得地平线上某处地方的无尽财富，那何苦要为了一点点钱财而整日辛劳呢？

在世界的另一边，清王朝统治下的失地农民同样过着艰难困苦的生活。这类农民为有权势的地主耕种农田，时刻担心着失业、低酬劳以及渐涨的生活成本。而且，由于人口的快速增长，导致工作岗位的竞争日益激烈，进而导致收入也因竞争而落入低谷。[6] 自然地，考虑到他们每天都在为了生存而挣扎，总有让他们走上犯罪道路的诱惑——对于沿海地区的人们来说，这常常意味着成为海盗，既可以在休渔季节作为兼职，也可以全职来做，以期能借此彻底摆脱贫困。富有的商人在码头边趾高气扬地踱步，价值不菲的货物在海船上装卸，这副场面让人清楚地认识到——有大批不义之财等着你去掠夺。中国海盗女王郑一嫂（1775—1844）的生平，就是这些贫穷的劳动人民梦想中脱贫致富的典型例子。她曾在广州以卖淫糊口，后来在 1801 年嫁给了海盗头子郑一（1756—1807）。两人组建起一个强大的海盗联盟，共有 4 万—6 万名海盗、400 艘中国大帆船。[7] 与她同时代的海盗首领乌石二（1765—1810）在加入海盗团伙之前是一个小毛贼。当他在 1810 年最终落网时，其所指挥的海盗舰队拥有的舰船超过 100 艘。[8]

就像郑一嫂的例子一样，有些人纯粹是因为机缘巧合而非贪婪和怨愤走上海盗之路的。另一位女海盗安妮·邦尼（Anne Bonny，1698—1782）就是一个例子。安妮·邦尼本名安妮·科马克（Anne Cormac），1698 年生于爱尔兰科克郡（County Cork），后来随家人移居至加勒比地区。她嫁给一个叫作詹姆斯·邦尼（James Bonny）的水手，此人参与过海盗活动，不过没有取得什么成就，他被描述为"一个年轻人，命中注定属于大海，一文不名，这让［安妮的］父亲十分恼火，将安妮赶出了家门"[9]。不过，这段相当不幸的婚姻，对于安妮·邦尼未来的人生道路来说，却是至关重要的。这对夫妇来到了巴哈马的拿骚港，在这里，安妮遇到了一位声名远扬的海盗——约翰·拉克姆船长（Captain John Rackham，1682—1720），绰号"棉布杰克"（Calico Jack）。在拉克姆因国王乔治一世颁布的海盗赦免令而被赦免时，他们两人私奔了。当拉克姆再度蠢蠢欲动时，安妮追随他成了一名海盗。玛丽·里德（Mary Reed，约 1690—1721）是与她同时代的女性，曾经在军舰上当过水手，后来又在佛兰德当过兵，都是惊险刺激的职业生涯。她一直都乔装成男人，直到她为了发财而踏上前往西印度群岛的航程。英格兰海盗捕获了她的船，而她旋即便加入了他们，没有一丝犹豫。或许是命运的安排，玛丽·里德最终登上的这艘海盗船，其主人正是安妮和拉克姆。[10]

南德意志面包师马丁·温特格斯特（Martin Wintergerst，约1670—？）的故事也是因机缘巧合而发生的。温特格斯特有一颗天生躁动的心，1689 年时，四处找活的他来到了威尼斯。尽管温特格斯特很快就在一家德意志人开的面包店里找到了工作，但是他不太喜欢这份职业，就转而到了一家小酒馆里干活，这里的老板是一个来自纽伦堡（Nuremberg）的德意志人。在这里，他学会了一口流利的意大利语。巧合的是，就在这家小酒馆里，温特格斯特引起了一位荷兰私掠船船长的注意，这位船长拥有一艘装备 46 门火炮的舰船，船上还有 180 名海员。他说服温特格斯特加入他们，担任翻译。温特格斯特丰富多彩的水手生涯就此开始，他先后登上过私掠船、海盗船、军舰和商船，历时至少二十年，在此期间他效忠过不同的势力，走遍了地中海的每个角落，还曾经冒险深入北海。最后，他乘着荷兰东印度公司的船只航行到了东南亚海域。虽然他的一生遇到过无数危险，但最终还是平安回到了家乡。在那里，他用人生最后的岁月来撰写回忆录，能做到这一点的平民少之又少，一般来说，只有位高权重的人才会亲笔或者委托他人来书写回忆录。[11]

巧合在海盗生涯中所扮演的角色，可以从西班牙私掠海盗阿隆索·德孔特雷拉斯（Alonso de Contreras，1582—1641）的故事中再窥一二。假若听从母亲的建议，那么德孔特雷拉斯将会是马德里的一名银匠。结果，他被另一名男孩侮辱后报复对方，将其刺死。为了逃避官司，他在十四五岁的青葱年华便参了军，在西班牙陆军中充任步卒。之后不久，他来到巴勒莫①，给一位加泰罗尼亚步兵军官担任侍从。当德孔特雷拉斯所属的部队在一次两栖战斗中奉命参战时，他在西西里海军编队的旗舰甲板上，第一次尝到了海上作战的滋味："就在这里，我第一次感受到炮弹从耳边飞过。当时我站在队长身前，举着盾牌和他的镀金长枪。"[12] 第二年，他作为普通士兵，乘坐医院骑士团的桨帆船两度沿着黎凡特海岸航行。这段时间里，他一边观察，一边向领航员提出无穷无尽的问题，由此掌握了航海技术。[13] 德孔特雷拉斯渐渐成长为职业海员，从一名普通士兵一路成为同时代最成功的私掠海盗之一。

同样，年少时的家庭问题也是法国海盗船长路易·勒戈利夫（Louis Le Golif，约 1640—？ ）走上职业海员的主要原因。勒戈利夫绰号"半边腚"（Borgnefesse，他半边屁股中过弹）。他和德孔

---

① 巴勒莫（Palermo）：位于西西里岛西北部，是该岛最重要的城市和港口，时为西西里王国的首都。

特雷拉斯一样，出自普通家庭。他在父母的要求下进入神学院学习，但是很快就因为自己的性欲而惹上了麻烦，并让他意识到自己并不适合从事神职工作。他在很小的年纪，就登上了一艘前往西印度群岛的托尔蒂岛（Tortuga）的船，离开了家（之后他再也没见过亲人），也离开了法国。在托尔蒂岛，他为法国西印度公司做了三年的契约劳工，以此偿付来时的旅费。后来，他被一名种植园主买下，而这位种植园主却是一个"极其残忍贪婪的人"[14]。勒戈利夫在托尔蒂岛像奴隶一样生活了八个月之后便逃走了，成为一名海盗。[15]

亚历山大·埃克斯梅林（Alexandre Exquemelin，约1645—1707）也是因为一段契约劳工经历而误打误撞地走上了海盗之路。他生动地描述了他在1666年乘坐装备有28门火炮的法国舰船"圣让号"（St Jean）到西印度托尔蒂岛的一段重要旅程。他在岛上的种植园做着和奴隶一样的工作。[16] 埃克斯梅林的第一个主人非常残忍，幸运的是，他后来被卖给了一位外科医生。这位医生待他很好，而且仅仅一年之后就给予了他自由身。埃克斯梅林直言不讳地道出了他的下一步行动，当时是1669年："我现在自由了，就像亚当经由造物主之手而诞生时一样，赤身裸体，身无分文，没有任何赖以活命的物什，也不知道该如何谋生。我决定加入邪恶的海盗组织，做一名海上匪贼。"[17] 直白点说就是，他成了海盗。他在海盗集团一直待到1672年，后来写出了著名的文学作品《美洲海盗》（The Buccaneers of America）——有关此类海盗世界的代表性作品之一。从所有这些例子中，可以明显看出，当机会来临时，这些人及时地把握住了，而其他人或许会选择不同的人生道路。

水手、绅士和商人

如果说陆上营生的人有时候会觉得去海上当贼寇是个不错的主意，那么水手们当海盗的意愿肯定更加强烈。在 16 世纪晚期的英格兰，一名经验丰富的水手随皇家海军的战船出海三个月，可以挣到大约 1 英镑 10 先令，而一名私掠者却可以赚到惊人的 15 英镑甚至更多。[18]毫不意外的是，经验丰富的水手们在"等级森严"的陆地社会是被边缘化的下层阶级，他们自然成了私掠船、海盗船及其他类似船只的主要招募对象。17 世纪早期的英格兰海盗及私掠海盗约翰·沃德（John Ward，约 1552—1622）的海上生涯便是典型的例子。他的出身不明，在加入私掠者行列之前是个近海渔民，主要生活在肯特（Kent）沿岸一带。沃德在同侪中脱颖而出，最终被授予船长重任。1603 年，詹姆斯一世撤销了全部私掠许可，此时的沃德别无选择，只得加入皇家海军担任低阶水手。当时的他已过盛年（大概 50 岁左右），而且也不习惯海军严苛的纪律，因此他一有机会就当了海盗。沃德和一小群志同道合的水手，盗取了停泊在朴次茅斯（Portsmouth）码头的一艘驳船，这艘船无人看守，但是随时可以起锚。[19]

就像 1500 年之前的几个世纪一样，投身海盗活动以摆脱（相对）贫困的不仅是那些"受压迫者"。伊丽莎白一世女王的许多"绅士冒险家"（gentlemen adventurers）之所以从事海盗活动，就是为了赚钱维持其奢靡昂贵的宫廷生活。其中有一些人常年背负着王室的债务，比如沃尔特·雷利爵士（Sir Walter Raleigh，约 1552—1618）；另一些人则长期在破产和颜面扫地的边缘徘徊，只取决于他们探险行动经济方面的成败。与雷利同时代的马丁·弗罗比歇爵士（Sir Martin Frobisher，约1535—1594）便是后一类人中的代表。[20] 有位传记作家用一句尖刻的评语为他勾画出了一个令人讨厌的形象："他虽然出身不错，但举止粗野、胸无点墨，早年只是个蠢笨低贱的海盗……理应被绞死。"[21] 然而，弗罗比歇在宫廷里有些很有权势的朋友在护着他。他们安排好让弗罗比歇指挥一支小型舰队。弗罗比歇的任务是在爱尔兰海猎捕海盗——一次不太成功的从海盗洗白为海盗猎人的转型（后文详述）——后来又奉命探寻西北航道（Northwest Passage）。1576—1578年，弗罗比歇三次出海航行，都没能找到这条水道，而他带回来的大量所谓的含金矿石，其实是不值钱的黄铁矿。不过，他至少完成了对巴芬岛（Baffin Island）沿海地区的考察（后来，为了表彰弗罗比歇的功绩，该岛西南一处海湾以他的名字命名）。无论如何，这些科学探索，加上他在1588年对阵西班牙无敌舰队（Spanish Armada）时的英勇表现（他因此被封为爵士），多少还是给他那些失败履历——在经济收益和航线探索方面均徒劳无功的冒险，还有疑点颇多的廉价铁矿石交易——遮了遮羞。与此相反，弗朗西斯·德雷克爵士（Sir Francis Drake，约1540—1596）则是成功的典范。他有过多次成功的冒险经历，这让他成为历史上获利第二高的海盗，他的个人资产按照今天的物价换算，估计可达9000万英镑。[22] 最重要的是，他的探险经历帮助他实现了从社会底层起步的阶级跃升，而封建社会通常不具有向上流动性。他的座右铭——"伟大始于渺小"（Sic parvis magna）——正是这种飞速跃升的精准注脚。

不过，投身于海盗活动的不仅仅有英格兰的贵族，商人们也愿意涉足此道。合法贸易和违法的走私兼海盗活动之间的界限相当模糊：一旦有机会，商船会迅速变身为海盗船。例如，1592年，一位叫作托马斯·怀特（Thomas White）的船长，在从伦敦到巴巴里海岸的一次完全合法的贸易航行的返航途中，毫不犹豫地捕获了两艘偶遇的大型西班牙船只，尽管他遭到了对方船员的顽强抵抗。怀特掠得的战利品包括水银、葡萄酒、镶金弥撒书，甚至还有大量教宗诏书，总价值约2万英镑，按照今天的货币换算约为260万英镑。[23] 除了这种顺手牵羊式的遭遇战，一些更有雄心的商人可能会禁不住诱惑，配置自己的冒险队伍。甚至可以这么说，在伊丽莎白一世时代的私掠活动之中，商人是最重要的参与者，他们对于私掠甚至海盗活动非常热衷——尤其热衷于为此类冒险活动提供资金支持。[24] 差不多同一时间，在地球的另一边，一位明朝官员感叹商人和海盗基本上就是同一拨人："朝廷准许贸易时，海盗成了商人；朝廷禁止贸易时，商人便成了海盗。"[25]

有时候，诱惑绅士阶层投身海盗活动的，是冒险精神而非贪婪或怨愤。斯特德·邦尼特（Stede Bonnet，约1688—1718）便是这样一个人。他受过良好的教育，喜欢读书，是巴巴多斯（Barbados）的一位富裕地主，还在当地民兵队伍中担任少校，一直过着相当平静而体面的生活。但在1717年，他突然决定要当海盗，这很可能是因为他的生活实在是太无聊了。邦尼特搞得有模有样，他买了一艘合适的船，命名为"复仇号"（Revenge），还雇用了一批经验丰富的船员，支付给他们很优厚的薪酬。不幸的是，他缺乏一项成为成功的海盗船长所必需的特质：邦尼特天生就不是当领袖的料。很快，他的船员们就抛弃了他，加入海盗船长爱德华·蒂奇（Edward Teach）的麾下。蒂奇便是大名鼎鼎的"黑胡子"
（Blackbeard），他"意识到邦尼特对于海上生活一无所知。在征得
他手下人同意之后，蒂奇指派了一个名叫理查兹（Richards）的船
长去指挥邦尼特的单桅帆船；少校本人则被带到了蒂奇自己的船
上"[26]。于是，邦尼特成了受"黑胡子"以礼相待的座上客。1718
年初，他非常识趣地接受了大赦，离开了海盗行当。但是，之后他
又突然改变了主意，以"托马斯船长"（Captain Thomas）的化名
重新入行。[27]事实证明，这是个十分错误的决定：1718 年 8 月，在
一番短暂而激烈的战斗之后，海盗猎人威廉·雷特上校（Colonel
William Rhett）捕获了他的舰船。邦尼特没有在战斗中阵亡，但很
快便被审判，最终被绞死。

　　还有的冒险家要成功得多，其中一些人被后人铭记是因其对
科学事业做出的贡献而非海盗经历，比如威廉·丹皮尔（William
Dampier，1651—1715）。丹皮尔在今天以探险家（他是第一个完
成三次环球航行的人）和自然学家而闻名，他登上加拉帕戈斯群岛
（Galapagos Islands）的时间要比查尔斯·达尔文早了差不多 150 年。
丹皮尔一开始在牙买加的一个甘蔗种植园里负责监管工作，后来当
了加勒比海盗，参与过很多针对西属美洲（Spanish Main，即西班
牙殖民帝国在中美洲和南美洲的属地）沿岸地区的劫掠行动。尽管
他后来声称自己"只是跟他们同行，并非他们的同伙"[28]，但他所
谓的社会科学领域中的 "非参与型观察者"身份很难让人信服。
更确切地说，丹皮尔作为探险家、水文学家和自然学家的人生经历，
总是跟海盗活动交织在一起。跟他同时代的那些对科学没什么兴趣
的人一样，丹皮尔并不反感在时机合适的时候参与劫掠和抢夺。

1709 年 12 月，在他航海生涯的末期，丹皮尔担任了伍兹·罗杰船长（Captain Woodes Roger）南方海域探险队的向导和领航员。在这次航行中，他甚至发现了梦寐以求的珍宝船：一艘满载贵重货物的西班牙大帆船，正从马尼拉航向阿卡普尔科（Acapulco）。这是"圣母化身号"（*Nuestra Señora de la Encarnación y Disengaño*），其装载的财宝价值 15 万英镑之多——相当于今天的 2000 万英镑。"伟大始于渺小"也可能是丹皮尔的座右铭，尽管相对于德雷克，他跟达尔文、詹姆斯·库克的共同点更多：他的两次指挥经历——第一次是在 1699—1701 年指挥"罗巴克号"（*HMS Roebuck*）[①]，第二次是在 1703—1704 年指挥"圣乔治号"（*HMS St George*）——因为他拙劣的领导能力，均可称为"惨痛的失败"[29]。和斯特德·邦尼特一样，威廉·丹皮尔天生就不适合当领袖。

当海盗不丢脸

参与海盗袭掠对维京人来说不是什么丢脸的事，18—19 世纪的马来海盗也绝对不会把这当作耻辱；相反，他们在社会上备受尊敬，而且最成功的那些人甚至会因大胆的冒险行为而被称赞为当地的英雄，这与他们作为战士的身份相称。19 世纪早期柔佛（Johore）和新加坡的统治者侯赛因·沙阿苏丹（Sultan Hussein Shah,

---

① "HMS"是"Her or His Majesty's Ship"的缩写，意为"陛下之舰"，常见于一些君主制国家的海军舰船名称前缀。今英联邦国家中亦有部分海军舰船沿用此命名习惯。

1819—1824 年在位）的说法很好地概括了这种观念，他认为"当海盗不丢脸"[30]。皇家海军的查尔斯·亨特船长（Captain Charles Hunter）也表达过十分相似的观点，他对 19 世纪中叶的一位深受爱戴的伊拉农（Iranun）[31] 领主达图·劳特（Datu Laut，意为"海王"）做过如下评价：

> 从他本人的角度来看，他并没有在犯罪，他的祖先世世代代都从事着同样的职业。实际上，［伊拉农人］把出海巡航看作是最崇高的职业，这也是一位绅士和一位酋长唯一的追求。如果你跟伊拉农人说他们只不过是规模更大的强盗，他们会觉得深受冒犯……不考虑他的职业，劳特算得上是个绅士。[32]

这些天生的袭掠者究竟是"嗜血的强盗"，还是代表合法统治者发动战争的"值得尊敬的当地英雄"，很大程度上取决于人们观察的角度。从西方人的角度来看，他们显然是海盗：他们所侵扰的水域，如今属于各大欧洲殖民帝国——英国、荷兰和西班牙。但是，从当地人的角度来看，欧洲人才是强盗：确实，他们一开始出现的时候是探险家和商人，但很快就变成了侵略者，到处大肆劫掠、抢夺，残酷地破坏当地文化，并逐渐用自己的文化取而代之。[33]

说到"做正确的事"，宗教便是强大的驱动力。中世纪，基督徒与穆斯林之间"我们对抗他们"的二元对立就是充分的借口：在穆斯林和基督徒势力范围重叠的地区，进行私掠海盗活动或者其他任何形式的海上劫掠都有了正当理由。后来，随着欧洲国家取得优势地位，确立了霸权，这种二元对立依然存在，那就是在宗教改革开始后，基督教内部出现的"我们对抗他们"的概念。例如，在伊丽莎白时代，海上袭掠很快便跟"爱国"的新教联系起来，[34] 只是因为敌人西班牙人是天主教徒，是"教皇党人"（Papist）。弗朗西斯·德雷克对西班牙人的仇恨（在西班牙人眼里，他是个海盗，是个"路德宗异教徒"英格兰人）是真真切切的。[35] 德雷克无疑是个出色的海上袭掠者，再加上他对西班牙和天主教根深蒂固的仇恨，很容易被描绘成一个典型的新教徒英雄，他为了勇敢的、弱小的英格兰而战，就像是海洋上的大卫，对抗歌利亚的化身西班牙。[36] 早在1681年，第一个为他写传记的作家塞缪尔·约翰逊（Samuel Johnson）就是如此刻画德雷克的形象。显然，当海盗甚至可以提升一个人在社会上作为虔诚者的声誉。

但是，反过来看也是如此：在一个虔诚的社会里，比如17世纪的英格兰，放弃信仰，乃至放弃自己的祖国——为了"另一个国家"当海盗，比如在地中海一带为阿尔及尔、的黎波里和突尼斯的穆斯林统治者效命而猎捕商船（包括英格兰商船）的那些英格兰私掠海盗，这显然不是什么正确的事。令人无法接受的不是他们的所作所为，而是他们为谁效命。毕竟，在当时的观念中，他们所效力的穆斯林势力是基督教国家（无论是新教国家还是天主教国家）公开的敌人，通常也是英格兰的死敌。对于这些"叛教的海盗"而言，不存在减轻罪行的可能性，就算是他们胆敢企图回到出生国，往往也不会被赦免。[37] 比如私掠海盗、变节者约翰·沃德，他在1608年皈依了伊斯兰教，这进一步巩固了他"海盗之王"（arch pirate）的形象，这也是詹姆斯一世拒绝为他颁发皇家特赦令的原因，尽管沃德当时为此准备了一大笔钱。

尽管存在真正的宗教狂热，但是，仅仅用宗教术语来形容上述冲突，又难免过于简单了：强大的经济驱动力同样在这里扮演了重要角色；至于政治同盟，客观地说，一旦有需要，他们可以通过极其轻松的方式越过这道所谓的宗教鸿沟。这种对待宗教和国籍的灵活态度，在穆斯林的巴巴里海岸公国阿尔及尔、的黎波里和突尼斯的实践中体现得淋漓尽致。除了来自遥远的奥斯曼帝国各个角落的基督教和犹太教变节者，这些国家还会经常雇用异乡人担任他们私掠海盗船的船长，而不管这些人是否已皈依伊斯兰教。由于巴巴里海岸的私掠海盗活动通常使用海上"圣战"这样的表述，是由穆斯林信徒对基督教异教徒所发动的，因此他们将其外包给异教徒来执行的行为实在是令人震惊。约翰·沃德也不例外：在 1660 年，为阿尔及尔作战的 22 名私掠海盗当中，有 16 人是基督教叛教者。[38] 地中海的海盗"展示出一些极其不同寻常的多重身份的例子：有的私掠海盗来自遥远的苏格兰和英格兰，他们至少表面上接受伊斯兰教，还猎捕来自自己祖国的航船"[39]。虽然所有人都表现出了对宗教的虔诚，但即便是地中海的私掠海盗，也主要是由贪婪驱使。然而，把这些私掠海盗活动归结于宗教原因，进而将政治和经济利益提升为"善"与"恶"之间的先验冲突，这极大地帮助了统治者占据道德高地，使其能够在谴责敌人的同时，捍卫自己的行为。

随着殖民主义和帝国主义的兴起，又新增了一项因素：基督教殖民者的文化优越感——认为自己是"现代的""文明的"，而那些即将被征服的当地土著则是"落后的""未开化的"。因此，查阅当时的西方史料时，必须小心翼翼：他们经常利用甚至过分强调宗教在"他者化"过程中扮演的角色，并将其作为西方殖民者进行征服和统治的一项正当理由——这套理论非常契合"我们"（诚实的欧洲商人）对"他们"（嗜血野蛮的马来海盗）的主题。约瑟夫·康拉德（Joseph Conrad）的小说《拯救》（*The Rescue*）[40]便提供了这样一个例证："康拉德通过不算隐晦的负面化手法过分强调了穆斯林的宗教热情和狂热，使得'伊拉农人'显得更加危险——正如面对西方化的推进，伊斯兰激进分子一直在延续和培养相互的敌意。"[41]通过这种方式来塑造伊拉农人的形象，再把他们描述成海盗就容易多了。这样一来，便可以否定他们代表统治者进行活动的合法性，很多所谓的马来海盗实际上正是如此。直到 20 世纪 70 年代，《牛津英语词典》中才出现了海盗的定义，该定义使这种"我们对抗他们"的偏见清晰可见——在词典里，海盗被定义为："未受文明国家委托的人，在海上、通航的内河上，或从海上对沿岸地区施行的［抢劫］和掠夺。"[42]这一资格条件解释了为什么受雇于非西方政府的西方海员（譬如出生在英格兰的突尼斯私掠海盗约翰·沃德）和非西方海员［譬如印度海军元帅坎霍吉·安格雷（Kanhoji Angre，详见后文）］，会被看作是海盗和罪犯。然而从当地人的角度来看，他们的身份无非是私掠者或者海军军官。

快钱的诱惑

海盗活动如果想要获得蓬勃发展，发展成一个利润丰厚的行业，甚至吸引商人和贵族阶层，那么它所需要的不仅仅是整个社会的广泛认可。对于繁荣的海盗活动来说，至关重要的是能让腐败官员"睁一只眼闭一只眼"，如果能得到政府的默许，那当然就更好了，正如中世纪的海盗们的情形。跟过去不同的是，16—20世纪初各个快速扩张的殖民帝国（西班牙、葡萄牙、英格兰、荷兰和法国）使获得（半）官方的默许比以前更容易了。这主要是两个因素造成的：第一，西班牙或者葡萄牙的珍宝船满载黄金、白银、珠宝、丝绸和香料，从印度出发前往 "朝圣"的也是类似的珍宝船，而在东亚海域还有大量中国大帆船，劫掠这些船只所获得的战利品非常丰厚；第二，帝国中心和海外殖民地的距离实在是太遥远了。从远洋水域攫取的财富跟那些从北方水域掠夺的平庸货色有着天壤之别，后者多是日常商品，如鱼类、腌肉、酒、糖等。就连伊丽莎白一世也禁不住"快钱的诱惑"（我们之后会讲到她），所以不难理解，她手下的低阶官员们也会这样做。英格兰官僚机构的作为并非孤例：荷兰和法国官员也懂得如何填满自己的腰包，而许多西班牙和葡萄牙官员则带着巨量的财富衣锦还乡。对于下层官员来说，这是一场高风险的游戏，仰仗于他们背后的靠山，但是他们的靠山很可能因为某种原因（比如失去国王或者女王的宠信）突然倒台；对于高层官员，特别是总督们，他们若是想从海盗的战利品中分一杯羹，简直是轻而易举。对于他们来说，国家权力中心和殖民地之间遥远的距离和通信不畅是非常难得的有利条件：地处伦敦、巴黎、马德里、里斯本或海牙这种遥远首都的中央政府所下达的政令是一回事，地方官员如何执行又是另一回事。

地方政府官员的个人选择和态度对于海上劫掠者的利益得失来说至关重要：如果地方政府倾向于维护海盗活动，那么海盗活动便会得到极大促进。外派的总督之所以选择在海盗活动中扮演庇护者的角色，其原因是多种多样的，不能简单归纳为个人贪欲。一些懒政的总督根本不在乎他们治下地区所发生的事情，而更多的总督其实害怕这些海盗的威胁更甚于遥远的中央政府的盛怒。可供他们调遣的军事资源如常规军、民兵和战船，通常是不足的（如果有的话），根本无法和当地海盗的力量相匹敌。对于这些官员来说，这简直就是"银还是铅"（plata o plomo）的选择：你要么拿走我们的银子，要么得到我们的铅弹。更有甚者，很多偏远殖民地的总督本身就是海盗出身，比如亨利·摩根爵士（Sir Henry Morgan）。在结束了他辉煌而又多姿多彩的加勒比海盗生涯之后，亨利·摩根在 17 世纪后半叶担任了牙买加代理总督。[43] 这些人从海盗洗白为海盗猎人后，通常也会乐意为以前的同行们签发许可证，而不会多问一句话，只要钱给到位了就可以。法属殖民地伊斯帕尼奥拉岛的小戈阿沃①的总督有个习惯，他会给他的船长们提供空白的许可证，以便"呈交给他们喜欢的人"[44]。而在当时隶属于丹麦的一个西印度岛屿上，据说时任岛屿总督签发过令人印象深刻的"私掠许可证"，虽然这些许可证只是准许在伊斯帕尼奥拉岛上狩猎山羊和野猪的证件。[45]

北海更加接近欧洲权力中心，即便在这里，总督和沿海小公国的封建领主也会通过签发许可证捞取不义之财。例如，根据伦斯福德 - 波（Lunsford-Poe）的说法，爱尔兰有一位奥蒙德公爵

---

① 伊斯帕尼奥拉岛的小戈阿沃（Petit-Goâve, Hispaniola）：伊斯帕尼奥拉岛是加勒比地区的第二大岛，如今岛上东半部分为多米尼加共和国，西半部分为海地共和国。小戈阿沃是该岛最古老的城市之一，位于今海地首都太子港西南。

（Grave of Ormond），他在 1649 年就曾经给荷兰私掠者扬·科内利松·诺尔（Jan Corneliszoon Knole）签发过这样一份文件。诺尔有一份合法的荷兰许可证，但是仅允许他攻击、捕获隶属于荷兰敌人的船只；但奥蒙德公爵的这份许可证，却赐予他猎捕荷兰泽兰（Zeeland）沿海船只的权利，[46] 而他也是这么做的——诺尔很快便袭击并捕获了一艘来自鹿特丹（Rotterdam）的舰船。从一个乐于给予私掠者便利且不过问的签发人手里得到一份许可证，以此为自己创造有利条件，诺尔绝对不是唯一一个这么做的私掠者：一个人手里持有的许可证越多，他能够合法攻击的船只范围也就更广。即便他们关心过法律条文的细节，大部分海盗和私掠者其实都是文盲，他们不太可能读懂许可证上提到的条件和限制——这也解释了为什么小戈阿沃的"丹麦"总督能够通过签发毫无价值的狩猎许可证给一个甚至不受他管辖的岛屿，以此大肆获利：他那些文盲客户们误把这些看起来令人印象深刻的文件当成了私掠许可证。[47]

在地方性腐败成风的背景之下，某些官员的做法也就不奇怪了。无法轻易签发欺诈性许可证的官员，就会选择以一种更显眼的方式越界，以便从海盗身上获利。通常，他们会直接协助或者怂恿海盗来达成目的，就像如今的刑法中所说的那样。17 世纪有一位名如其人的托马斯·克鲁克（Thomas Crook①），他是爱尔兰港口巴尔的摩（Baltimore）的治安法官兼首席官员。克鲁克曾经公开向海盗船只提供食品和其他必需品，甚至还在家中招待海盗船员——

---

① "Crook"在英语中有"诡计、骗子、盗贼"等含义。

可以想见，港口的其他居民也会认为自己有权随心所欲地同海盗进行不正当交易。[48] 显然，和其他情况类似，在这个例子当中，海盗集团和他们陆地上的支持者都来自一个视海盗为十分正当的诚信行业的社会——而且，很可能是一项比侍奉君主或在政府谋职更好的职业，后者被看作是入侵当地事务的外来者。亨利·梅因沃林爵士（Sir Henry Mainwaring）在作为海盗猎人效命詹姆斯一世之前，曾是一名成功的海盗，他甚至把爱尔兰叫作"海盗的摇篮和贮藏室"；[49] 与梅因沃林同时代的福克兰勋爵（Lord Falkland）曾在 1622—1629 年担任爱尔兰国王代表①，他认为爱尔兰海岸颇受海盗青睐，是因为这里"补给更加便宜，水域开阔，较少有潮汐和海峡的阻碍，进出陆地、航行或靠岸都更加容易"[50]。

海盗港湾

其他地区的很多港口也发挥着类似的作用。对于地中海巴巴里海岸的阿尔及尔、的黎波里和突尼斯等城邦小公国来说，海盗和私掠活动不仅是它们繁荣发展的基础，而且是它们维持独立地位的保证。对于那些袭扰往来大西洋的西班牙和葡萄牙航船的英国海盗来说，处于半独立状态的摩洛哥港口拉马穆拉［La Mamora，今名梅赫迪亚（Mehdya）］与塞拉（Salé）是完美的据点，他们可以在这

---

①　爱尔兰国王代表（Lord Deputy of Ireland）：英格兰王国在统治爱尔兰王国时期，于爱尔兰设立的英王代理人，代表英格兰国王治理爱尔兰，是爱尔兰的最高行政长官。

里销赃，还能在这里修补舰船、恢复补给。在大西洋的另一边，美国的查尔斯顿（Charleston）、费城和纽约港口，某些货真价实的加勒比海盗——例如基德船长（Captain Kidd）——找到了安全避风港，他们既把这里当作活动基地，也在这里卖掉抢来的战利品。

牙买加的罗亚尔港（Port Royal）是古往今来最著名的海盗港湾，也是很多海盗故事、电影和电子游戏的背景地。从1655年港口建成，到1692年该城毁于一场大型地震，不到四十年的时间里，罗亚尔港以现实世界中的索多玛与蛾摩拉（Sodom and Gomorrah）闻名遐迩，成为"世界上最邪恶的城市"[51]，当时一些虔诚的人宣称它的毁灭是上帝对该城累积的罪恶的惩罚。由于罗亚尔港临近西班牙在加勒比海和中美洲地区的殖民点，离西班牙珍宝舰队的海洋航线也不远，因此，这里成了海盗活动和私掠行动的理想据点。只要钱给足了，当地总督不多问什么，就可以给任何人签发私掠许可证，这让罗亚尔港吸引了各类强盗——无论其手中有没有现成的许可证。[52]如此一来，很多私掠者把罗亚尔港当作了自家老巢，也就一点都不稀奇了。例如在1670年，就有20艘私掠船从这里出发，搭载了大约两万名船员；[53]同时还有很多没有许可证的海盗船在罗亚尔港进进出出，忙碌于他们那见不得人的勾当。鉴于抢劫和袭掠的生意十分兴隆而且利润丰厚，港口大多数居民便主要以满足海盗的需求为生。港口里有武器商人和盔甲商人，随时准备着为海盗补充军火库；有粮食供应商来填满船上的储藏室；还有经验丰富的船木工和其他专业的海事匠人，可以将一艘破败不堪的舰船迅速修复以进行下一次航行。此外，由于所有的这些买卖花费都极其高昂，港口里还有一大群商人，负责将海盗的战利品和劫掠物转手换成现金，而这些钱大部分又会立即跑进城里一众旅馆、酒馆、赌场和妓院的老板们的腰包。

对海盗友好的港口在其他海盗肆虐的海域同样司空见惯。在16—19世纪，中国和日本的海岸线上的很多村庄都是靠着跟海盗做交易来谋生，尤其是在政府禁止从事海洋贸易时期。比如说，福建和浙江的沿海村落为当地海盗提供一切必需品，甚至主动帮海盗制造弹药、火药、枪炮、刀剑和盔甲。[54]在广东，很多城镇和村庄，特别是那些坐落在珠江河口的，还为海盗提供避风港，尽管这片区域是通往重要港口城市广州的门户，布有重重堡垒，并驻有大批官军把守。[55]一旦有合适的机会，或者是仅靠捕鱼无法维持生计的时候，许多村民便会偶尔充当一把海盗。在日本九州岛，情况也类似。当地的封建领主们不仅会主动欢迎海盗，[56]还会雇用他们当护卫，来保护自家的海上贸易。九州岛和本州岛之间的濑户内海分布着诸多港口，它们不仅乐意招待日本的海盗团伙，同样会欢迎来自中国的海盗集团。这些港口从走私贸易中获取巨额利润，主要包括出口硫黄和进口硝酸盐，后者是制造高品质火药的重要原料，对于封建领主们和他们的军队来说至关紧要。[57]

霍洛岛（Jolo，属于苏禄群岛）曾是臭名远扬的海盗巢穴，作为苏禄苏丹国（Sultanate of Sulu）主要的港口和统治中心，这里也是买卖违法货物和武器弹药的交易中心。港口官员通常会提供宝贵的海运情报，还会偶尔透露反海盗清剿活动的信息。这些清剿活动由西班牙、荷兰和英国殖民者组织，他们从16世纪下半叶开始，便在此地建立了殖民统治。此外，霍洛岛还拥有这片区域迄今为止最大的奴隶市场，汇集了从菲律宾到暹罗（今泰国）掳来的人质，他们或者被买走，或者被赎回。再往西，新加坡和附近的廖内群岛（Riau Archipelago）扮演着类似的角色。英国考察者们和至少一位马来商人——他曾于 1836 年在廖内群岛的加朗岛（Pulau Galang）[58] 被俘虏——的目击记载，毫无疑问地说明了岛上交换的"货物"的性质：大部分是武器、弹药和奴隶，以及偷来的商品。岛上没有一丝一毫耕种的痕迹，这让英国考察者们确信，岛上 4000 多名居民当中，所有男性都是全职海盗。[59] 这很有助于那些盘踞在新加坡和廖内群岛的海盗，他们游走在英国和荷兰势力范围的交界处，这里界限不明、争议不断——这一点和那些以霍洛岛为据点的海盗颇为相似，后者活跃在西班牙、荷兰和英国三大殖民帝国的势力范围交界处。从某种意义上说，海盗生存在国际殖民体系的缝隙中，而这些缝隙的产生则是源于各国彼此间的猜忌和多国协同巡海存在的困难。

在这些东方的海盗巢穴中，只有一处能够在规模和声名狼藉方面跟罗亚尔港相提并论，那就是澳门港。澳门位于珠江口的一座半岛上，临近香港。从 1557 年开始，澳门便被葡萄牙人占据，成为他们与中国和日本进行贸易的重要基地。这座港口之所以能成为非常重要的海盗巢穴，是因为其适用的特殊司法管辖权：虽然这片土地由葡萄牙管理，但是澳门和它的中国居民仍然要遵守中国律法，因为葡萄牙人并没有征服澳门，仅仅是租借此地，先后从明朝和清朝手中租借而来。此外，葡萄牙人在当地占少数：拿 1640 年来说，当时葡萄牙人仅有 1200 人，而澳门人口达到 2.6 万。[60] 这里还是慕名而来的犯罪分子的天堂，葡萄牙港口官员的主要精力都放在了他们自己的海盗事务上，对于澳门当地的犯罪行为只是象征性地进行打压。分治的司法管辖权，葡萄牙人乏善可陈的司法手段，再加上罪犯们仅需要逃往大陆或者越过大屿山（Lantau）等附近的岛屿就能逃避葡萄牙的刑事司法制度的制裁，保证了澳门作为东方罗亚尔港的地位。和加勒比海的海盗巢穴港口一样，澳门街头同样遍地都是旅馆、酒馆、妓院和赌场，此外还有鸦片烟馆（这在罗亚尔港是找不到的，那里的海盗更青睐于朗姆酒和掺水烈酒[61]），当然还有从不过问任何事情的市场，海盗们可以在这里销赃、购买武器和弹药、获取船只动向的情报和招募新船员。[62]此外，澳门还是那些大型海盗集团——例如郑一嫂团伙——公开运作自家"税务司"[63]的据点之一，他们在这里向那些航经其势力范围的船只收取保护费；对于那些非常不幸地被海盗绑架的富人来说，这里也是他们的家人支付赎金的地方。[64]

海盗女王和她的臣属

然而，如果把上述问题归咎于下层官员们——他们在各大帝国当差，或者在那些远离帝国中心的港口任职，忽视海盗活动或者从中渔利，导致海盗活动猖獗——也未免过于简单化。正如在本书第一部分所描述的时代那样，如果有利可图的话，国家本身也经常会睁一只眼闭一只眼。正因如此，上流贵族才会被吸引而投身到海盗和私掠活动中去。英格兰的伊丽莎白一世女王对待弗朗西斯·德雷克爵士的态度便是很好的例子，德雷克在环球航行期间（1577—1580）捕获了数艘西班牙珍宝船。当女王发现自己能够分得一笔巨额战利品，且"其数额不少于女王通过税收和王室领地获得的年收入之和"[65] 时，她开心地宣布德雷克是"她的海盗"。于是，德雷克在未持有有效许可证时所进行的海盗活动，也得到了授权追溯。谈及这一（恶劣）行径，当时的一位威尼斯大使尖刻地评论道：

> 人们认为，在伊丽莎白女王统治时期，没有什么比跟西班牙人进行战争更能让英格兰人富有，也没有什么比这更能让普罗大众积累财富。任何人都可以走上私掠之路，他们劫掠的目标也不单是西班牙人，还包括其他所有人。于是，他们便依靠持续不断的战利品发家致富。[66]

一些历史学家赞同他的意见。他们认为，在伊丽莎白女王统治时期，英格兰从一个滋生海盗的国家转变成了一个海盗国家，甚至是一个"海盗主义"（piratocracy）国家，而伊丽莎白就是"海盗女王"（pirate queen）。[67]

对于是否支持这些成功的海盗，其实女王并没有太多选择：当伊丽莎白在 1558 年 11 月 17 日继承王位时，她发现由于著名前任——亨利八世、爱德华六世和玛丽一世——的挥霍无度，国库已经空空如也。不过，需要强调的是，对于她的"绅士冒险家"们来说，运气和能够在正确的时间出现在正确的地点是决定他们命运的关键因素。"国家授权"的海盗在海外时，国内的政局千变万化，很可能对他不利。这就意味着，在法律环境尚不明朗的情况下带着战利品——即便是非常丰厚的一笔——回国，是一场风险极高的赌博：对于部分人来说，等待他们的是君主的宠幸；而对于另外一部分人来说，等待他们的是绞刑架。德雷克从不出错，他只有在确定了政治风向之后，才会明智地出现在宫廷中。有些人则由于时机不对而成了政治变革和宫廷危机的替罪羊，最终以海盗的身份被绞死或者斩首，比如与德雷克同时代的沃尔特·雷利爵士。雷利不像德雷克，他既不是敏锐的政治动物，也不是一个成功的商人（他总是在破产边缘徘徊），更不是什么万人迷，因此，宫廷里没人喜欢他。[68] 难怪他会两次被投进伦敦塔：第一次是因为他惹怒了伊丽莎白一世（他未经女王允许，娶了女王的一位侍女，因而被下狱，但是关押时间只有不到两个月，从 1592 年 6 月到 8 月）；第二次则出自伊丽莎白的继任者詹姆斯一世的命令，雷利至少被关押了十三年之久（1603 年至 1616 年间），罪名是策划谋反——通常来说，犯下这种罪行应被判处死刑。相当讽刺的是，雷利最终是因为西班牙驻伦敦大使贡多马尔伯爵（Count Gondomar）的要求而在 1618 年 10 月 29 日被斩首的，其罪名是袭击多个西班牙定居点，其中就包括圣托梅 - 德圭亚那[①]。1617—1618 年，雷利第二次出发寻找传说中的黄金国[②]，在途中袭击了圣托梅 - 德圭亚那——而这趟冒险预期可获得的巨额利润则是他此前从伦敦塔中被释放的原因。[69] 雷利非常不幸，他既没有找到黄金国，也没有找到金子，因此——不像德雷克，他也是在未经许可的情况下袭击了西班牙定居点和西班牙珍宝船，但至少带回来一笔相当可观的战利品——完全没有减轻

---

①　圣托梅 - 德圭亚那（Santo Tomé de Guyana）：今委内瑞拉圭亚那城。

②　黄金国（El Dorado）："Dorado" 是西班牙语 "黄金" 之意。根据流传于南美洲的古老传说，当地酋长会在自己身上涂满金粉，并到湖中洗净，而祭司和贵族会将珍贵的黄金和宝石投入湖中献神。随着时间的推移，这个传说从 "黄金人" 演变为 "黄金城" 乃至 "黄金国"。

罪行的理由。

高价值战利品的持续流入，解释了这一普遍现象：只要在一定的情况下能够获得丰厚的财物，人们便会对海盗活动视而不见——下到码头管理者和城镇官员，上至君主，只有极少数值得称赞的例外。统治者为了将一大笔不义之财洗白成合法财产而歪曲法律，又进一步模糊了私掠和海盗活动的界限，更不用说还有"追溯许可"（retroactively sanctioned）这种形式，给海盗活动又创造了更多灰色空间。对战利品持续涌入的需求，也是荷兰共和国（Dutch Republic）政府愿意——在对自己有利的情况下——忽略私掠和海盗活动之间的法律区别的原因；这一需求也解释了为什么这两者通常被看作是"相去不远"[70] 而非迥然对立的。与之类似的是，伊丽莎白治下的英格兰出于相同的原因，在符合国家利益的前提下——不过，这取决于不断变化的外交关系——对于使用"随性的外交手段，即私掠活动"[71]，是没有任何不道德感的。如果有必要，私掠者可以金盆洗手，或者干脆否认这些私掠活动与官方政策有任何关系——这一准则在国际政治活动中仍然有效，称作"合理推诿"（plausible deniability）。

不体面的外交政策工具

私掠者和海盗作为外交政策的"合理推诿"工具，给敌人造成的损失可能是相当惊人的。例如，1568—1648 年，在尼德兰革命（Dutch Revolt）——或者更大范围的八十年战争（Eighty Years'

War）^①——期间，荷兰共和国遭受了来自西班牙、葡萄牙，尤其是以敦刻尔克为据点的各路海盗和私掠者的彻底蹂躏。敦刻尔克直到 1646 年还是西属尼德兰（Spanish Netherlands）的一部分，是西班牙人骚扰荷兰商船和渔船的前线作战基地。因此，饱受压力的荷兰人给敦刻尔克起了个昵称，叫作"北方的阿尔及尔和突尼斯"，它对荷兰海事的威胁堪比巴巴里私掠海盗。1629—1638 年，从敦刻尔克起航的常规战船和私掠船共捕获约 1880 艘荷兰舰船，总吨位达到 209 448 吨；1625—1637 年，有 533 艘荷兰渔船被击沉。⁷² 然而，敦刻尔克的私掠船并不是荷兰人的唯一麻烦：先后发生于 1652—1654 年、1665—1667 年以及 1781—1784 年的三次英荷战争（Anglo-Dutch Wars）期间，荷兰人同样因英格兰的私掠活动而损失大量船只。数字说明一切：第一次战争中，有 1000—1700 艘英格兰私掠船猎捕过荷兰舰船；第二次战争时有 522 艘；第三次战争时大约是 500 艘。⁷³ 在第二次英荷战争期间，英格兰私掠者甚至一度攻占了萨巴岛、圣尤斯特歇斯岛^②和多巴哥岛（Tobago）等荷属加勒比岛屿。私掠者是真真切切的巨大威胁，绝不仅仅是什么小麻烦。

---

① 八十年战争（Eighty Years' War）：尼德兰北部各省在英格兰、苏格兰和法国等王国的支持下，为摆脱西班牙哈布斯堡王朝统治而掀起的独立战争。除了中间有十二年的休战期之外，整个战争持续八十年。最终，尼德兰北部七省彻底脱离西班牙统治，成立"尼德兰七省联合共和国"，简称"联省共和国"，即荷兰共和国。

② 萨巴岛（Saba）和圣尤斯特歇斯岛（Sint Eustatius）均属于加勒比地区的背风群岛，原为荷属安的列斯下辖岛屿。荷属安的列斯解体后，此二岛现为荷兰王国的特别市。

海上的经济消耗战是战时的一种直接手段，由精良的正规海军以及私掠船和海盗船主导。但是在和平时期，海军无足轻重。不过，针对从前的敌人签发私掠许可证，不足以被视为再次树敌的充分理由。因此，持续的私掠活动常常被忽视，其结果是，即使在和平年代，常规战争仍以"海上游击战"的形式继续进行着。[74]永无止境的私掠者和海盗浪潮涌向曾经的敌人，用一句克劳塞维茨（Carl Von Clausewitz，1780—1831）式的话来讲，这基本上算是"以其他手段继续战争"①。当伊丽莎白一世派遣德雷克、雷利等人前往袭扰西属美洲时（他们的任务一开始仅仅是伪装成海盗进行袭掠），她非常肯定西班牙人不会因此开战，他们最多会在遭袭地区进行武装抵抗，同时向伦敦进行外交控诉：

> 德雷克和雷利这样的寻宝战士是理想的武器。首先，他们非常灵活。如果他们掠得宝藏回国，伊丽莎白的金库得到充实，而[西班牙]帝国的军费则有所折损。一旦他们失手，或者招致外交敌意时，就会被抛弃，成为没有任何授权的罪犯。根据英格兰与西班牙的外交关系，他们的敌对状态就像水龙头一样可以开关。[75]

在东南亚海域，也有类似的海上游击战。在这里，欧洲殖民势力之间持续的争斗，加上它们对地区事务的持续干涉，是导致大规模海盗活动出现的主要原因之一，海盗的出现是为了应对欧洲的干

---

① 克劳塞维茨有一句著名的论断："战争无非是政治以其他手段的延续。"

涉。欧洲殖民势力在东南亚进行贸易活动的贪婪，使得伊拉农人成了历史上最骇人的一批海盗：

> 自古以来，群岛地区的对外贸易就掌握在中国人手里……接着是葡萄牙人，再后来是荷兰人，他们致力于保护自己的贸易，建立了垄断体系，还通过与马来统治者签订条约来控制农产品的价格，通过低价来排挤中国人。［如此一来］经过一段时间后，中国大帆船也就失去了竞争力，再也没来过了。[76]

外来者对当地政治事务的干涉绝对是导致大规模海盗活动涌现的主要原因。例如东南亚的诸多苏丹国和酋长国等蕞尔小邦之间，想要打破当地势力的均衡局面，或者引发新一轮海洋袭掠的浪潮，只需要一位有进取心和冒险精神的西方船长来此，并将他带来的西方现代化武器出售给出价最高的人。[77]

当时的一些地区强国习惯于雇用欧洲冒险家为佣兵，特别是炮手，也有的会担任朝臣、总督或者港口官员。这使得地方事务受干涉的情况愈发严重。以暹罗（今泰国）为例，1675 年左右，那莱王（King Narai，1656—1688 年在位）曾任命希腊探险家、前东印度公司雇员康斯坦丁·华尔康（Constantine Phaulkon）为首席顾问。华尔康喜欢寻求（欧洲）盟友，他将一些东印度公司的旧相识提拔至高位——包括英格兰人塞缪尔·怀特（Samuel White），被指派为丹老（Myeik，今属缅甸。当时这里是暹罗对印度贸易最重要的商业中心）港口总管；还有塞缪尔的弟弟乔治·怀特（George White），在暹罗舰队担任舰队元帅；以及理查德·伯纳比（Richard

Burnaby），出任丹老总督。⁷⁸塞缪尔·怀特和理查德·伯纳比除
了充分利用职务之便中饱私囊外，还会组织海盗袭掠。他们表面上
是代表国王的私掠者——然而那莱王根本不知道这件事。国王还不
知道的是，这些人的所作所为，险些导致暹罗与强大的东印度公
司［其设防总部圣乔治堡（Fort St George）位于孟加拉湾对面的马
德拉斯（Madras）^①］之间爆发战争，其原因是塞缪尔·怀特装备
精良的护卫舰"坚定号"（*Resolution*）所掳获的大部分货物，其
实都是东印度公司的财产。1687 年 6 月，马德拉斯的东印度公司
主席伊莱休·耶尔（Elihu Yale）派出一艘护卫舰和一艘小型护卫
舰前往丹老，发出最后通牒：塞缪尔·怀特必须前往马德拉斯解释
自己的所作所为，而那莱王（对于在自己王国的遥远角落里正在愈
演愈烈的危机丝毫不知，也从未见过这封最后通牒）必须在 60 天
内赔付东印度公司被劫的货物。怀特并没有按照要求去做，而是故
意拖延时间，用好酒好菜招待这支东印度公司小舰队的指挥官安东
尼·韦尔登船长（Captain Anthony Weltden）长达数周。然而，在
最后通牒到期之前，当地暹罗贵族害怕英格兰人会以东印度公司的
名义占领丹老港，抢先对英格兰人发动进攻。此次突然袭击发生
于 7 月 24 日，后世称为丹老大屠杀。在这次袭击中有 60 多名英格
兰船员被杀，理查德·伯纳比身亡，韦尔登受重伤。幸存者逃上
船，仓皇逃走。怀特本人毫发无损地登上了他的"坚定号"，带着
他的绝大部分财产回到了英格兰。两年后，怀特死于英格兰，时为
1689 年 1 月。⁷⁹

---

① 马德拉斯：即今金奈，位于印度东南部。

在这个例子中，战争可以避免，但是殖民地官员和西方冒险家对于地区事务的干涉则持续不减，比如后文将会提到的马来群岛的例子。

偷船不误海盗工

大多数海盗的职业生涯开端非常简单，就是加入一个现有的海盗团伙。要做到这一点，只需要在正确的地点（通常是码头边的小酒馆）跟正确的人聊几句。但是，还有一些决心要组建自己团伙的"创业型"海盗，需要以某种方式获得他们的第一艘船，那么应该怎么办呢？直接去偷是个办法。在17世纪的英格兰和爱尔兰海盗当中，常规做法是：许多停泊在码头里的船只，或者是完全无人看管却随时可以驾乘出海，或者是只有零星少数船员把守，但却总是不够警惕。因此，偷船是一种非常容易上手的方式[80]：亨利·梅因沃林爵士是一位从海盗洗白过来的海盗猎人，他在1618年指出了"此类小型船主行事轻率，这种小船防守薄弱、看管不严、帆也留在船上"[81]。如果偷船不可行，那么还可以乔装行骗，阴谋诡计总会奏效，登上一艘合适的舰船之后，再武力控制舰船。约翰·沃德开启海盗生涯时，这两种策略都使用过。他和一帮同伙爬上了一艘停泊在朴次茅斯港的三桅帆船，船上满载货物却疏于防备。他们就这么夺下了第一艘船，接着便乘着它扬帆出海。直到第二天，这桩盗窃才被人发现。航行到康沃尔①海岸附近时，沃德和他的伙伴们发现一艘同行的挂着法国旗的船。这是一艘大约 70 吨重的快速平底船（flyboat），装备有六门大炮，可以预防海盗袭击。对于沃德及其同党来说，这艘船更适合作海盗船，因此他们很想搞到这艘船，但也确实不容易：法国船人多势众，火力也更猛。不过他们之前有做私掠者的经验（但也知道他们一旦被抓，就会被立刻绞死）。沃德想出一条妙计，他充分利用了这艘小型舰船，以及船员较少看起来没什么攻击性的特点，安排大部分船员藏匿起来：法国船长目之所及，只看到沃德本人和另外四名水手在驾船。[82]沃德还故意让船航行出一个不规则的"之"字形，就好像他没有能力好好操舵一样，以此让法国人误以为他是个糟糕的领航员；与此同时，他大喊着跟法国人交流他能想到的任何话题，以此吸引他们的注意力。于是，法国船员放松了警惕，没有注意到沃德的小帆船越来越靠近他们的船。"沃德背诵起一首诗歌，讲的是伟大的英格兰海员沃尔特·雷利爵士最近被捕的故事。背诵到一半，他大喊道：'就是现在，弟兄们，为了我们自己！'"一听到命令，沃德的手下从低层甲板冲上了法国舰船，法国水手们被打了个措手不及："就在几分钟前，这个人还隐藏起真实实力，被当成是一个无能的傻瓜，但现在他已经显露出了真实身份：约翰·沃德船长，即将恶名远扬的海盗。"[83]

　　作为一名新手海盗，沃德一开始并没有太多机会选择自己得心应手的船。如果能自由选择的话，不论是三桅帆船还是快速平底船，他都不会要，他只是在机会出现时做了最好的选择。但是，

---

　　① 康沃尔（Cornwall）：大不列颠岛西南端的半岛。

他很快就喜欢上了坚固实用的快速平底船，这类船吃水浅，只有单层甲板和三条桅杆。"像个煤斗一样。"一位海军历史学家如此调侃。[84] 不过，正是这一点，才使得沃德和另外一些海盗对这种船产生兴趣。因为，相对于公开交战，他们更倾向于突然袭击：

> 如果一艘战船架起大炮、布置好战斗阵型，劈开水面汹涌而来，那么不难猜到它的意图；如果是一艘快速平底船在波浪中漂荡而来，它看起来多半是在寻求一同航行的旅伴，不会让人生疑。[85]

此外，因为快速平底船坚固的特性，海盗们可以在船上装备数量惊人的重型武器——拿沃德的例子来说，经过几次成功的劫掠，他的平底船装载了 32 门铸铁炮，船员多达 100 人。[86] 而且，船上仍然有充足的空间来放置战利品。

在另外一些例子中，有些海盗是通过叛变行动来得到第一艘船的，比如历史上最成功的海盗之一"高个子本"亨利·埃弗里（Henry 'Long Ben' Avery，1659—约 1714）。他出生于德文郡（Devonshire），在年轻时就出海了，通过个人奋斗逐渐向上攀升。1694 年初，有两艘来自布里斯托尔（Bristol）的武装舰船，亨利·埃弗里以大副的身份登上了其中一艘。这两艘舰船装备充足，各自配有 30 门左右的火炮和大约 120 名船员，[87] 是西班牙政府雇用的私掠者，负责截击那些在加勒比地区骚扰西班牙商船的法国海盗。埃弗里所在的船叫作"查理二世号"（*Charles II*），[88] 它的船长叫作吉布森，他常年酗酒的习惯远比他的领导能力更出名。[89] 他的船员都很厌恶他，而且他许诺过的薪水还一点都没兑现，这让情况变得更糟糕了。于是，埃弗里向那些心怀不满的水手们提议道，与其为了一点小钱和西班牙的荣耀而猎捕装备齐全的法国私掠者，倒不如干脆自己做海盗。他注意到有些人被说动了。接着，机会出现了。当时，他们的船只停泊在拉科鲁尼亚（La Coruña），等待着西班牙官员的到来。夜里 10 点过后，船长在自己的船舱里喝得烂醉如泥，而所有没参与密谋的船员各自在吊床上熟睡。埃弗里起了锚，升帆开船。吉布森船长被船身的摇晃惊醒了，他面对的是两个无情的选择：要么待在船上，加入其中；要么连同其他不愿意当海盗的船员一起，被扔到一条小船上。吉布森清楚地知道自己有多招人恨，所以他明智地选择了后者。于是，埃弗里得到了一艘令人生畏的舰船，这艘船更符合人们对"典型"海盗船外形的想象。很快，他也将恶名远扬。

对于"获得授权"的海盗，即私掠者和私掠海盗来说，面对的困难不太一样，其中最难以克服的便是每次远征或出海时的经济负担。首先，专门用于私掠的船只都不便宜，比如说桨帆船和西班牙大帆船。其次，想要当上私掠船长，还得有一份私掠许可证，这也不是免费的。雇用合适的船员也是一笔不小的开销：虽然很多水手和士兵愿意在"没有劫掠，就没有报酬"的原则下加入，但法国和马耳他的私掠海盗却并不一定愿意，他们更希望能有一笔薪水。如果计划组织一整支私掠舰队而非仅仅一条船，这个费用就更加庞大了。大多数情况下，这笔费用会分摊到很多投资人身上，包括公共投资人，比如政府，以及私人投资者，例如一些感兴趣的商人。所有投资者都希望私掠冒险成功后获得自己应得的份额。这当然会给私掠船长施加更多的压力，使其必须确保每次航行都能成功和盈利，即便这意味着在诠释许可证时采取相当宽泛的态度，即可猎捕与不可猎捕的目标之间的界限。这也是为什么我们的一部分主人公会从私掠者轻而易举地转变为海盗的另一种解释，通常，他们会受到船员还有投资人的怂恿（至少是默许）。

追踪与捕获猎物

一旦离开港口，接下来要做的，对于海盗和私掠者来说是一样的：找到猎物，拦截猎物，登上猎物。当找到目标时，在繁忙的海洋航线上埋伏在合适的位置，仍然是普遍的选择。这种战术存在的风险和之前几百年里是一样的——比如说，会碰上一个强大得多的敌人。私掠海盗阿隆索·德孔特雷拉斯就记录过这样一场意外：当时，他的护卫舰埋伏在爱琴海中某个小岛的港湾内，突然出现了两艘快速接近的土耳其桨帆船，让他大吃一惊。让德孔特雷拉斯逃过一劫的是，这两艘桨帆船的船长们也跟他一样吃惊。他们没有做好准备，也没有彼此协调好，就匆忙动手了。作为一名经验丰富的私掠海盗，德孔特雷拉斯对这种"松散的纪律""糟糕的航海技术""无序的慌乱"好一顿嘲讽，但他也承认，多亏了这些，自己才能侥幸"虎口脱险"。[90] 这两艘土耳其桨帆船花了好一阵子才追上他的护卫舰，而且他们运气很好，有几发炮弹瞄得很准，击碎了护卫舰的船帆索具，还把船上的主帆桁打掉了。德孔特雷拉斯的机智再一次救了他。他驾船往萨摩斯岛（island of Samos）驶去，那里的小码头经常停靠马耳他桨帆船。狡猾的私掠海盗派了一名水手爬上主桅杆，用火药弄出来烟雾信号。这两艘土耳其战船误以为还有其他马耳他私掠海盗埋伏在那里准备出击，于是便立刻撤离了。[91]

图 3　一艘顺风航行的桨帆船

　　设埋伏不过是德孔特雷拉斯使用的诸多战术中的一种。和大多数其他私掠海盗一样，他更偏爱主动追捕猎物。但是，这种方式也有其风险。例如，1720 年，威尔士海盗船长巴塞洛缪·罗伯茨和他的船员们在巴西海岸来回巡游了 9 个星期，没有发现一艘船。当他们运气好转时，才偶然遇到一支不少于 42 艘船的葡萄牙珍宝舰队。[92] 与之类似的是，1693 年，法国私掠海盗勒内·迪盖－特鲁安（René Duguay-Trouin）航行了三个月，一无所获。后来，他的船险些被一艘装备了 40 门火炮的瑞典战船击沉，后者误以为他是海盗。[93] 就连德孔特雷拉斯也报告过在黎凡特和北非海岸的一系列徒劳无功的巡航：

　　　　我在岸边什么都没找到，于是决定动身去杜姆亚特

（Damietta），它位于尼罗河三角洲。我沿着尼罗河航行，想
要看看能不能有所收获，但是什么都没找到。于是我调头往叙
利亚的方向航行，大概航行了 130 英里。我看到了圣地的海岸，
这里离耶路撒冷只有大约 35 英里。我继续前进，驶入了雅法
（Jaffa）的港口。那里有些三桅帆船，当我靠近时，他们的船
员全都逃上岸了。[94]

　　他的同类，那些巴巴里海岸私掠海盗的处境也没有好多少。
1684 年 7 月，英格兰驻的黎波里总领事托马斯·贝克（Thomas
Baker）提到过一个极其倒霉的家伙——穆斯塔法·卡迪船长（Rais
Mustafa Qadi），他曾出海 12 次而一无所获。贝克不动声色地讽刺
道，这位私掠船长甚至还设法完成了第 13 次航海，但依然两手空
空地回来了。[95] 这些徒劳无功的航行，再一次解释了为什么各个年
代的海盗和私掠者在势力足够强大之后，都会经常性地组织一些针
对沿海居民点的突袭行动：不像海里的大多数船只，这种居民点是
很容易找到的。

　　当捕获船只之时，尤其是在险象环生的登船过程中，这个时代
活跃的大多数海盗和私掠者同样倾向于不战而屈人之兵，就像他们
的前辈一样。大部分时候，只要竖起黑色海盗旗（或者是当地类似
标志的旗子），就足以威慑目标船只的船员，以迫使其投降。例
如，在 1721 年，恶名鼎鼎的海盗船长巴塞洛缪·罗伯茨的旗帜升
起之后，在贝宁的维达（Ouidah）港内有不少于 11 艘英格兰、法
国和葡萄牙舰船一炮没放就投降了，而"其中三艘法国坚船各装备
有 30 门火炮、配备有 100 人以上的人手"。[96] 登上已经投降的舰

船之后，罗伯茨手下的海盗们通常会继续施行这种震慑手段，将船员和乘客置于严密的控制之下，以尽可能获得更多的战利品——大多数同时代的海盗，也会因为同样的原因而采取这种做法。1720年，罗伯茨捕获伦敦的"塞缪尔号"（Samuel）后的行为，便证明了这一点：

> "塞缪尔号"是一艘满载货物的船，船上还有几位乘客，都遭到了粗暴的对待，这样他们才会交出钱财；他们每一刻都要受到死亡的威胁，除非把自己的一切都如数上缴。海盗们砸开船舱口，怒气冲冲地冲进货舱，用斧子和短弯刀划开或劈烂包裹、箱子和盒子，以便动手搬运。货物搬到甲板上以后，只要是他们不想带走的，全都被扔进了大海里，而不是扔回货舱。这个过程中从头到尾都伴随着污言秽语和恶毒咒骂，他们与其说是人类，不如说是恶魔。[97]

震慑手段对船员们的心理所造成的影响一定是毁灭性的，这再次说明了抵抗是徒劳的。

如果目标比海盗的舰船大得多，而且人手充足，那么强行动武便很难奏效了，就算是升起海盗旗，也只会招来此起彼伏的嘲笑和敌舰舰炮的齐射。此时，智取更容易成功。伪装成无害的商人，获得潜在受害者的信任是常用的招数。前文所讲的约翰·沃德"获取"法国平底船的经历就是一则很好的例子。类似的伪装与欺骗行径——在另一方看来就是背信弃义——在加勒比海域的西班牙、葡萄牙、英格兰、法国和荷兰的船只之间的敌对相遇中时有发生。目标船只也曾将计就计而扭转局势，这种事情发生过不止一次。1589
年 5 月，一艘西班牙战船装载着财宝航行于墨西哥湾，途中发现
自己被一只小得多的英格兰大帆船——70 吨重的私掠船"犬号"
（Dog）——尾随。西班牙人明显不想冒险开打——"犬号"在这
片区域已经拿下过三艘西班牙舰船了，在被这个讨厌的掠食者骚扰
了至少三天后，他们要求停战和谈，而英格兰人也同意了。一开始，
西班牙官员前往"犬号"进行友好会面，而英格兰方面也派出了同
等级别的官员来到西班牙战船上，以示礼节。他们刚一登船，便遭
到西班牙主人的突然袭击，英格兰领航员罗杰·金斯诺德（Roger
Kingsnod）被当场刺死。"另外一些人也遭到了同样的待遇，只有
船长威廉·梅斯（William Mace）和其他几个人，面对敌人布下的
天罗地网，奋力跳下大海，得以平安回到自己的船上。"[98] 九死一
生之后，幸存者决定放弃这只猎物，返航回到了普利茅斯。[99]

如果条件允许，海盗或者私掠者还会设法悄无声息地摸上目
标船只。由面包师改行的德意志私掠者马丁·温特格斯特就描述
过这样一次尝试，事情发生在 1689 年。他当时在一艘拥有 46 门火
炮和 180 名海员的荷兰私掠船上担当船员，在亚得里亚海，他第一
次遭遇到敌对舰船。那是一艘法国船，它正在驶往威尼斯港口扎
拉（Zara，今克罗地亚扎达尔）的途中。温特格斯特的船挂着中立
的里窝那（Livorno）旗帜作为障眼法，也驶近扎拉港。按照规矩，
他们放了一响礼炮 ①，接着放下一艘敞篷小艇（dinghy），派船员

---

① 当时的火炮装填速度很慢，战船在开炮之后需要很长一段时间来装填弹
药以恢复战斗力，因此，战船通常会用鸣礼炮的方式向对方表示友好。

划船前去跟港口官员进行友好交谈。凭借温特格斯特的语言能力，他们获悉这艘法国船是全新的，而且装载有大量货物。不幸的是，它正好停泊在港口堡垒的火炮之下，想要直接进攻是根本不可能的。还有一个可行的方案，便是在夜色的掩护之下登船。如果一切顺利的话，那些船员应当在睡梦中，可以趁他们还没来得及抵抗之前将他们制服。按照温特格斯特的叙述，当时有两艘小船趁着夜深人静之时悄悄接近那艘法国船，其中一艘由船长本人亲自指挥，另一艘则由他的副手指挥。可惜，他们还没来得及爬上船，法国哨兵就发现了这些私掠者。法国船员们迅速就位，一场鏖战就此打响。最终，在损失了包括船长在内的 14 名伙伴之后，剩下的 13 名法国水手投降了。战斗的吵闹声惊动了要塞，火炮准备就绪，民兵集合完毕。为了避免遭到还击，荷兰人将俘获的法国船拖到安全的地方后，才开始清点战利品：现金有 5000 枚杜卡特①，而货物则包括 1500 英担（约合 76200 公斤）硫黄、4000 张毛皮、数捆驼绒和其他织物、约 200 双土耳其靴。温特格斯特和他的同伴们对此非常满意，尽管在这场战斗中他们也损失了 3 名船员。[100]

在另外一些例子中，潜入策略则取得了更好的效果。加勒比海盗船长皮埃尔·勒格朗（Pierre Le Grand）就是一例，他用这种方法取得过人生中最辉煌的成就。1665 年，勒格朗乘着一艘长约 10 米的大号划艇（piragua）出海，在巴哈马海峡（Bahama Channel）

---

① 杜卡特（Ducat）：中世纪后期至 20 世纪流行于欧洲的一种货币，为金币或银币。各国杜卡特的含金量和购买力均有不同，其中威尼斯发行的金杜卡特最受国际认可。

一带游弋，但是一直没能发现任何船只。此时，他的运气差到极致：存粮就快耗尽了，他手下 28 名船员的士气也非常低落。幸好，他们的时运很快迎来了转机：一艘巨大的独自航行的西班牙大帆船出现了。想要对这艘庞然大物动手，勒格朗的小艇实在是螳臂当车——但这是勒格朗的关键时刻，要么动手，要么死。他的船员也一致同意：这是好机会，他们决心要抓住。为了坚定大家的决心，勒格朗命令随船医师在船身钻了好几个孔，让划艇缓慢沉没。现在是破釜沉舟了，"他们一手持枪一手拿剑，并无其他武器。众人当即分头爬上敌船，直奔大舱室汇合。在这里，他们遇到了船长，正在同几位伙伴打牌。"[101] 西班牙人猛然发现自己被一帮凶神恶煞的海盗团团围住，昏暗的灯光下，很难看清这些歹徒的脸。他们盯着海盗们的手枪枪口，惊恐万分地喊道："耶稣保佑！这些是魔鬼还是什么？"[102] 与此同时，其余的登船匪徒控制了枪械库和里面的武器，将任何胆敢反抗的船员都杀掉了。划艇的船体较小，是导致西班牙大帆船落入海盗之手的原因：原来，勒格朗和他的手下早就被西班牙船员发现了，也被准确地识别出是海盗；但是船长不认为他们能威胁到自己："那又怎样？我有必要担心这么一艘可怜的小破船吗？"[103] 于是，这个真实发生的故事佐证了一些陈词滥调（大部分都是假的）——傲慢的西班牙人被勇士们以少胜多智取了，而勇士们也因勇敢而获得了巨额回报。确实，这笔战利品实在是太丰厚了，以致勒格朗直接扬帆回到法国享用他新到手的财富，再也没有返回大海。船体较小对勒格朗有利，这使得他能够采取不显眼的、看似无害的手段。倘若他操控的是一艘大一些的船只，恐怕西班牙船长会更加小心。

　　这正是弗朗西斯·德雷克爵士在 1579 年 3 月 1 日试图捕获西班牙大帆船"圣母无原罪号"（*Nuestra Señora de la Concepción*）时所要解决的问题：他的"金鹿号"（*Golden Hind*）和对方的舰船一样令人生畏，如何才能在不让人生疑的情况下接近这艘船？当时，他正沿着南美洲太平洋沿岸航行，根据在各港口所收集的情报，他耐心地跟踪着这艘从马尼拉驶往巴拿马的西班牙珍宝船。西班牙船没有预料到会出任何差错——在此之前，太平洋都是西班牙独占的"内湖"——船上没有配备武器，也就是说，没有火炮；或者按照一种更可信的说法，火炮都被安全地存放在甲板下面作为压舱物，为珍贵的货物腾出空间。不过，由于"圣母无原罪号"速度非常快，它的船长圣胡安·德安东（San Juan de Antón）[104] 多半是设想，一旦遇到颇具威胁的大型船只，他也可以用速度摆脱对方。为了防止西班牙大帆船升起所有的帆，全速航行至安全的港口，德雷克使出了一招诡计：他用绳索和垫子做了一只海锚，人为地降低了"金鹿号"的航速，借此掩盖了自己船只的真实速度。于是，当他的船靠近对方之时，看起来像是一艘没有攻击性的西班牙商船，由于船上装载着沉重的货物，即便是升满帆也无法提速。此外，为了发动进攻，德雷克还把他的舰载艇系在"金鹿号"一侧，当他逐渐追上西班牙珍宝船时，对方的视线里看不到这艘小艇。等到夜幕降临，德雷克立即斩断海锚，部署好舰载艇，开始了行动。西班牙船长一开始拒绝投降，但是"金鹿号"一波齐射砸断了西班牙船的后桅杆，而船长本人也被滑膛枪所击中，于是他只得投降。"船上的货物'抵得上'德雷克的好几次冒险所得。其中的银条实在是太多了，足以替换'金鹿号'上的压舱物；此外还有 14 箱银币和金币。"[105] 难怪兴高采烈的伊丽莎白一世女王之后宣布他是"她的海盗"。

图 4 弗朗西斯·德雷克爵士的"金鹿号"

在东亚水域，海盗们也会采取伪装与欺骗的手段来战胜装备精良、防御严密的远洋大帆船，将其变成自己的猎物。但是他们不仅仅会模仿人畜无害的海洋商船，还会攻击港口里的船只，还会沿着中国的主要内河航运系统航行，甚至经常袭击毫无戒备的河畔城镇。在这些行动中，他们会模仿政府官员、乡勇、摆渡人或者行脚商人的穿着举止。这种无耻的诡计很多时候都会非常奏效，那些被突然袭击的河运船只或城镇，还没来得及抵抗就已经被海盗们洗劫一空。[106]棉兰老岛（Mindanao）的伊拉农人是无可争辩的伪装大师，善于在人们眼皮底下隐藏自己。他们通过模仿当地渔船的航行方式和外观来做到这一点：他们会把火炮藏在垫子下面，而大多数战士不到最后一刻绝不现身。[107]在西班牙殖民地官员伊瓦涅斯－加西亚中校（Lieutenant Colonel Ibanez y Garcia）的目击记录里，栩栩如生地描述了发生在 1857 年的这样一次遭遇：

> 除了船只龙骨轻松划开保和（Bohol）水域深蓝色的水面时所激起的银色波纹外，海面十分平静。前方广阔的海面上到处都是海鸥，它们每天都在表演空中杂耍，时不时地扎进海水里，捕捉美味的猎物……突然间，一切都变了。两只小船仿佛变戏法一般凭空出现，快速地靠了过来。"渔民要来兜售他们的收获。"［我们］这样想。但是这种自以为是的想法很快就被打破了。两块大木板以迅雷不及掩耳之势搭在了船舷上，挥舞着剑的深色皮肤男人敏捷地爬了过来。我和我的伙伴们陷入了绝境。与此同时，他们当中一些人点燃了船身。[108]

于是，中校和他的随从都成了俘虏，等着赎金来交换。他不是第一个，也不会是最后一个：我们将会看到，在发动突然袭击之前，通过模仿渔船的行为在人们眼皮底下隐藏自己，这仍然是现代海盗在这片海域里常用的策略。

海上恶战

伪装与欺骗并不是万能，如果目标船只已做好充分准备并保持警戒，那么战斗就不可避免了。就像在第一部分里我们所谈及的时代，战斗往往是漫长而血腥的——如今，因为舰载大炮的出现，漫长和血腥程度比以往更甚。海盗使用大炮的目的，并不在于击沉目标舰船，而是要使其丧失移动能力，并大量杀伤其船员，以方便登船。因而，相对于炮弹可重达 60 磅（约 27 千克，这种炮弹能将木制船体击碎）的重型加农炮，海盗们更偏爱蛇炮（culverin）、半蛇炮（semi-culverin）以及猎隼炮（saker）等轻型火炮——这些火炮相对于加农炮来说，射程更远，速度更快，其 5—15 磅重的炮弹能够穿透船体，击碎弹道上的一切人和物，但是不至于将目标舰船击沉。[109] 由于海盗们操控的舷炮齐射通常来说相当不齐整——他们的纪律性远不如正规战船上的炮手——这一招并不总是能奏效。比如说，海盗船长罗伯特·库利福德（Robert Culliford）就通过惨痛的教训认识到，这种炮战有多么低效，其结果有多么难以预料：1697 年，他的舰船"摩卡护卫舰号"（Mocha Frigate）追逐东印度公司商船"多里尔号"（Dorrill）达数日之久，与其展开了一系列持续数小时的炮战，却没能对"多里尔号"造成严重破坏，也没能拉近到足够距离以便登船。

一旦方向准确的火炮齐射和滑膛枪射击确实使目标舰船丧失了移动能力，并减少了防守方的人数后，接下来便是登船以及惨烈的近身肉搏。为此，登船人员通常喜欢使用短兵器，比如手枪、短弯刀、匕首和斧子之类的，这些是在狭窄空间内近身搏斗的理想武器。而防守方则会充分利用（或者说尽量充分利用，起码在开始阶段）长柄武器，例如长枪、长矛或者戟。毕竟，"对付那些想要跳过来，甚至是爬上来的敌人，最好的办法就是跟他们至少保持一臂远的距离"[110]。为了配合当时的先进武器，也就是手枪（从 16 世纪开始）、火绳枪（直到 17 世纪末）和滑膛枪（从 17 世纪开始），弓箭等更古老的武器因其准确性和可靠性仍被广泛使用：与当时的先进火器相反，它们不需要（干燥的）火药和引信来发射——这两样东西在茫茫大海上经常短缺。[111]

海战是漫长而血腥的，这一点一次又一次地在大海上得到验证。1607 年 4 月，此时的约翰·沃德正率领两艘突尼斯私掠海盗船在土耳其海岸巡航，寻找着猎物，结果他发现了威尼斯船只"雷尼埃拉和索德琳娜号"（*Reniera e Soderina*）。这是一艘巨型的拉古萨式（argosy-type）大帆船，重约 1500 吨。[112] 在当时，500 吨重的舰船便称得上是大型船只，而拉古萨商船确实是浮动的海上堡垒。这艘拉古萨商船远比沃德自己的桨帆船和快速平底船大得多，因此，沃德的小舰队朝着对方狂轰了三个小时的加农炮，寄希望于对方能因此投降。[113] 但是，遭到连续炮击的威尼斯船并没有降旗投降。相反，船员们聚集在船首和船尾的塔楼里，准备击退任何登船的私掠者。就在这个时候，沃德的两艘船发起了最后一轮链球弹齐射。[114] 威尼斯的官方事件报告描述了这次齐射的结果：

> 他们的计划是要形成恐吓作用，确实也完美地实现了，情况是这样：防守上层后甲板的海员中，有两人被一发炮弹击中。他们身受重伤——实际上是被炸成了碎片。剩下的人四散而逃，把武器扔在了甲板上，跑回他们自己的财物所在之处，全然不顾正在靠近的两艘敌船。[115]

威尼斯船长无力平息骚乱并重整秩序，无奈之下只得投降。威尼斯船成了战利品，而幸存的船员和乘客很快便踏上了前往突尼斯奴隶市场的旅程。至于沃德本人，这次战斗进一步巩固了"海盗之王"的恶名。

几十年后，"高个子本"亨利·埃弗里也走上了人生巅峰。在接管了"查理二世号"［当时已经更名为"幻想号"（Fancy）］之后，埃弗里直奔阿拉伯海。他打算捕获沿着朝圣航线航行的印度船只，这条航线从印度西海岸的苏拉特（Surat）出发，途经亚丁湾，一直到红海边的吉达（Jeddah），如此往返。这些船只不仅载着数百位朝圣者，还搭载了不少丝绸和香料商人，据说它们是名副其实的藏宝库：

> 众所周知，东方人出行的排场是极其壮观的。他们会带上所有奴隶和侍从、华服和珠宝，船上满载金银，还有大笔钱财用来支付陆上旅程的费用。可见，如果能捕获这么一艘船，其收获是难以计算的。[116]

当埃弗里赶到时，已经有另外五艘海盗船在这片区域巡游，他们的意图和埃弗里完全一样，其中一艘是"友善号"（Amity），指挥它的是另一位已经成名的海盗托马斯·图（Thomas Tew）。1695年7月，这支海盗舰队遇上了一支25艘帆船组成的朝圣船队。海盗舰队挑中的第一个目标是大型舰船"法塔赫·穆罕默德号"（Fateh Mohammed），它属于阿卜杜勒·加法尔（Abdul Ghaffar），苏拉特最富有的商人之一。埃弗里让"幻想号"保持在安全的距离之外，同时远程开炮，迫使莫卧儿船员们低头躲避，另外两艘海盗船趁机冲了过来。很快，莫卧儿船长便发现自已被数十名凶神恶煞的海盗包围，他选择了降旗投降。从船上掠走的金银价值 5 万英镑左右，换算成今天的货币大约相当于 650 万英镑。即便需要跟其他船上的海员们分享这笔战利品（但不包括托马斯·图，他战死了），对一天的辛苦来说也算不错的。更精彩的还在后面：第二天一早，独自行动的埃弗里（其他海盗船跟不上"幻想号"的速度）打算截击莫卧儿舰队的旗舰"无上珍宝号"（Ganj i-Sawai）——这名字对于一艘属于莫卧儿皇帝奥朗则布（Aurangzeb）本人的船来说，可谓是恰如其分。

"无上珍宝号"并不容易得手：船上有大约 50 门火炮和 400 名火枪手来保护船舱里的财宝和高级乘客，它不可能不战而降。这场鏖战持续了两三个小时，最终，埃弗里的好运来了：他的一发侧舷炮击中了"无上珍宝号"的主桅杆，主桅杆连带着帆、绳索和角索倒了下来，砸中了不少船员和士兵。这个时候，一门火炮爆炸了，炸死炸伤了不少旁观人员，场面更加混乱。而真正决定性的时刻也到来了：吓破了胆的船长易卜拉欣·汗（Ibrahim Khan）仓皇逃下甲板，防守方的士气终于崩溃，海盗们这才得以登船。[117]接下来，埃弗里的手下们有条不紊地穿过这艘巨舰的甲板，他们残忍地折磨乘客和船员，有的是为了取乐，有的则是为了逼他们交出藏匿的钱财。他们还强暴女性乘客们。这次的战利品足以让每名海盗船员都能获得 1000 英镑的分成——按照今天的货币，至少值 13 万英镑。[118]

需要指出的是，这类炮击战也有其他的可能性，可以概括为："先爆炸，然后登船和屠杀，如有必要，撤退然后重复这一过程。"1587 年 11 月 4 日，英格兰私掠船长托马斯·卡文迪许（Thomas

Cavendish）袭击了西班牙大帆船"圣安娜号"（*Santa Ana*），其整个过程便展示了这种可能性。700 吨重的"圣安娜号"不是普通的船，而是一艘"马尼拉大帆船"（Manila galleon）——这种大型帆船专门用来运送跟中国贸易所得的利润，航线是从菲律宾到墨西哥的阿卡普尔科。通常来说，这种马尼拉大帆船一年只航行一次，船上满载金银，一直堆到船舷边缘。[119] 卡文迪许有两艘船，一艘是 120 吨重、配有 18 门火炮的大帆船"欲望号"（*Desire*），另一艘是 60 吨重、配有 10 门火炮的"满足号"（*Content*）。他的小船队出其不意地袭击了这艘浮动堡垒，尽管弗朗西斯·德雷克爵士的"金鹿号"偷袭"圣母无原罪号"的事件仅仅过去了十年，但显然，那起事故没有留下任何教训：跟从前一模一样，西班牙船上的火炮都被藏在了船舱里，以便腾出空间堆放货物，船员们也完全没有做好恶战的准备。既然没有交火的危险，卡文迪许决定不先削弱"圣安娜号"的防御便直接登船。但是，事实证明，这是一个代价高昂的错误：西班牙船员们守在船首和船尾的塔楼里，用长枪、戟和佩剑朝着登船的匪徒劈砍戳刺，以阻止他们强行登船；与此同时，他们还从保护严密的藏身处，用沉重的压舱石轰击低处的英格兰大帆船。在这次交锋中，卡文迪许手下有两个人阵亡、四五个人受伤，他不得不放弃登船的计划，暂时撤退。直到此时，他才决定要对"圣安娜号"进行所谓的"用我们的重炮和小炮弹重新打个招呼，一遍又一遍地轰炸它，炸死、炸伤他们很多人"[120]。在经历了六个小时左右的轰击之后，马尼拉大帆船最终降下了旗帜，很多船员被炸成碎片，一度骄傲无比的海上堡垒也被炸成了残骸。

图 5　一艘西班牙大帆船

托马斯·卡文迪许对西班牙珍宝船上的英勇守卫者大加赞扬——而且，他也绝对不是唯一一个这样做的人：很多经历过此类遭遇战的英格兰亲历者都对他们对手的勇敢赞誉有加，那些葡萄牙人和西班牙人战斗得高贵而无畏。英格兰加勒比海盗（兼作家）巴兹尔·林格罗塞（Basil Ringrose）便是一例，他描述过一场发生在 1680 年 4 月的战斗的全部血腥细节，其中一方是两艘载有 60 名加勒比海盗的划艇，另一方是三艘西班牙战船。最后，他总结道："确实，要为我们的敌人说句公道话，在这个世界上，从没有人能像这些西班牙人一样勇敢作战。"[121] 所有这些亲身经历的记载进一步驳斥了关于傲慢、懦弱的葡萄牙和西班牙战船上的船员们要么立刻降旗投降，要么在为了面子而漫不经心地胡乱开几炮之后降旗投降的陈词滥调。正如历史学家贝内尔森·利特尔（Benerson Little）所说："这些是西班牙人，而他们也不是童话故事般的当代海盗小说和电影里所描写的那群穿着紧身胸衣、戴着莫里恩头盔的蠢笨西班牙人。加勒比海盗们与勇敢的西班牙指挥官及其来自多个种族的船员进行过殊死搏斗，他们深知接下来可能会发生什么。"[122] 不过，所有规则都有例外，正如我们在前文看到过的那样，皮埃尔·勒格朗就曾经对一帮粗心大意的西班牙人——不得不承认，他们确实傲慢——发动过突然袭击。

高级海盗活动

另一种常见的策略，是数艘船像狼群一样聚集起来，集体攻击一艘船体更加庞大、装备更加精良的舰船。在 17 世纪，活跃于加勒比地区的早期海盗（仍然主要是法国人）会使用这种战术，他们有时候也会将其跟伪装与欺骗的手段结合起来使用，或者选定埋伏地点后实施闪电般的突袭。他们选用简单的独木舟或者更大一些的划艇，并且充分利用娴熟的枪法，围住目标舰船，然后一个接一个地解决掉船员。他们尤其会瞄准甲板上的官员和舵手，以此破坏对方的指挥系统，迫使舰船无人操纵。[123] 类似的群狼战术在东方海域也颇受欢迎：当地的海盗船无论是规模上还是火力强度上，都无法跟他们遭遇的中国和西方舰船相提并论。棉兰老岛的伊拉农人、苏禄群岛的巴兰金吉人（Balangingi）以及婆罗洲（Borneo）的海上达雅克人（Sea Dayak）等马来海洋民族就有这样的名声：如果伪装与欺骗的手段没能奏效，他们便会用这种方式无情地攻击他们遇到的几乎所有舰船，而且绝对不会饶过船上任何一个欧洲人的性命，无论这些欧洲人是否抵抗。"几乎所有"是指他们通常会避开那些于 18 世纪晚期到 19 世纪向中国运送鸦片的大型帆船以及装备精良的东印度商船[124]，这可能是英格兰航海家兼作家乔治·温莎伯爵（George Windsor Earl）为什么会——带着他那个时代典型的帝国主义偏见——认为他们"懦弱而残忍"[125] 的缘由，他曾在 1832—1834 年航行前往东南亚，在新加坡一带遭遇过马来海盗。至于其他类型的船只，一旦航行经过这片海域，就必须得提防这些海盗，他们的舰队有 30—40 艘快速桨船——称作"马来快船"（prahu）①，每艘船上载有 100—150 名全副武装的战士，配有一些加农炮以及可旋转的火炮。[126]

如果马来海盗选择进攻，他们通常会先用己方的几十艘船从四面八方将猎物围住，同时开炮，通过击毁船舵或者击落帆樯、索具等手段制服目标。[127] 在一些情况下，如果风向有利，个别运气特别好的船可以设法甩开追赶者，从而逃脱。而在另一些情况下，如果恰好附近有战舰，那么它们也可以赶来救援。例如，1838 年 5 月，一艘中国大帆船正被六艘大型伊拉农快船追逐，海盗船顶着炮火快速逼近。英国单桅帆船"狼王号"（HMS Wolf）的出现救了这艘中国大帆船，更重要的是东印度公司的蒸汽外轮船"戴安娜号"（Diana，开启蒸汽时代的先驱之一）的出现。"戴安娜号"航行不依赖风，它可以随意超越马来快船，迅速地将整个海盗舰队及其船员送下深深的海底。[128] 但是，像这样运气绝佳的脱逃很少见，大多数时候马来快船都能追上逃跑的舰船。接着，伊拉农海盗便开始

---

① 马来快船：在英语中亦有"proa"的写法。本书一般将其译作"马来快船"。

朝着这些倒霉船只的甲板扫射，一边精确操控滑膛枪的射击方向，一边向目标扔出抓钩，以便将其拉近、防止其脱逃。登船时，他们用长矛和坎皮兰剑（kampilan，一种单刃剑）砍杀守卫，一边发出"惊人的喧闹声，他们大声喊叫着，处于一种吓人的有点恍惚的状态……交战时发出的尖声嚎叫，常常让那些缺乏纪律、训练不足、拿钱办事的商船船员心生恐惧，以致他们保护不了自己，也保护不了他们的船只"[129]。

图 6 一艘典型的中国大帆船

有时候，船员们眼看着海盗将要登上自己的舰船，非常清楚一旦活着落入海盗手中，迎接自己的会是什么样的命运，于是他们便会孤注一掷。1806 年，一艘商船在邦加海峡（Straits of Banka）遭到 40 艘马来快船的围攻。它的荷兰船主们意识到，抵抗是徒劳的，死亡是必然的，于是便冷静地等待着数十名海盗爬上船，然后将自己的船炸毁了——大概是朝火药库开了一炮。[130] 此类极端的自杀行为似乎并不少见，也算不上新鲜。17 世纪的波斯手抄本《苏莱曼之船》（*The Ship of Sulaimān*）的作者们就曾毫不含蓄地称赞过西方人，或者用他们的说法，叫作"法兰克人"（Franks）：他们宁愿被烧死在船上，也不愿向海盗投降——不过，他们误以为这是法兰克人在国王命令下的长期准则。[131]

　　说到海岸袭掠，维京人和倭寇所使用的那种"打砸抢"式攻击仍然是高级海盗活动的一部分。在地中海，基督徒和穆斯林的私掠海盗依旧像过去的几百年一样互相袭掠对方的海岸地区。不过也有少许例外，基督徒私掠海盗通常不会离开地中海水域，而部分更有野心的巴巴里私掠海盗则走出地中海，骚扰英格兰、爱尔兰甚至远至冰岛等地的沿海地带。小穆拉特·雷斯（Murat Reis the Younger）就是这样一位私掠海盗。他本名扬·扬松（Jan Janszoon），1570 年左右出生于尼德兰的哈勒姆（Haarlem），1600 年作为一名荷兰私掠者开始了海上生涯。1618 年，他在兰萨罗特岛（Lanzarote）① 海岸被阿尔及尔私掠海盗劫持，随即便皈依了伊斯兰教［或者按照西方基督教世界的通用称呼，叫"变节的土耳其人"（turned Turk）］，以穆拉特·雷斯的新身份继续他的私掠生涯。他非常熟悉北海的情况，因此把那里变成了他最喜欢的狩猎场，甚至还把布里斯托尔海峡（Bristol Channel）的兰迪岛（Lundy）作为他的前哨基地，在此至少待了五年之久（1627—

---

　　① 兰萨罗特岛：位于大西洋中的加那利群岛的东北端，距非洲海岸 125 公里。今属西班牙。

1632）。他最为人知的一次袭掠，是在 1631 年 6 月 20 日洗劫巴尔的摩。巴尔的摩曾经是一处臭名昭著的海盗巢穴，但在这个时候它只是一个英格兰移民聚居的普通小渔村。约有 107 名不幸的村民被掳走以贩卖为奴，随后雷斯的船队逃之夭夭，未受到皇家海军专门建造的海盗猎手"老五崽子号"（*Fifth Whelp*）的干扰，后者在关键时刻似乎并没有做好出海的准备。[132]

16 世纪 50 年代以来活跃于加勒比海的早期法国私掠者的两栖侵掠行动，以及 17 世纪加勒比海盗的袭掠行为，都属于"打砸抢"式攻击。它们产生的影响也都同样有限：尽管对聚居于沿海地区的民众来说非常痛苦，对于相当一部分当地居民来说甚至是致命打击，但是几英里外的生活一切如常。这种恐惧大体上只能被间接感受到，就像曾经在林迪斯法恩所发生的那样。亚历山大·埃克斯梅林描述过几次这样的小规模加勒比海盗袭掠——其中有一次发生在17 世纪中叶，发动袭掠的是七八艘划艇，领头的是一位叫作约翰·戴维斯（John Davies）的船长。他的小船队在古巴东北海岸来回航行，期盼能遇上一支难得的西班牙运银舰队，但是一无所获。最后，他们来到了位于佛罗里达东北的大西洋海岸的小城圣阿古斯丁（San Agustin）。当地居民成功地逃进了城堡里。在那里，他们和少得可怜的城堡卫戍士兵无助地看着自己的家园被洗劫、焚毁。[133] 埃克斯梅林没有明确说明掳获战利品的数量，不过肯定不会太多：沿海的小城镇都格外穷。另外，当海盗到来时，很多居民有足够的时间带上财物逃进深山或者丛林。正因如此，人称"海盗典范"（epitome of the buccaneer）[134] 的亨利·摩根爵士也没能在 1671 年对巴拿马发动的那场著名袭掠中获得他想要的战果。他在入侵之后，被迫在阵地战中击退了西班牙守军组织的数波猛烈反击；顶着敌军严阵以待的大炮炮台和神枪手们持续不断的火力压制，摩根爵士"每前进一步都有弟兄倒下"，直到他手下的火炮"将最后几名西班牙炮手炸成碎片"。[135] 结果，他懊恼地得知，他想要的那笔金银当中的大部分，在他逼近巴拿马城的时候就已经被匆忙运走了。与此相反，加勒比海盗洛朗斯·德格拉夫（Laurens de Graaf）、尼古拉斯·范霍恩（Nicholas van Hoorn）和米歇尔·德格拉蒙（Michel de Grammont）在 1683 年 5 月对墨西哥湾的韦拉克鲁斯（Veracruz）所发动的一场很类似的袭掠中则收获颇丰。大约 1200 名海盗乘坐五艘大型舰船和八艘较小的船艇登陆之后，迅速压制了城内守军，击溃了仓促召集的民兵。因此，当地居民没有足够的时间来掩藏或是转移财产。战利品相当可观，每个海盗都分到了 800 枚西班牙银元（换算成今天的货币，约合 2.1 万英镑或 2.8 万美元）。这算是相当不错了，在那个年代，加勒比地区的海盗每次成功的出海劫掠平均只能拿到 10—20 英镑（等同于 30—60 枚西班牙银元）。[136]

大约一个世纪之后，郑一嫂领导的海盗联盟也曾经侵掠过沿海的城镇村庄。亲历者理查德·格拉斯普尔（Richard Glasspoole）详细描述了一次发生在 1809 年秋的袭掠，他是"伊利侯爵号"（*Marquis of Ely*）上的一名英格兰水手，曾在珠江河口被中国海盗俘虏。格拉斯普尔记述了海盗舰队在前一天晚上于目标城镇附近下锚，然后在次日清晨发动袭击的过程。海盗们"大声叫嚷，手执利剑，冲进城里。居民们逃进了附近的山里……逃不了的老弱病残和坚持抵抗的人，不是被掳走就是被惨无人道地杀害了！小船持续不断地在大帆船和海岸之间往返，一艘接一艘，满载着战利品。这些人身上沾满了血！250 名妇女和少量儿童成了俘虏……城里值钱的东西被洗劫得一干二净，城市被付之一炬，一上午就烧成了灰"[137]。

东南亚海域的勇者海盗们，比如说前文提到过的伊拉农人、巴兰金吉人和海上达雅克人，以及布吉人（Bugis），也会对沿海聚居点发动类似的袭掠。婆罗洲沙捞越（Sarawak）的拉者①詹姆斯·布鲁克爵士（Sir James Brooke，1803—1868）是他们同时代的人，也是他们的宿敌。他指出，这些海盗的活动范围北至菲律宾，东南至巴布亚岛（Papua），向西一直到马六甲海峡和泰国湾。[138]谈及这些袭掠对婆罗洲造成的人口损失时，布鲁克写道："婆罗洲每年被掳为奴隶的人口数目庞大，因为在纳闽岛（Labuan）附近通常会有一支包括六艘或者八艘船艇的舰队在巡航，它会切断贸易路线，强掳城市居民。"[139]这些沿海地区的居民对于从东方吹来的季风——它们也会将海盗带到自己的家园——有一个生动的称呼："海盗风"（pirate wind）。

嫖妓、饮酒和赌博

有很多可信的史料记录过海盗对暴力的嗜好，即便他们早已从激烈的战斗中平静下来，仍然会对冷血的残杀情有独钟。不过，单纯地讲述一些令人毛骨悚然的故事，并不能帮助我们进一步了解海

---

① 拉者（rajah）：又译拉惹、罗阇，东南亚、南亚部分地区对于君主的称呼，源自梵语，亦用于印度教、佛教中部分神明的称呼。

盗的所作所为，或者他们为什么要这么做：常常是因为战利品和他们对"快乐生活"（merry life）的渴望。

到底什么东西才算是战利品，取决于海盗类型的不同。例如，对于地中海的私掠海盗和东南亚的伊拉农人、巴兰金吉人来说，除了船上的货物，船上的乘客和船员也是战利品，可以拿他们换赎金或者贩卖为奴。而其他地区的海盗，例如加勒比海盗，则主要关心船上的货物，只有在那些出身良好的官员和乘客的家人多半有可能负担得起赎金时，才会掳走他们。典型的货物通常包括糖、盐、香料、葡萄酒、朗姆酒、成匹的绸缎、成匹的棉布、柚木、猪肉、奶酪、鱼、烟草和其他货品，取决于船只被袭击的位置以及商船的商业性质。在亚洲水域，海盗劫掠的大部分是船上装运的稻米；而在非洲沿海，货物多半还包括托运的奴隶。被海盗俘获的奴隶跟其他货物一样，会在合适的港口卖掉。几乎不会有奴隶会被邀加入海盗队伍。毕竟海盗和当时的其他人一样，抱持着相同的偏见，肯定也不是如一些有浪漫倾向或者修正主义思想的作家所认为的什么"海上罗宾汉"之类的人物。除此之外，海盗还会依照惯例拿走俘虏身上的一切航海用具、枪械、兵刃、弹药和火药、船帆索具和绳索、备用的钉子和木板，以及任何其他的可以拿走的东西。有的海盗船长期远离那些比较友好的沿海地区和港口而活动，这就意味着他们必须及时补充库存，并尽可能地实施维修作业，尤其是船只受到严重损伤时，毕竟对于那些不愿意不战而降的目标，一场激烈的战斗是不可避免的。

常见的船载货物都平平无奇，这其实也表明，尽管海盗们满怀期望，但是他们当中的大多数人并没能在海盗生涯中大发横财。正如我们所见，17 世纪活跃于加勒比地区的普通海盗，每次出海可以赚到大约 10—20 英镑的分成；[140] 而皇家海军一名经验丰富的海员，每三个月可以赚得 2 英镑酬劳。这么看来，考虑到航行时间的长短，一名普通海盗的收入至少比诚实工作的海员多五倍。还不赖。但是，在罗亚尔港、托尔蒂岛和澳门等物价高昂的海盗港湾，这并不足以过上令人垂涎的“快乐生活”。可见，这种生活方式只有那些撞了头彩的海盗才负担得起，捕获一艘——相对来说也很少见——运送成箱的金银、钻石、绿宝石、红宝石和其他珠宝的珍宝船，得有十足的好运气才行。埃弗里捕获“无上珍宝号”就是这样一出意外。另一出意外发生在 1720 年 8 月 18 日，“火龙号”（*Fiery Dragon*）船长、英格兰海盗克里斯托弗·孔登特（Christopher Condent，生于 17 世纪 90 年代，死于 1770 年）在这一天战胜了一艘前往吉达的珍宝船，船上装载了大量财物，包括大量金币、宝石、香料、药物和上好的瓷器、玻璃和丝绸，总计价值 15 万英镑（换算成今天的货币，约合 2.95 亿英镑或 3.75 亿美元）。[141] 对于孔登特和他那帮幸运的船员来说，“快乐生活”终于来了。加勒比海盗船长罗什·布拉西利亚诺① 的快乐就没有持续太长时间，尽管他曾俘获一艘西班牙珍宝船，抢得大量黄金。“依照他们的习惯，”埃克斯梅林叙述道，船员们——

---

① 罗什·布拉西利亚诺（Roche Brasiliano）：字面意思为“巴西人”罗什，他曾被长期流放至巴西。他因亚历山大·埃克斯梅林对其海盗生涯的记录而闻名于世，但埃克斯梅林并不知道他的本名。

在几天时间里就把所有的钱在小酒馆和妓院里挥霍一空了，享受着各式各样放荡的生活，沉浸在妓女和美酒之间。［他们］一晚上能花两三千西班牙银元，到了早晨，有时候身上连一件像样的衬衫都没有……我见过他们当中有一个人曾经给了一个长相普通的妓女 500 枚西班牙银元，只是想看她的裸体。[142]

3000 枚西班牙银元大约相当于今天的 8 万英镑——仅仅一晚上就挥霍掉这么一大笔钱，实在是不可思议。同样不可思议的，可能还有花上等同于 1.8 万英镑的巨款，只为了看一个裸体妓女。埃克斯梅林继续说道："在相似的情况下，我们的船长会买一整桶葡萄酒，摆在街上，强迫每个路过的人陪他喝酒；如果别人不愿意，他就拿手枪指着那人。有时候他会换成麦芽酒或者啤酒，不过做的事情还是一样的。"[143]

能够提供休闲娱乐场所的，并不是仅有罗亚尔港或者其他加勒比海盗港口，如托尔蒂岛或者巴哈马的拿骚。满足海盗和私掠者需求的港口到处都是，只要符合最低要求：处于繁忙的贸易航线上，而且当地政府对于名声可疑的人所携货物的来源并不在意。海盗和私掠海盗们经常光顾的各个地中海港口都奉行"不问任何问题"的方式，而这些海盗和私掠者也会像他们的牙买加同行一样肆意挥霍，追求快乐生活。私掠海盗阿隆索·德孔特雷拉斯在用尽他分得的战利品时，曾经恋恋不舍地说道："都归了我的情人。"[144] 在 18 世纪，海盗们也会光顾中国港口，尤其是澳门（中国版的罗亚尔港或者托尔蒂岛），他们"会把时间都花在鸦片烟馆、赌场和妓院里。［沉迷于］斗殴、嫖妓、赌博、酗酒和抽鸦片，花钱的速度跟赚钱一样快"[145]。对于那些一夜暴富的幸运儿来说，经典的快乐生活也都是一样的——只不过，他们还能额外享受到当地的特色项目：鸦片。

但是，在这些港口生活也有不利的因素。这里到处都是凶悍的罪犯，他们会在酒馆、妓院和赌场花上好几天甚至是好几个星期的时间，这使得这些海盗港口成了非常危险的地方。路易·勒戈利夫就记录过他见到过（并亲身参与的）一系列发生在托尔蒂岛——这是加勒比海盗和强盗们偏爱的避风港——的决斗，以及动不动就爆发的、由酒精刺激的致命械斗。他认为，他必须要随身带着武器：

> 当时［1678—1679］，不带上全套武器就外出散步，是非常不明智的。除了长剑不离手之外，我还总是带着佩剑、几把匕首以及四支上膛的手枪。必须承认，这样的国家根本不适合像我这样一直试图保持善意的人驻足。[146]

他将这种情况归咎于加勒比海盗和强盗们自身的变化：

> 由这些事情可以看出，海盗们已经不再是他们以前的样子了。来自世界各地的许多流氓无赖，无论男女，都混入了我们当中；而相当一部分勇敢诚实的人离开了托尔蒂岛，移居到了大陆……岛上只剩下二流人士。[147]

不过，此类"避风港"对于那些社会不法分子有一定的吸引力，这一点无须惊讶。澳门的情况也是如此，大量的赌场和鸦片烟馆也助长了犯罪活动，损害了守法平民的利益。

海盗生涯如何终结

　　一个人的海盗生涯能够持续多久？又是如何结束的？毕竟，不是所有的海盗都会死于非命，有些人只是不再参与海盗活动，回归到算得上本本分分的平民生活。在我们现在讨论的这几个世纪当中，典型的海盗生涯可能会相当短暂。捕获了"无上珍宝号"的亨利·埃弗里只在 1694—1696 年当了差不多两年海盗。如此短暂的海盗生涯绝不是孤例："黑胡子"爱德华·蒂奇在丧命之前，只活跃了两年左右（1716—1718），而威尔士海盗巴塞洛缪·罗伯茨当了三年（1719—1722）海盗，和托马斯·图（1692—1695）、爱德华·洛（Edward Low，1721—1724）、"棉布杰克"约翰·拉克姆、安妮·邦尼和玛丽·里德等几位英格兰海盗以及葡萄牙海盗巴尔托洛梅乌·波图格斯（Bartolomeu Português[①]，1666—1669）一样。"维达号"[②] 船长"黑山姆"贝拉米（"Black Sam" Bellamy）只当了一年半海盗（1716 年初—1717 年 4 月）。当然了，也有许多游荡海上十年甚至更久的海盗，比如中国海盗女王郑一嫂，她活跃

---

　　① "Português"在葡萄牙语里就是"葡萄牙人"的意思。他是最早为海盗活动确立准则的海盗之一，他所创立的规则被巴塞洛缪·罗伯茨等后世海盗遵守，称为"海盗法典"。

　　② "维达号"（Whydah）：一艘大型桨帆船，原属英国，主要用于欧洲—加勒比海—西非的三角贸易，得名于西非重要奴隶贸易港口维达（Ouidah，现属贝宁）。该船于 1717 年 2 月被"黑山姆"贝拉米劫为旗舰，4 月便沉没，贝拉米的海盗生涯因此终结（详见后文）。1984 年，探险家巴里·克利福德（Barry Clifford）打捞到一口刻有"THE WHYDAH GALLY 1716"的船钟，并陆续发掘出一系列物品，"维达号"因而成为历史上第一艘有实物证实的海盗船。

了差不多十年（1801—1810），而海霸王乌石二同样靠劫掠过活了十年左右，直到他在 1810 年被抓获。其他劫掠多年的海盗还有绰号为"小恶魔"（Diabolito）的古巴海盗，他的海盗生涯持续差不多十年，直到 1823 年为止。此外还有非洲海盗黑凯撒（Black Caesar），从 18 世纪初开始活跃了十几年。但总的来说，至少西方以及加勒比海盗相对短暂的海盗生涯，阐释了他们的座右铭："及时行乐"（a merry life, and a short one）——这句名言可以追溯到巴塞洛缪·罗伯茨。

大多数西方海盗生涯相对较短的原因是多方面的。有些海盗，比如埃弗里，很快就大赚了一笔，然后便明智地提前退出了海盗世界。另外一些人则被特赦，摇身一变成了海盗猎手，比如亨利·梅因沃林爵士和亨利·摩根爵士；有几十名海盗曾经充分利用了大赦天下的机会。尽管累犯率很高，而且很多海盗——比如约翰·拉克姆和斯特德·邦尼特——一旦钱花光了，就又重新回到了海上，但还是有相当多的海盗抓住了这个黄金机会金盆洗手，他们当中有许多人已意识到，海盗世界的血腥现实跟他们梦想中的"快乐生活"有着天壤之别。被赦免的海盗通常可以保留掠得的赃物，也可以坦然地开始新生活，不必担心恢恢法网的制裁。在这类赦免当中，有一个非西方海盗被特赦的例子，即 1810 年，中国海盗女王郑一嫂和她的情夫张保率领帐下数百人，有条件地接受清廷官员的招安。郑一嫂在被招安后，享受着"平静的生活，同时还经营着一处臭名昭著的赌场"，最后于 1844 年去世，时年 60 岁。[148] 郑一嫂的海盗生涯持续将近十年，她从一个妓女跃升为海盗头子郑一①的妻子，并在 1807 年郑一死后，成功地确立了自己的继任者地位，最后成为一个拥有 4 万—6 万人和 400 艘大帆船的海盗联盟的领袖。[149]

加勒比海盗船长路易·勒戈利夫是一名手握合法私掠许可证的"特许"海盗，他利用法国国王路易十四（Louis XIV）和西班牙国王卡洛斯二世（Charles II）于 1678 年和 1679 年在奈梅亨（Nijmegen）签订和平条约的机会，准备金盆洗手。虽然他手下的很多私掠海盗和强盗都无视了这突如其来的和平，成了"真正的"海盗——毕竟他们现在没有有效的许可证了，勒戈利夫并不打算效仿他们。但是，因他对战利品的分配而引发的频繁争论，还是对他产生了影响：除了进行决斗（他当然是毫不意外地赢了）外，还包括给他下毒，让他病倒。和其他动荡的时代一样，这次的和平也转瞬即逝，勒戈利夫收到邀请，请他再次作为一名有合法授权的私掠者重新出海，袭击南方海域的西班牙属地，不过要听命于洛朗·德格拉夫（Laurent de Graff）将军。然而，他拒绝了：

> 首先，是因为［德格拉夫］被任命为统帅，我找不到任何让我担任此职的原因；其次，是因为这个计划所依赖的前提，在我看来，于某些方面是欠考虑的，会有发展成海盗活动的危险；最后，是因为我非常有钱，我不愿意拿这些钱冒险，更不用说拿我的生命去冒险，去获得更多的钱。[150]

———————————

① 郑一是张保的义父。

他觉得托尔蒂岛已经不再安全了，于是便回到了法国，从此在历史中销声匿迹：他自传的最后几页在一场大火中被烧毁。

就像无数商船海员一样，很多海盗也死于海难。"黑山姆"贝拉米和他的145名船员便是这样的下场。1717年4月26日，他们遭遇了"东北风暴"（nor'easter）——一种东北风吹来的气旋——除了2名船员外，其他所有人都淹死在鳕鱼角①附近。贝拉米身亡时年仅28岁，他留下的名声可谓非凡：古往今来最成功的、掠得钱财最多的海盗。在他15个月的海盗生涯中，他捕获了50多艘舰船，赚得的钱财换算成今天的货币约合9200万英镑。[151]另外一些海盗虽然在海难中幸存，却在岸上被生擒并处死，比如在法国海盗弗朗索瓦·奥隆奈（François l'Olonnais）的海盗生涯早期，他的船员们便遭遇了这样的命运。船只在墨西哥湾的坎佩切（Campeche）附近搁浅后，船员们涉水上岸，结果遭到一队西班牙士兵的攻击。除了奥隆奈本人装死躲过一劫外，其他人都被杀了。[152]还有一些海盗的生命终结在绞刑架上，比如说基德船长（1701年）和"棉布杰克"拉克姆（1720年）；有的被斩首，例如乌石二（1810年）；有的是战死，像是托马斯·图（1695年）和"黑胡子"爱德华·蒂奇（1718年）。讽刺的是，恰好就在托马斯·图——他掠得的钱财数量在海盗史上排第三，换算成今天的货币大约相当于7800万英镑[153]——战死的那场海战中，埃弗里及其船员们攫取了想都不敢想的无上财富。托马斯·图的腹部被"法

---

① 鳕鱼角（Cape Cod）：位于今美国东北部马萨诸塞州，是一处伸入大西洋的半岛。

塔赫·穆罕默德号"射来的一发炮弹撕开了一道口子，尽管他竭力阻止自己的内脏流出来，但还是因伤势过重而亡。奥隆奈也没能善终，他死于1669年，但不是战死：从巴拿马达连（Darién）海岸的一场海难中死里逃生后，他被一个当地部落俘虏了，而在这个部落眼里，西班牙殖民者和加勒比海盗都是敌人。埃克斯梅林记录了这位令人胆寒的加勒比海盗的最终下场：部落民众"把他活活扯成碎块，把他的肢体一块一块地扔进火中，然后把他的骨灰抛向风中。为的是不让这么一个臭名昭著的嗜血恶兽留下一点点痕迹和记忆"[154]。

跟海盗们相比，他们那些持证上岗的同行——私掠者和私掠海盗——在职业生涯中活命的概率要稍微大一些。当然，他们和海盗们一样，也要冒着在战斗和海难中丧生的危险，但是由于受到私掠许可证的保护，他们在被敌人俘虏后通常不会被处决，更有可能被视为战俘关押起来，或者像在地中海一带的习俗一样，被发配到桨帆船上划桨。过一段时间（个别情况下，可能要数年之久），他们便会被赎回，或者在战俘交换时被换回来。如果能在危险的职业生涯中幸存下来，他们便可以光荣退休，回到自己的社会中，过上上流而体面的生活。西班牙私掠海盗阿隆索·德孔特雷拉斯（1582—1641）是在床上平静地去世的，法国私掠海盗勒内·迪盖－特鲁安（1637—1736）和罗贝尔·叙尔库夫（Robert Surcouf，1773—1823）的结局也是如此。弗朗西斯·德雷克爵士作为伊丽莎白一世女王麾下最成功的私掠者，在55岁时死于痢疾，当时他的船正停泊在巴拿马的波托韦洛（Portobello）。他的私掠生涯持续了三十三年，从1563年直到1596年1月28日。有着"海盗之王"

称号的私掠海盗约翰·沃德设法从惊险的海上生活和对海上生活的深沉热爱中幸存了下来——一位英格兰水手在 1608 年拜访过他，描述了他如何少言寡语，"几乎总是在咒骂。他从早晨喝酒喝到晚上……在海水里讨生活的人都有这习惯。这一行当把他变成了一个傻瓜和白痴"[155]。1612 年左右，他在旅居突尼斯时退休。在那里，他过着有点奢靡的生活，直到 1622 年死于瘟疫。在他弥留之际，有几位老船长陪伴着他，他们跟他一样，是"变节的土耳其人"。

洗白的海盗仍有危险

不光是私掠者，在某些情况下，就连海盗也会被看作"不体面的外交政策工具"，是不宣而战的海上游击队，因此，从中获利的国家并不总是热衷于遏制他们的活动，尽管它们也会就海盗和私掠者的问题发表冠冕堂皇的声明。但有时候，它们还是会施行强硬的政策，或是因为新登基的君主希望如此，比如说英格兰的詹姆斯一世；或是因为海盗问题还不算严重。但对于从海盗活动中获利的国家来说，海盗可能从小麻烦变成巨大的威胁，例如英格兰和西班牙在 1670 年 7 月签订《马德里条约》（*Treaty of Madrid*）之后所发生的事情。条约规定，英格兰颁发的所有私掠许可证都必须被收回，以此交换西班牙对英格兰在加勒比海属地的承认。在这样的时期打击海盗活动，通常会使用一种"胡萝卜加大棒"的政策，一方面通过大赦和个人特赦来鼓励海盗们改过自新、金盆洗手，另一方面，一旦他们落网，便会遭到法律铁拳的全力惩处。说到后半截的"大棒"，当权者们总是会公开处刑那些臭名昭著的海盗，以便向普罗大众尤其是海员们逐渐灌输恐惧，以防止他们走上海盗之路。从某种意义上说，海盗对其受害者施加的犯罪恐怖，以国家恐怖的形式受到了报复。[156]

然而，针对海盗的国家反恐行动只有在海盗就擒之后才能施行，但擒获海盗却是很难达成的。这就需要用到另一项政策——"胡萝卜"。通常来说，"胡萝卜"政策只会用在少许特定的恶名昭彰的海盗船长身上：给他们机会变成海盗猎人，保护国家的海岸线和水域，詹姆斯一世麾下的亨利·梅因沃林爵士就是如此。在他继位之前，英格兰王室对待海盗活动的态度实际上是非常消极的。正如我们看到的，受命打击海盗活动的官僚，常常会因为个人利益而对海盗活动睁一只眼闭一只眼，而王室本身对海盗活动的容忍则有其他多方面原因——尤其是当这些海盗活动发生在遥远的水域，而且其目标是英格兰的竞争对手时。[157] 詹姆斯国王的统治则逐渐结束了这种对海盗睁一只眼闭一只眼的局面。詹姆斯深知自己的海军上将和总督们对于打击海盗没什么热情，所以他在寻找一名愿意转变为海盗猎人的海盗。很快，在机缘巧合之下，他发现了一位合适的人选，这就是亨利·梅因沃林爵士。受过良好教育的梅因沃林曾经在牛津大学著名的布雷齐诺斯学院（Brasenose College）就读，并在伦敦的内殿律师学院①学习过法律，之后才在1612年开始海上生涯，成为一名海盗，时年25岁。[158] 他与伊丽莎白时代的前辈们相比，

---

① 内殿律师学院（Inner Temple）：全称尊贵的内殿律师学院（The Honourable Society of the Inner Temple），是英国伦敦四所律师学院之一，学院得名于圣殿骑士团。

有两个明显的不同点：第一，他不像德雷克或者雷利那样以"国家授权的"海盗的身份为君主效力，他只为他自己效力；第二，他出海的母港不是英格兰港口，而是拉马穆拉（直布罗陀海峡外的一处摩洛哥据点），他在那里猎捕荷兰、法国、葡萄牙和西班牙船只。梅因沃林刻意避免攻击英格兰舰船，他在写信给詹姆斯一世请求赦免时宣称，如果他也猎捕英格兰舰船，至少可以多获利 10 万英镑。[159] 不对英格兰舰船动手的原则，当然更容易得到詹姆斯国王的赦免。1616 年 6 月 9 日，国王赦免了梅因沃林。

尽管国王的赦免条款并没有规定梅因沃林必须成为海盗猎人，但这位心怀感激的前海盗还是自愿担当起了这一角色，在赦令颁布之后便继续"镇压每一个恰好遇上他的海盗"——包括一个"土耳其海盗"，梅因沃林发现他的船停泊在泰晤士河上，"因为河水涨到跟利 ① 一样高"——以此表达自己的感激之情。[160] 不过，"陛下的新仆从"（他在请求赦免的信中如此签名）对猎捕海盗做出的主要贡献是在其他方面：1618 年初，他向国王呈递了一篇题为《论海盗的起源、概况和镇压》（*On the Beginnings, Practices, and Suppression of Pirates*）的论述文章。与他在 1616 年积极参与海盗猎捕活动的相比，这篇文章的重要意义更加深远，为他打开了进入骑士阶级的大门，让他晋升到海军中将（vice admiral），并最终使他成为议会议员。

这篇论述文章共分五个章节，第一章叙述了一个普通的英格兰海盗是如何走上这条路的（办法就是偷一艘合适的船，正如前文所

---

① 利（Leigh）：即滨海利（Leigh-on-Sea），位于泰晤士河入海口。

述），他是如何了解这门新营生的，以及有利环境在这方面起了什么作用。虽然专门提及了爱尔兰，但梅因沃林指出，英格兰在海盗活动中扮演着更重要的角色，因为"这里有更多的港口和航运，还有更多的船员"[161]。第二章针对普通海盗的心态提出了有趣的见解：按照梅因沃林的说法，船员们知道一旦落入法网，通常只有船长才会被绞死，而他们则会逃过一劫，付出的无非是"一段慵懒的牢狱生活罢了，与其说会对他们造成什么痛苦，倒不如说是让陛下平添了一份支出，因为他们一生中的大部分时光都是在一座移动的监狱（也就是他们的船）里度过的"；因此，梅因沃林建议，应该在夏天把这些人送上桨帆船做奴隶，而在冬天则派他们去修补城堡和沿海防御工事。[162]这种处罚方式后来成为地中海一带通行的做法。针对如何处理那些宣称自己是被迫劫掠的海盗的问题，他也提出了建议：

> 在这种情况下，如果既不想惩处无辜之人，也不想让有罪之人脱罪，［愚以为］办法就是判决所有人都有罪，直到有证据可以证明……他们分得的赃款或者劫掠货物是否超过了他们的吃穿用度所需，一旦超过了，他们便肯定是跟海盗头目一样主动参与了劫掠，而且应该和海盗头目一样被判有罪。[163]

第三章较短，论述的是海盗的战术。文中仅针对一些众所周知的基础战术提出了浅显的见解，比如说悬挂假旗帜或者拖拽一些东西来掩盖船只在满帆时的真实速度。这让人觉得，这位前海盗还是藏了不少王牌，小心翼翼地尽量不泄露太多信息，大概是怕万一有朝一日他再次走上海盗之路时,会被用来对付他自己。第四章长一些,有16页,主要是关于海盗港口和码头的详细信息,从突尼斯、的黎波里、阿尔及尔和摩洛哥的塞拉等沿海城市,到环境适宜的河流、海湾,抑或是西地中海一带无人海滨的宁静小海湾,乃至大西洋中的亚速尔群岛、加那利群岛和纽芬兰岛的海岸,以及英格兰、苏格兰和爱尔兰的滨海地带。在最后一章,针对如何遏制海盗活动的问题,梅因沃林提出了他的建议。"他成功过了河之后,就开始拆桥了。"[164] 梅因沃林从皇家特赦中获益之后,强烈反对这种宽大的处理方式:"下一步,断绝他们所有的希望和勇气,陛下必须下定决心,绝不赦免任何罪行。至于那些已经落网或者将要落网的人,要把他们全部处死,或者让他们成为奴隶。"[165] 幸亏詹姆斯国王没有完全听从梅因沃林的建议,反而宽恕了很多海盗,他们靠着国王赦令才没免受绞刑。

亨利·摩根爵士是另一位摇身变成海盗猎人的海盗。在其加勒比海盗生涯的末期,摩根一度在1671年被关进监狱,就在他洗劫了巴拿马之后不久——而《马德里条约》已经签订六个月了。但摩根设法说服了法庭,使其确信他在出海前往巴拿马时还没有听说和约签订的事情,因此未被起诉,反而在1674年1月被指派为牙买加代理总督,并在同年11月被册封为爵士。但是,摩根的归顺相比梅因沃林来说,远远谈不上成功。虽然他的岗位职责明确包括了肃清海盗活动,但是他忽略了这些命令,反而把私掠许可证发给任何交得起钱的人——对于他来说,确实是一门收获颇丰的副业。有趣的是,他甚至试图让众多批评他的人闭嘴,这些人称他是堕落的嗜血海盗;他还以诽谤罪起诉了埃克斯梅林《美洲海盗》著作的出版商，这本书在当时非常流行并被广泛阅读。此事的结果好坏参半：摩根获得了200英镑以赔偿自己的损失，并得到了回收书籍的保证，但是这些书并没有被实际回收。无论如何，他作为一个海盗猎人其实只是走走过场：毕竟，眼前放着一只能下金蛋的鹅，比起直接宰了它，睁一只眼闭一只眼更加有利可图。

这就要谈到另一种在一方海上力量的协助之下打击另一方的尝试。正如我们在前文已经看到的，中国沿海受到的大型海盗侵袭是以倭寇的形式出现的，他们的袭掠导致明王朝在14—15世纪实施了灾难性的"海禁"。17世纪中叶，分崩离析的明朝正在逐渐被清朝所取代。[166] 面对势不可挡的满洲军队，明朝军队经历了一次又一次艰苦卓绝的战斗，导致朝廷对东南沿海失去了控制。因此，在1662年南明政权彻底灭亡之前，清王朝不得不采取一些极端措施，至少在那里维护些许法律和秩序。而具体的做法就是招安郑芝龙［西方多称其为尼古拉斯·加斯帕尔·一官（Nicholas Gaspar Iquan）①，这是他在年轻时于澳门皈依天主教后所取的教名］。郑芝龙在1628年左右被任命为海军统帅②，朝廷希望这个高官头衔加上（合法的）生财之道，能够收买到他对皇帝的忠诚。[167] 一开始，这个策略对于内忧外患的明朝来说似乎行之有效。截至1637年，郑芝龙依靠他的舰队——如今已经是明帝国海军的一部分——成功平定了中国南方整个沿海地区；与此同时，他也积累了更多的个人财富，招揽了更多的追随者。但是，从1636年开始，郑芝龙的势

①　一官（Iquan）：是郑芝龙的小名。
②　称"五虎游击将军"。

力日益强大。最终，在 1645 年左右，他实际上已经确立了自己"南境王"或称"闽海王"的地位——虽然是非官方的称谓。此时的南明政权已经对他无可奈何了：他的个人财富和政治影响力已经远远超过了南明朝廷，后者也明白，朝廷依赖郑芝龙甚于郑芝龙依赖朝廷。郑芝龙升了官，有一段时间确实是在用自己的钱财、舰船和士兵让南明苟延残喘，他尽一切可能并充分利用了他的官职。最后在 1650 年左右，他变节降清了。[168]

　　郑芝龙的长子郑成功（1624—1662）选择继续忠于南明政权。他在历史上更有名的称呼是"Coxinga"而非他的汉语名字[①]（这个头衔在汉语中写作"国姓爷"[②]）。与他同时代的人似乎都不确定该怎么看待他，也不确定该怎么称呼他："满洲人跟荷兰人认为郑成功是海盗，而英格兰人和西班牙人称他是国王。他的汉人同胞们两种称呼都有，这取决于他们的心情。"[169]确凿无疑的是，郑成功高举忠于明王朝的大旗，并于 1650 年和 1651 年间在广东一带与清军进行了一系列会战，他获得了中国南方沿海和台湾岛民众的广泛支持。从某种意义上说，清王朝助了他一臂之力：清朝颁布了一道比明朝的"海禁"更具有毁灭性的禁令，规定只要居住在离大海 30 英里（约 48 公里）之内的区域就算违法。清王朝（徒劳地）希望一片荒凉的敌对"无人区"来遏制郑成功。这项政策导致的结果就是沿海基础设施的大肆毁坏，从而迫使沿海居民大规模迁移。

---

① 当然，这是针对西方读者而言。

② "Coxinga"就是闽南语"国姓爷"的荷兰语音译，亦作"Koxinga"。郑成功本名郑森，由南明隆武政权赐国姓"朱"，赐名成功，故人称"国姓爷"。

　　"他的手下赶在满洲军队到达之前，把所有遗留下来的东西都翻检出来，把那些从废弃村庄里能找到的一切食物和补给全都带走。"[170] 郑成功还跟占据台湾岛的荷兰人开战，在围困荷兰人的主要据点热兰遮城①长达一年后，于1662年2月将荷兰人驱逐出台湾岛。这一决定性的胜利使郑成功成了中国的一位英雄。[171] 然而，回溯到17世纪，这场战争本质上来说是一场激烈的贸易战争。荷兰人在占据了马六甲（在今马来西亚）的多个港口城市和巴达维亚（Batavia，今印度尼西亚雅加达）之后，又于1624年在与已占据台湾的西班牙人的对抗中，赢得了在台湾岛的第一个落脚点。荷兰人逐渐占据了整个岛屿，1642年，一支荷兰远征队击败了最后一支西班牙军队。对于荷兰人来说，台湾岛是他们迈向中国大陆的跳板，他们迫切想要在中国大陆的沿海地区建立几处贸易据点，并修筑要塞进行保护。对于荷兰人的野心，郑成功宣称"巴达维亚、台湾和马六甲等地，是一个不可分割的统一市场，而我便是这片区域的主人。我不会允许［他们］篡夺我的位置"。[172] 不过，郑成功并没有太多时间享受打败荷兰人所带来的胜利喜悦：仅仅过了四个月，在1662年6月，他便因病去世了。

　　有些海盗在一些人眼里是海盗，在另一些人眼里则是英雄，比如印度海盗（或者说海军元帅）坎霍吉·安格雷。这次的历史背景是1680—1707年发生在印度的争霸战，交战双方是马拉塔联盟②和

---

　　①　热兰遮城（Fort Zeelandia）：又称奥伦治城（Orange City）、台湾城，现称为安平古堡，位于中国台湾台南市安平区。

　　②　马拉塔联盟（Maratha confederation）：又称马拉塔帝国，18世纪中叶达到鼎盛，疆域覆盖印度北部大部分地区，19世纪被英国殖民者所灭。

莫卧儿帝国。[173] 双方都是强大的陆权国家，但是海上力量薄弱，主要是小型轻便的武装舰船。马拉塔海军包括五十艘左右的盔状船（gallivat），这是一种类似于桨帆船的舰船，约 30—150 吨重；还有十几艘双桅或三桅的黑鸦船（grab）（这个名称从阿拉伯语的"渡鸦"一词演变而来），重量为 150—500 吨，装备有小口径侧舷大炮。为了保护己方海洋贸易航线，同时骚扰对方的船只，两个帝国都跟已经立足印度滨海地区的西方海洋强国结成了同盟：势力更强大的莫卧儿帝国与英国东印度公司以及荷兰人结成同盟；而马拉塔联盟则与在果阿（Goa）的日渐衰落但仍然不可小觑的葡萄牙人结盟。不过，在 1698 年，马拉塔人得到了坎霍吉·安格雷（1669—1729）的帮助，这位从事海洋贸易的当地富商拥有一支由装备较为精良的大型船只组成的舰队。[174] 安格雷被正式任命为海军元帅（sarkhil），指挥整支马拉塔海军，并获得了跟他职位相称的薪水。然而，西方海洋强国，包括严格意义上跟马拉塔人结盟的葡萄牙人，都认为他就是一个单纯的海盗。安格雷是一个忠臣，还是说他只是趁领主们忙于大陆交战之际，在果阿和孟买（Bombay）之间的沿海平原上创建自己的小王国，这是个值得讨论的问题。

最初，英国东印度公司和荷兰人作为莫卧儿帝国的主要海上盟友，似乎没把安格雷放在眼里，直到 1720 年，安格雷的舰队俘获了一艘驶往孟买的英国东印度公司小型商船。有点令人吃惊的是，考虑到英国东印度公司是莫卧儿帝国的盟友，也就是马拉塔人的敌人，安格雷针对英国东印度公司的动作看起来却是意料之外的："到底是什么事情激怒了他，导致他攻击英格兰人，这一点还不清楚，但是［在 1702 年］我们发现他向孟买发送消息，说要给英格兰人一个教训，让他们记住坎霍吉·安格雷这个名字。他说到做到了。"[175] 无论如何，从那时起，安格雷成了英国东印度公司公开的敌人。尽管英国东印度公司针对他的多处据点组织了数次海上征讨，其中有几次还是跟葡萄牙人联合进行的——葡萄牙人发现己方舰船也经常被劫——但是东印度公司仍然无法击败他。即使在1729年，安格雷死后，他的儿子们也继续卓有成效地骚扰着印度西海岸的海上交通线。直到1756年，他们的最后一处堡垒格利亚 [Gheriah，今维杰杜格（Vijaydurg）] 在东印度公司海军和马拉塔陆军的合力进攻下陷落。安格雷的长子图拉吉（Tulaji）曾接替安格雷成为马拉塔舰队的元帅，但由于变得更加独立，甚至连他的老雇主也认为他是个海盗了。[176]

在英格兰人、荷兰人甚至是安格雷名义上的盟友葡萄牙人眼里，他就是一个彻头彻尾的海盗，但是在马拉塔人看来，他是一位海军元帅，也是一位海上英雄。一些当代印度历史学家甚至把他塑造成"印度抗击欧洲帝国主义的勇士"[177]。如果有人查阅安格雷同时代的海军上尉克莱门特·唐宁（Clement Downing，英国东印度公司的一位海军军官）所做的记录，那么真相多半就藏在字里行间。安格雷至少在最初是代表马拉塔联盟，并经马拉塔联盟授权而为的。当他们忙于在陆地上跟莫卧儿帝国交战时，安格雷似乎已开始从私掠者转变为海盗。[178] 从他的经历当中，我们可以总结出加洛林帝国在维京入侵的时代就总结过的经验：对海盗而言，内战和随之而来的国家分裂，是大规模袭掠的重要推动力——最终还会占领土地、建立帝国。相较而言，雇用一个势力强大的前海盗来建立海上法律与秩序的策略，只对那些权力稳固、国家统一的君主有效。

而对其他所有人而言，这是一把双刃剑。

狩猎的猎人

无论是否雇用前海盗为海盗猎人，在海上对付海盗都需要付出巨大努力：毕竟，"蓝色彼岸"（blue yonder）广阔无边，而海盗的行踪捉摸不定。可部署用于猎捕海盗的战船数量相对较少，而海盗船的数量则更多，处于碾压地位，二者之间似乎永远都是不对等的。这种不对等在 18 世纪早期的皇家海军身上就得到了很好的体现。大多数英国读者应该都很熟悉这首脍炙人口的爱国歌曲："统治吧，不列颠尼亚！不列颠尼亚统治这片海洋！"[1] 然而，事实并非如此。至少可以确定的是，在 1650—1730 年皇家海军与西班牙、荷兰以及法国战船在群雄争霸的加勒比海域抗击海盗时，情况肯定还不是这样。如下数据可以说明皇家海军打击海盗所遭遇的困难：从 1716 年开始的十年时间里，英国海军总共投入的人力达到 1.3 万人，而 "1716—1718 年，在海上徘徊的英格兰裔美洲海盗有 1800—2400 人；1719—1722 年则有 1500—2000 人；而在 1723—1726 年，从 1000—1500 人下降到不足 200 人"[179]。但是，在这 1.3 万名皇家海军的水手中，只有一小部分可以投入到猎捕海盗的行动中，因为这仅是皇家海军的职责之一。因此，面对最初被派遣来消

---

① 歌名为《统治吧，不列颠尼亚！》（*Rule, Britannia!*），歌词为苏格兰诗人詹姆斯·汤姆森（James Thomson，1700—1748）的诗作，后由英格兰作曲家托马斯·阿恩（Thomas Arne，1710—1778）谱曲。

灭他们的零星几艘战船，海盗们玩起了"猫鼠游戏"。此外，很多战船略显迟缓，难以截击快速航行的海盗船，而且船体庞大，无法深入浅水追击海盗船。

猎捕海盗还依赖于对当地环境的深入了解：潜在的隐蔽地点、小岛、暗礁和浅滩、激流，以及天气和风向。以西班牙的"逆风舰队"（Armada de Barlovento）为例，尽管这支舰队的船只和海员数量都不多，但在16世纪中叶到17世纪中叶，在加勒比地区捕获过数十艘海盗船，就因为他们对目标海域的情况了如指掌。1594年，一支拥有三艘舰船和1300名船员（包括水手、炮手和陆战士兵在内）的西班牙"小舰队"（armadillo），在秘鲁海岸附近经过三天史诗般的激战后，成功俘获了大海盗理查德·霍金斯爵士（Sir Richard Hawkins，约1562—1622），他是伊丽莎白一世麾下最著名的"绅士冒险家"之一。霍金斯此前已经在海上漂了接近一年，一直在侦查西班牙在加勒比地区和西属美洲（即今天的拉丁美洲）的大西洋及太平洋沿岸地区的防御情况，试图找出其中的薄弱环节，以便伺机对海上（商船）或者沿海地区（港口城市与村落）的目标进行抢劫、掠夺。就在这个时候，他撞见了这支西班牙海军分队。霍金斯自己的船"精致号"（Dainty）只有70名船员，远远少于对手。他后来这样写道："双方的战斗十分激烈，大炮和滑膛枪从未停止。"最后，西班牙小舰队取得了胜利，霍金斯坦率地承认：

> ［我们的］帆被撕裂了，桅杆也断了，抽水机裂了口子，被打成了碎片，而我们的船在吃水线以下中了14发炮弹，货舱里的水有七八英尺深；我们当中很多人战死了，活下来的也都受

了重伤……我们能做出的最好选择就是在船沉之前投降。[180]

在这些主动出击的反海盗行动中，西班牙人能够借助当地民众的航海技术——这里的"当地民众"指的是那些西属加勒比岛屿和西属美洲沿海地区（墨西哥湾、中美洲和南美洲北部的滨海地区）的居民。

有一次，通常只在地中海活动的西班牙私掠海盗阿隆索·德孔特雷拉斯也伸出过援手。1618 年夏天，菲利普三世（Philip III）国王任命他为一支小型舰队（包括两艘西班牙大帆船）的指挥官，并派他前往波多黎各岛（Puerto Rico）换防，当时，波多黎各遭到法国、荷兰和英格兰海盗持续的袭击。驻防期间，德孔特雷拉斯对一支拥有五艘舰船的英格兰舰队的出现保持高度警惕，这支舰队的指挥官是那个年代最著名的海盗之一——沃尔特·雷利爵士，西班牙人称其为"瓜特拉尔"（Guaterral）。后来，德孔特雷拉斯宣称，就是在那个时候，他下定决心要擒拿雷利。但是，当西班牙人最终遭遇瓜特拉尔的时候，时机并不理想。德孔特雷拉斯正在护送两艘手无寸铁的商船从波多黎各驶向圣多明各（San Domingo），而他的小舰队尚在港口内，还有一艘商船是在他还没出港时误入港口，算是增强了他的实力。尽管这三艘商船的船长极力反对，德孔特雷拉斯还是决定将自己本应保护的这三艘船武装起来，[181] 设下陷阱对付雷利：

当敌人看到我们时，我掉头就跑。但是逃跑的速度很慢，于是，没过多久，我们的敌人们便围了上来。突然，我掉转船头，开始进攻。他们还击了。由于他们操纵风帆的能力比我们强，因此可以随心所欲地缩短或拉远跟我们的距离。我没法打到他们。[182]

这场战斗看起来有点混乱：德孔特雷拉斯记录了滑膛枪射击，但是没有舷炮齐射。在西班牙人幸运地用一发滑膛枪击杀了一名英格兰船长之后，"他们才意识到我们不是商船而是战船，于是便离开了"，而德孔特雷拉斯想要俘获雷利的美梦也化作了泡影。[183]

虽然西班牙人通过招募当地忠诚的移民，能够在数量上让己方占到优势——至少是一定的优势——但在他们的全球帝国的其他殖民地，或其他殖民帝国试图清剿自己水域里的海盗时，这项措施很难执行。例如，从 16 世纪末以来，西班牙在菲律宾的反海盗行动以北部的吕宋岛（Luzon）为基地，目标是盘踞在南部的棉兰老岛及临近岛屿的伊拉农人和巴兰金吉人。然而这些行动总是无功而返，原因就在于船只太少，水手和士兵也太少，直到 19 世纪中叶，第一艘蒸汽船进入西属菲律宾海域。和十年前东印度公司的"戴安娜号"蒸汽外轮船一样，"麦哲伦号"（*Magallanes*）、"埃尔卡诺号"（*Elcano*）和"卡斯蒂利亚女王号"（*Reina de Castilla*）迅速地将大部分活跃在菲律宾海域的海盗驱赶殆尽。

人员单薄的葡萄牙人散布在其广阔的海洋帝国中，他们试图依靠勇猛的战斗精神和适时使用最残忍手段的名声，来弥补自己人数上的不足。荷兰人，或者更确切地说是荷兰东印度公司（成立于 1602 年），在其殖民时代的初期就采取了同样的方法，原因也是一样的。但是，在东印度^①，他们很快便发现一个更有效的办法，那便是通过所谓的"强迫表达出忠诚"（即"徭役"），来获取如今归他们统治的当地人的技术和知识，[184] 同时使用当地的舰船维护殖民地水域的治安。这些船只定期通过这一水域航行，被称作"当地船只的航行"（hongitochten）。还有其他的目的：不但要驱逐任何不应出现在此地的人（也就是非法商人，以及海盗），而且要检查、调查这些遥远的群岛领地，尤其是这些领地对荷兰人的忠诚度以及他们的种植园的预计产量。毕竟，吸引荷兰人来到这片海域的，不是异域景致，而是在那里种植的香料。香料在那个时代非常珍贵，是价格高昂的奢侈品。此类舰船巡航，最初由总督扬·彼得松·库恩（Jan Pieterszoon Coen，1587—1629）在 17 世纪 20 年代组织实施，主要目的是加强荷兰东印度公司对香料的垄断，尤其是摩鹿加群岛^②出产的丁香。这可能涉及对丁香树的无情砍伐，即便这会导致当地民众陷入贫困与饥饿。与此相比，清剿海盗只是诸多任务中不那么重要的一项。[185]

私掠者有时候也会充当海盗猎人，尽管他们的主要角色是通过商业掠夺（Commerce raiding，法语称"guerre de course"，也是地中海私掠者的专有名词"corsair"的词源）的手段来骚扰敌方海上贸易路线。私掠船上没有人乐意执行猎捕其他私掠者这种任务：

---

①　东印度：狭义的东印度指马来群岛，大体相当于印度尼西亚群岛和菲律宾群岛，而广义的东印度除此之外还包括中南半岛和印度，即整个东南亚和南亚地区。

②　摩鹿加群岛（Moluccas）：位于印度尼西亚群岛东部、新几内亚岛以西，又称"香料群岛"。现名"马鲁古群岛"（Maluku），现为印度尼西亚领土。

正如前文所述，"高个子本"亨利·埃弗里之所以能成功煽动叛变并接管装备精良的私掠船"查理二世号"，其原因之一就在于，船员们对于在加勒比海上跟同样有着精良装备的法国私掠船交战的前景并不乐观，更何况他们是为西班牙效力，自己能从中获得的利益很少。私掠船之间的战斗有多惨烈，可以从 1601 年的一场遭遇战中窥见一二。这场海战发生在亚历山大海岸附近，交战双方是一艘马耳他私掠海盗船（19 岁的阿隆索·德孔特雷拉斯作为一名低级士兵正在船上效命，此时的他还没有多少出海经验）和一艘全副武装的大型土耳其私掠海盗船。火炮就位后，马耳他船长向土耳其船呼喊，想要确定对方是敌是友："'只是一艘在远洋航行的船。'对方答道。从他们的傲慢态度可知，他们也已经准备好了火炮。"[186]双方互射几轮舷炮，各有不少人员伤亡。然后，马耳他私掠海盗船靠上了敌船，德孔特雷拉斯和他的战友们登了上去，全然不顾此时已经过了午夜。近身战持续了大约一个小时，虽然激烈，但胜负未分。在此期间，400 多名土耳其海员成功反攻，上了马耳他船的甲板，夺取了船首楼，但随后又被击退了。破晓时分，战斗重新开始。先是在两艘船的甲板上先后进行肉搏战，但依然胜负难分；而随之而来的炮战则炸死炸伤了大批船员。第二天黎明，马耳他船长下令，再次攻击土耳其船。经过长达三个小时的惨烈战斗之后，土耳其人开始动摇了，幸存的海员们跳下船，向着附近的海岸游去。我们可以从土耳其人最终的伤亡统计数字中了解到，这场战斗有多么血腥——根据德孔特雷拉斯的说法："我们在船上发现了 250 多具尸体。"[187]

德孔特雷拉斯与土耳其私掠海盗船的交锋很可能是一场偶然的

遭遇战——他的回忆录里没有说清楚那次任务是否是专门的猎捕海盗行动。不过，皇家海军上尉罗伯特·梅纳德（Robert Maynard）在 1718 年 11 月执行的任务目标非常明确：他奉命缉拿一名海盗，名字叫作爱德华·蒂奇，也就是大名鼎鼎的"黑胡子"。[188]"黑胡子"是史上最可怕的海盗之一，据说他从不杀死目标舰船上的任何人，因为没有人敢反抗他。或许是太过自信了，"黑胡子"无视了即将对他采取行动的紧急警告。1718 年 11 月 17 日夜，梅纳德在北卡罗来纳（North Carolina）附近的奥克拉科克岛（Ocracoke Island）的港湾中下锚，设法突袭"黑胡子"。[189]战斗在第二天清晨开始，梅纳德的两艘单桅帆船"简号"（Jane）和"漫游者号"（Ranger）开始逼近海盗船，然而这两艘船并没有装备火炮。以港湾附近旁观者的视角来观察，这是一场实力悬殊的战斗：一边是梅纳德的船员们，他们冲向海盗，手里只有轻型武器；另一边，"黑胡子"则用一轮又一轮的舷炮齐射来回击。[190]有那么一阵子，看起来"黑胡子"好像要胜利了：他的一轮舷炮齐射正中对方要害，"简号"上梅纳德的手下有 20 人被炸死炸伤，而"漫游者号"上则有 9 人遇难，包括该船指挥官——一位姓海德（Hyde）的见习军官。[191]梅纳德看着"黑胡子"的船慢慢靠近，推测会有另一轮猛烈炮击为其打开登船之路，便命令手下躲进"简号"的甲板之下，告诉他们"把手枪和刀剑准备好，要进行肉搏战了；听他命令，再一起冲上去"[192]。事实证明，这是一个明智的决定："黑胡子"的船一靠近梅纳德的船，海盗们便扔出数枚土制手雷，这种手雷"装满了弹丸、弹药、铅屑或铁屑，陷口处有一根速燃导火索"[193]。一般情况下，这些武器足以杀死或者炸伤大部分船员，但是，由于梅纳德的先见之明，他的船员中无人受伤。更关键的是，"黑胡子"看到甲板上只有梅纳德和舵手两人，便下令登船。按照德孔特雷拉斯对于这场战斗的描述，接下来的近身战十分惨烈，15 名海盗与 13 名配备了手枪、剑、短弯刀、斧子和匕首的海盗猎人展开了激战。最后，"黑胡子"死了，另外 8 名海盗也死了。正如笛福① 所说，"剩下的所有人，都受了重伤，跳入水中，高声求饶"[194]，想要撤回到他们自己的船上已经是不可能的了，"漫游者号"剩下的船员们已经登上了海盗船，控制住了局面。

当海盗遭遇海盗猎人的截击时，并不是所有的海盗都会殊死一搏。有些海盗酩酊大醉，以至不知道发生了什么事；还有些海盗则在拖船上岸修理的时候被逮个正着。很多海盗，哪怕是穷凶极恶的海盗，有时似乎会直接丧失勇气。作为当时最恶名昭彰的海盗之一，"棉布杰克"约翰·拉克姆在牙买加北部海岸与一艘英格兰单桅帆船——其指挥官是海盗猎人乔纳森·巴尼特（Jonathan Barnet）船长——交战时，他的表现懦弱到令人费解。拉克姆和他的全体船员没怎么抵抗就迅速投降了——此举招致其女船员安妮·邦尼和玛丽·里德的嘲笑。据记载，拉克姆在被绞死前得到允许，可以见他的情人安妮·邦尼最后一面，"但是她给他的全部宽慰是，她很遗憾看到他在那里，但如果他能像个男人一样战斗，也就不必像狗一样被绞死"[195]。

---

① 笛福（Defoe）：即丹尼尔·笛福（1660—1731），英国商人、记者、小说家，《鲁滨逊漂流记》的作者。

反海盗联盟

比起在海上或者海湾里跟单个海盗鏖战，更好也更危险的办法是直接攻打海盗巢穴，一劳永逸地将其捣毁。从 16 世纪直到 19 世纪早期，多个西方海洋强国——一开始主要是西班牙与它的盟友热那亚和医院骑士团，后来荷兰、法国和英格兰 / 英国也加入了进来——与巴巴里海岸阿尔及尔、的黎波里和突尼斯的私掠海盗之间的战争，为这类行动所面临的困难提供了相当多的参考。

以这三座巴巴里海岸城邦为据点的大部分海上强盗，严格说来都是私掠者：他们的行动都是经过其统治者授权的，并且仅限于攻击每个城市各自的敌人，通常会有很多个。阿尔及尔、的黎波里和突尼斯的主要收入便是袭掠所得，包括货物、金银（金条、银条或者金币、银币）、武器弹药以及被贩卖到城里热闹的奴隶市场上的奴隶；如果没有这些政府支持的海盗活动所带来的收入，那么这些城邦便没有能力自给自足，[196] 而且他们针对异教徒进行的海上圣战，更多是出于经济需求而非宗教信仰。为了增加收入，有的掠夺者甚至远至大西洋和北海进行袭掠。1616 年，阿尔及尔私掠海盗曾经袭掠过亚速尔群岛，[197] 而小穆拉特·雷斯（原名扬·扬松）在北海活动了五年之久，他的海盗生涯在 1631 年洗劫爱尔兰港口巴尔的摩时达到巅峰（正如前文所述）。1627 年 6 月，一次更具野心的私掠行动甚至远达冰岛，这里距阿尔及尔有 5000 海里（9260 公里）。[198] 此类远征途中遭遇的船只，只有在挂起某些特定国家的旗帜时才能免遭攻击。这些国家都支付过了大笔费用，巴巴里私掠海盗称其为"安全通行证"，而那些"卖出"这些通行证的阿尔及尔、的黎波里和突尼斯统治者更喜欢管这笔费用叫作"贡品"。当代学者则看得更加清楚："没有交付贡品的国家——换句话说，被勒索但是没有付钱的国家——会遭到攻击，他们的船只和城镇会被劫掠，而船员、乘客和沿海地区的居民会被掳为奴隶。"[199] 在16、17 和 18 世纪，主要的欧洲贸易国家荷兰和英国，还有西班牙、法国、丹麦、瑞典和许多意大利公国——全都为这些通行证付过钱，涉及的总数额非常庞大："在 18 世纪 80 年代，英国每年支付给阿尔及尔大约 1000 英镑，以维持和平，这笔钱大概相当于今天的 120 万英镑。荷兰要付 2.4 万英镑左右，而西班牙支付的金额高达 12 万英镑。"[200] 但是，经验表明，用钱——有时候甚至是用航海装备、武器和弹药——买来的和平往往是靠不住的，也是短暂的。毕竟，同所有的贸易国家和平相处，对于阿尔及尔、的黎波里和突尼斯的经济来说是无益的。

正因如此，也就不奇怪为什么当时的几个主要贸易国家和军事强国要单独或者参与联合行动，试图攻占或者至少削弱这些臭名昭著的海盗巢穴。以打击巴巴里海岸私掠海盗为目的的临时联盟曾多次出现：1609 年，法国和西班牙联合组织了针对突尼斯的海上打击；接着，在 1618 年，荷兰—西班牙联军成功袭击了 24 艘阿尔及尔私掠海盗船；而英国在 1617—1620 年试图与荷兰和西班牙组成反阿尔及尔联盟，[201] 这个三方海军联盟很大程度上是由海军上将威廉·蒙森爵士（Sir William Monson）一手策划的。蒙森于爱尔兰海岸、苏格兰海岸以及爱尔兰海一带，在镇压当地海盗方面立下过卓著的战功。在他的设想中，"陛下的舰船众多，总计有 3000

吨重，海员则有 1200 人；若西班牙和荷兰也派出同等数量的舰船，那么这支海军对付全部土耳其海盗绰绰有余"[202]。那么，有两个前提条件必须满足：第一是西班牙人的合作，因为这支联合舰队需要在西班牙港口进行补给；第二则是完美的时机，当阿尔及尔舰队在港口时正面进攻阿尔及尔，无异于自杀。因此，蒙森提议，待私掠海盗船出港后便封锁港口，他认为这些私掠海盗船接下来可能前往的其他港口，例如突尼斯和阿加迪尔（Agadir），都无法提供给他们相同的庇护。这个计划必须在完全保密的情况下才能顺利实施，否则阿尔及尔私掠海盗船完全可以干脆留在港口内，这样一来联合舰队就只能被迫放弃整个计划。[203] 于是，蒙森建议"把我们的船伪装成其他用途"[204]。他还表示，联合舰队必须"充分配备滑膛枪和各种其他军火，尤其是用大炮发射的方块弹（dice shot），这是因为，通常来说海盗船上人非常多，用方块弹能够在他们当中造成极大的伤亡"[205]。不过，尽管詹姆斯一世的外交官竭尽全力来促成联盟成立，但荷兰与西班牙彼此之间的猜疑却仍然是无法克服的。于是，规模相对较小的王室海军［Navy Royal，从 17 世纪 60 年代开始称为"皇家海军"（Royal Navy）］只得独自行动。1620 年，一支由罗伯特·曼塞尔爵士（Sir Robert Mansell）指挥的舰队被正式派往清剿阿尔及尔私掠海盗。但是，由于战略上的缺陷，加上阿尔及尔附近恶劣的天气条件，这次行动收获不大。[206]

尽管在接下来的几十年里，西欧诸国致力于封锁巴巴里海岸的这些港口，但直到 18 世纪后半叶，美国商船开始进入地中海水域时，情况并没有任何实质上的改变。美国人在 1776 年发表独立宣言后，遇到了一个问题：曾经可以给予他们保护的英国安全通行证不再有用了，美国必须派遣外交官与巴巴里海岸公国进行谈判。和往常一样，这些条约的有效期很短暂，因为各公国的统治者们会以各种微不足道的借口要求重新谈判。的黎波里的帕夏优素福·卡拉曼利（Yusuf Karamanli）则是这当中最贪婪、最好战的一位。1796年11月签订的条约中商定的数目是4万美元（另加1.2万美元现金作为"礼物"），而他在此基础上又另外索要金额，结果被美国断然拒绝了，于是他在1801年2月26日向美国宣战。[207] 第一次巴巴里战争［First Barbary War，又称"的黎波里战争"（Tripolitan War），1801—1805］[208] 由此打响——恰好，这也是美国第一次被宣战。这次战争没有什么结果。于1815年6月17—19日进行的短暂的第二次巴巴里战争（Second Barbary War，又称"阿尔及尔战争"①）也是如此，阿尔及尔和突尼斯也加入了这场战争。[209] 然而，这些战争行动对刚刚起步的美国海军陆战队（US Marines）和美国海军（US Navy）来说却是非常重要，这使他们能够测试自己的能力和水准。[210] 巴巴里海岸诸国的最终灭亡，其实是拜法国的帝国蓝图所赐。在法国和阿尔及尔之间又一次产生争端之后，一支强大的法国远征军于1830年6月13日在阿尔及尔附近的海湾登陆。这支军队包括3.7万名步兵，配备83门野战炮（field gun），在6天时间里击溃了阿尔及尔军队，接着便包围了阿尔及尔城。7月4日，在一番轰炸之后，阿尔及尔统治者哈桑帕夏投降并迅速被法国人流放。法国人打算留下来。不仅如此，刚"占领了阿尔及尔，法国人便开始向整个国家的内部扩张，后来又扩展到北非大部分地区，

---

① "阿尔及尔战争"（Algerian War）：或译"阿尔及利亚战争"。

因此引发了一场漫长而血腥的征服战争，直到 1847 年 12 月才结束"[211]。现在，失去了以前支持他们的政权提供的有利环境和友善的港湾，巴巴里海岸的海上袭掠者们——包括海盗和私掠海盗，最终消失在历史长河中。

海盗末日

正如英国在组建英荷西三国反阿尔及尔联盟时做出的失败尝试所表明的，打击海盗不仅仅是一个战术问题，它也是一个政治问题。跟当代全球反恐战争一样，反海盗战争也要依赖类似于"自愿同盟"①一样的组织才能成功。当时的海洋强国受到自身利益驱使，各怀鬼胎：1611 年，一位英格兰驻叙利亚领事注意到，"让君主们团结起来对付海盗，实施起来困难很多，因为有些君主对于海盗的存在并不会感到不快，他们乐于见到某些经济实体遭到骚扰"。[212] 法国对待多国联合清剿巴巴里海岸私掠海盗的态度足以说明问题：1729 年，一份匿名备忘录颇为率直地陈述道，我们"确信，消灭所有巴巴里私掠海盗并不符合我们的利益，因为一旦如此，我们将和所有意大利人以及北海各民族在同一条件下竞争"[213]。这也是为什么就连欧洲主要军事强国也都对纳贡体系默许

---

① "自愿同盟"（coalition of the willing）：专指由美国领导的于 2003 年发动伊拉克战争入侵伊拉克的众多国家，其军队一般称为"多国部队"（Multi-National Force）。该组织和军事行动遭受多方批评，根据调查，"自愿同盟"中大多数国家的大多数民众反对自己的国家参与其中。

了这么长时间的主要原因之一：即便是向巴巴里海岸诸国缴纳贡金，也要比准备一场海上远征更便宜；同时这也让他们在经济上获得了相对于那些较穷困的国家的优势——负担不起贡金，结果便是自己的船只屡遭攻击。[214]

此外，"海洋强国总是会怀疑彼此的意图，对于攻击私掠海盗的提议，常常被怀疑这是为了更险恶的计划所施的掩护。这种怀疑有时候确实有道理"[215]。1617 年 4 月末，英格兰人曾经向西班牙提议，发动一场针对巴巴里私掠海盗的远征，针对这次提议，英国海洋历史学家朱利安·科贝特爵士（Sir Julian Corbett）写道："所谓的远征巴巴里私掠海盗，无非是老套的外交手段，只是为了掩盖一些不可告人的阴险计划。"[216] 在这种互相猜疑的社会背景下，进攻巴巴里私掠海盗及其据点港口的结盟提议大都没有什么结果，也就不足为奇了。类似的顾虑也妨碍了对加勒比地区猖獗的私掠及海盗活动的打击；在其他海域也是同样的情况——英国、荷兰、法国和西班牙殖民者的海军各自为战，在"自家"海域进行反海盗巡航，同时还经常在暗中支持其他国家殖民地海域内的海盗活动，或者至少是给这些海盗提供方便。

然而，到 20 世纪早期，这种针锋相对的重商政策已经发生了改变——国际环境也改变了。法国对北非大部分地区的占领就是这种现象的征兆。数个世纪以来，西方以外的大部分强权势力与欧洲列强分庭抗礼，但如今它们或者日渐衰落，或者已经土崩瓦解。这当中便有几大"火药帝国"——奥斯曼帝国（正因如此，它没能赶来救援巴巴里海岸诸国）、中东的萨非帝国①和南亚的莫卧儿帝国。在帝国主义时代，越来越多曾经为多支海盗舰队提供安全避风港的海岸，如今处于西方海洋强国——尤其是英国——的直接统治之下。时代也以另一种方式发生了变化：经过了数百年在彼此势力范围边缘进行的"局部战争"之后，古老的欧洲帝国终于确定了——在一定程度上互相认可——各自的势力范围；而且，它们已经意识到，依靠海洋贸易所获得的利润，远比通过私掠者和海盗进行竞争和袭掠要来得多。这也意味着，这些从前在经年累月的海上代理人战争中非常有用的工具，已经无助于促进国家利益了——现在他们的作用恰好相反。而且，现代科技逐渐让海权国家的海军在面对海盗和土著海上袭掠者——例如伊拉农人和巴兰金吉人——甚至是那些即将被殖民的非西方强权国家的陈旧过时的舰队之时，占据了上风。我们已经见识过，仅仅一艘东印度公司的"戴安娜号"蒸汽外轮船，就能将整支伊拉农袭掠舰队的马来快船轰成碎片。最后，海盗活动似乎只存在于历史书籍里了。

******

在见证欧洲海权国家崛起的这段时期，海盗活动又是如何改变和发展的呢？成为海盗的主要驱动因素仍然是对社会的怨愤，诸如贫穷、失业和艰苦的生活条件等，这是一方面，而贪婪或者"快钱的诱惑"则是另一方面，有时候还掺杂着宗教因素。促使人们成为

---

① 萨非帝国（Safavid Empire）：又称萨非王朝，存在于 16—18 世纪，主要疆域包括今伊朗及周边地区，其国教为伊斯兰教什叶派。我国史书称之为"巴喇西"或"波剌斯"，即"波斯"的音译。

海盗的原因仍然是各种"推拉"因素的复杂混合，而具体因素取决于当地的具体情况。很多时候是一系列巧合，如郑一嫂、德孔特雷拉斯、勒戈利夫或是埃克斯梅林；偶尔是冒险精神，比如斯特德·邦尼特和威廉·丹皮尔——但是这样的人寥寥无几，就连伊丽莎白一世的"绅士冒险家"们也更多是受到贪欲的驱使，而非其他因素。

有些形式的海盗活动依然存在，但另一些则消失了。地中海地区的私掠海盗从中世纪一直持续肆虐到这个时代结束，而海盗浪潮仍在不断地袭扰中国沿海地区。在欧洲北方海域，小规模的海盗和私掠活动也未见减少，但像粮食兄弟会这种大型海盗舰队进行的大规模袭掠，或者像维京人组织的大规模沿海侵掠，已经成为过去时了。并不是说海盗活动已经在北方海域消失了，相反，西方殖民主义和帝国主义引发的一些深刻变化，把很多西方探险家和冒险者（当然还有海盗）带到了（几乎可以说是"出口到了"）新世界的遥远海岸，例如出产大量金、银、珍珠等珍宝的中美洲和南美洲；盛产各种奢侈品，例如香料、中国丝绸和瓷器，以及黄金、白银、钻石、绿宝石和其他珍贵的珠宝的远东地区。这个时期对于海盗——特别是那些在西半球水域兴风作浪的海盗——来说有十足的便利条件：这些惊人的财富通过葡萄牙和西班牙的舰船，从西属美洲或者东南亚经由大西洋运送回他们的母国港口；或是装载在印度舰船上，定期往返红海以完成朝圣之旅。很多海盗，例如"黑山姆"贝拉米、弗朗西斯·德雷克爵士（他到底是海盗还是私掠者，因人而异）和托马斯·图，积累了他们做梦都想不到的巨额财富。不过，托马斯·图的故事也证明了为什么海盗的座右铭是"及时行乐"：

1695 年 7 月，他在与"法塔赫·穆罕默德号"交战时，身受重伤后痛苦地死掉了，此时距他当上海盗只过去了三年。与中世纪海盗相比，这个时期的海盗之所以能够远离巢穴进行袭掠，其原因在于航海技术和造船技术的进步使远洋航行成为可能。比如说，从加勒比海经由大西洋航至马达加斯加岛，再从该岛航行至亚丁湾或是印度西海岸，然后再返航——这趟旅程被称为"海盗航线"（Pirate Round），大约在 1690—1720 年十分流行。

"海盗航线"让我们对 1500—1914 年的海盗活动有了最深刻的理解。尽管在地中海、北方诸海和东方诸海仍然有一些各具地方特色的海盗，但他们不愿意或者不能进行长距离航海，或者更愿意离家乡近一些，或者更愿意待在能找到收益最高的猎物的海岸附近。而"西方"式海盗活动则走向了全球化，可以说，他们得益于西方强权全球化帝国的快速扩张。新大陆被发现了，新航线被开拓出来了，这些航线将西班牙、葡萄牙、英格兰、法国与荷兰的遥远殖民地联结了起来。在欧洲各大海洋强国的不断冲击下，中东的奥斯曼帝国、南亚的莫卧儿帝国和东亚的大清帝国等昔日的强大帝国均已土崩瓦解。这些新兴的全球海洋强国之间为了争夺霸权而进行的区域性斗争，以及它们与区域国家的斗争，导致很多不受控制的海域充满了利润颇丰的航运。与早先的年代类似，这些海域不仅受到了当地海盗的骚扰，还经常遭受如今在全球活动的海盗的袭扰。这种在全球范围内的"对地区事务的干涉"，是与我们在第一部里谈到的海盗活动最大的不同之处。

第三部

全球化的世界，1914 年至今

他们富有，我们贫穷

　　谈到这里，我们应该很清楚了，当海盗不是什么浪漫而精彩的冒险，而是一份相当危险的职业。古老的现实（可能在海上战死或者病死，或者被当局抓捕，蹲大牢甚至被处死——而非一夜暴富）仍然是当代海盗所面临的后果。这方面没什么太大的变化。就像他们的前辈们一样，当今个人决定从事海盗职业的最重要的驱动力依旧是各种"推拉"因素的复杂混合，例如贪婪或者赚快钱的诱惑，以及恶劣生活环境引起的怨愤（无论如何定义）。浪漫主义的观念或（可能是被误导的）冒险精神通常不会在这类决定中发挥作用。这方面也没有什么太大的变化。

　　现在也应该很清楚：贪婪作为当海盗的驱动因素，并不意味着就是它在词典里的含义："由赤裸裸的野心所驱使的，对某物的过度、自私的欲望，特别是对财富和权力的欲望。"恰恰相反，我们经常讨论的是理性选择：如果有一点点野心，再冒一点点险，就能得到更多的钱，那么为什么还要为了一丁点儿收获而辛苦劳作？在全球渔业资源持续减少的情况下，缺乏完备福利制度的欠发达国家的渔民意识到自己越来越难以维持生计。利用他们的航海技能来从事一些兼职工作，这种诱惑的产生并不令人奇怪，特别是考虑到每天都有很多集装箱船、散装货船、运油船和其他各类船只列队出现在沿海地区，它们的保险柜里存放着数千美元现金，以便支付港口的费用以及工资。在 21 世纪头十年，索马里的年轻人多半要面临这样一个严峻的选择：当民兵，拿着每月几百美元的薪水；当农民，但收入只有民兵的一半；或者去当海盗，每次成功的袭掠可以赚 7000—70000 英镑（因目标船只和海盗负责的任务不同而有所差异）。大约 2300 英镑的预期平均年收入，刚过 55 岁的预期平均寿命——跟这样的人生相比，海盗生涯潜在的危险（被抓，或者战死，或者死在海上）——似乎不那么令人生畏。那么，为什么不充分利用好这一生呢？

但是，如果要指责这些索马里男青年[1]只是因为贪婪而当海盗，就有点不公平了。至少，第一波索马里海盗活动在 20 世纪 90 年代逐渐兴起时，怨愤是主要诱因。尤其是索马里政府在 1991 年 1 月倒台，以及陆地和海上法律和秩序的崩溃，驱使年轻的索马里渔民走上了海盗之路。一开始，他们组织起帮派，只是为了守卫自己的海域，以抵御那些从全球各地赶来进行"非法、无管制和未报告"（IUU）捕捞活动的公海拖网渔船的掠夺。据说，这些拖网渔船并不回避对那些通常较小的索马里近海渔船使用暴力，毁坏他们的渔网，甚至还会撞击渔船迫使它们退回岸上。因此，在 20 世纪 90 年代中期，索马里渔民开始自发组织成自助小组，以抵御这些入侵的不速之客。

但是，他们很快意识到，捕获外国船只并囚禁它们的船员以索取赎金，要比捕鱼更挣钱——正是这个原因，到了 20 世纪 90 年代后期，这些自助小组逐渐发展成海盗团伙。有趣的是，他们很大程度上仍然视自己为索马里海域的守护者，他们给海盗团伙起的名字及实施海盗袭击的正当理由（至少将拖网渔船视作目标时），仍然强调是基于怨愤和自卫的宗旨。例如，在 2005 年 8 月 15 日，一支自称"国家海岸志愿警卫队"（National Volunteer Coast Guard）的索马里海盗团伙捕获了三艘中国台湾的拖网渔船，当时这三艘渔船正在索马里海域进行捕捞。海盗厚颜无耻地声称，他们没有劫持这些船只，只是"扣押"了它们；而他们索要的 48 名被俘船员每人5000 美元也不是赎金，而是对他们参与非法捕鱼罪行的"罚款"。[2]另一个名为"索马里海军"（Somali navy）的自助小组也充分利用自卫理由——但是，当他们在 2005 年 6 月 27 日劫持机动货船"塞姆罗号"（Semlow）时，很明显这种借口已经太老套了，最初的怨愤动机已经转变成了贪婪。这艘船是由联合国世界粮食计划署（WFP）租赁的，其任务是向摩加迪沙（Mogadishu）运送援助食物，以帮助在 2004 年印度洋大海啸（Boxing Day Tsunami）中受灾的索马里人民。但这并不能阻止海盗照旧索要赎金。[3]

索马里海盗在 2008—2012 年达到巅峰时，其动机似乎已经彻底变成了贪婪和快钱的诱惑。这些"海盗行动小组"不再只有渔民参与，而是由曾经的渔民（因为他们的航海经验而受到重视）和民兵（他们的角色是打手）组成。第二波海盗活动范围远至阿拉伯海，其目标不再只是捍卫自己的水域，也不再把这当作理由——尽管如此，索马里游击组织"青年党"（al-Shabaab）还是有一些冠冕堂皇的宣传口号，他们声称海盗是"与西方异教徒在海上作战的圣战勇士"[4]。

在当代，索马里的青年男子并不是唯一需要做出艰难抉择的人群。印度尼西亚麻烦不断的亚齐省（Aceh），位于苏门答腊岛最北端，毗连马六甲海峡，这里的年轻海盗们，如果换一个环境，可能会选择农民或者渔民等安稳得多的生活。从 1976 年 12 月 4 日开始，独立组织"自由亚齐运动"（Free Aceh Movement）与印度尼西亚武装部队之间长达三十年的血腥冲突，导致大量年轻的亚齐人投身海盗活动。直到 2004 年，由于印度洋大海啸造成了巨大破坏，双方在 2005 年 8 月 15 日签订了和平条约，冲突才画上句号。[5] 毕竟，考虑到不超过 6 美元的平均日工资，仅仅一次成功的袭掠就能赚到 1.3 万—2 万美元的前景确实看起来十分诱人。[6] 由于印度尼西亚海域大规模的"非法、无管制和未报告"捕捞活动，在这个拥有大约 1.7 万座岛屿的群岛国家里，几乎所有的渔民社群都被当地的贫穷状况所困扰，所以，兼职海盗可以被看作是一个生存问题，而非贪欲的体现。正如前印度尼西亚海盗马库斯·乌班（Marcus Uban）所强调的："很多人像我一样，来自穷苦的村庄。新加坡富有，我们贫穷。所以，我们去新加坡附近的区域劫掠。"[7]

不过，为避免误会，还是要说明一下：在现代海盗活动兴起的大背景下，贪婪和怨愤可以解释个人的选择；然而，同之前几个世纪一样，这只是为什么人们会当海盗的部分原因，且并不总是一个令人信服的答案。比如说，第一波索马里海盗因怨愤而兴起，他们宣称只是为了"捍卫"自己的海域以抵御入侵者，但我们不应该只看表面：海盗不是海上罗宾汉，他们做出的很多解释，也无非是方便的借口而非诚实的叙述。不过，撇开心理分析不谈，海盗活动繁荣发展的必要条件，便是整个社会的广泛意愿，而政府——或者至少是一些拥有权势的官员——有意对此类活动睁一只眼闭一只眼。[8]
在尼日利亚，海盗和官员之间便存在这种关系，"考虑到尼日利亚
沿海地区政府的治理不善，尝试从贫穷的角度来解释这些问题是不
够的"[9]。海盗活动在几内亚湾的持续上升，背后是"政治的犯罪
化和犯罪的政治化"[10]。我们之后会讨论这个问题。

世道变迁

在我们已讨论的前两个时期，欧洲的北方海域和地中海都是海
盗频繁出没的可怕地区。然而，这些区域现在已经没有海盗了。这
是否意味着，以贪婪和怨愤的形式存在的"推拉"因素已经在这些
地方绝迹了呢？过去的那些怨愤都没有了？海盗活动不再能赚大
钱了？

统计数字告诉我们，这三个问题的答案，都是明确的"否"。
关于盈利能力，有证据表明，海洋贸易蓬勃发展，来往这些海域的
船只比以前更多，这当然意味着其中会有诱人的目标。船只的保险
柜里都有现金，而且海洋航线也被限定在北海和波罗的海、地中海
局部的特定水域中，这些因素结合起来看，乘坐快艇以快速的"抢
了就跑"（hit-and-run）战术来进攻是再合适不过了，既有丰厚的
回报，又切实可行——毕竟，过去那些可怕的天然埋伏点并没有
消失。

今天的欧洲沿海地区居民，也不是全都富裕到大家都能找到更
轻松、收入也更高的其他工作——在这种情况下，海盗难免会被看

作是一份非常危险的职业。仍然有一些相对贫困的沿海居民，他们未能从两次惨绝人寰的世界大战之后的各种经济奇迹中受益，在之前的时代里，这些居民会毫不犹豫地走上海盗之路。在欧洲地中海沿岸，这种情况尤为突出：例如，从 2010 年希腊政府的债务危机开始以来，希腊的经济一直处于低迷状态，而失业率，尤其是年轻人的失业率，一直居高不下。在第一部分和第二部分所述的历史时期里，这已经足够在爱琴海引发一次大型海盗浪潮了。但是在今天，所谓的"艰苦的生活条件"并没有把人们变成海盗。

除此之外，在地中海东部沿岸，存在着一条真正的"危机弧形带"，从叙利亚和利比亚（这两个国家都处于内战中）到阿尔及利亚、突尼斯和摩洛哥，这些国家相对较弱的政府都要忙于处理群众暴乱。大家一定会想，这些地方肯定也有很多怨愤。但是，为什么这个地区的广大贫苦民众虽没有合法的工作机会，但是也没有在贪婪因素的驱使下成为海盗呢？当地特有的人口贩卖和移民偷渡，将人们送过地中海，送入欧洲 [11]。这些活动是由中东和北非的犯罪网络 [12] 控制的，这表明，仍有一些顽强的人愿意走上另一种海上犯罪道路。是贩卖人口利润太高，以致他们不愿意费心考虑风险可能会更高的海盗事业吗？

这个问题的部分答案，可以在事实中找到：今天，在北大西洋和地中海的大部分地区，都布置着有效的海上巡逻，这使得海盗活动的发生比其他形式的海上犯罪——例如偷渡——的可能性要低；而且海盗活动可能会导致受攻击的船只疯狂寻求帮助，人口贩子和毒品走私者都是秘密开展业务，不会引起不必要的注意。另一部分答案，可能也是更重要的部分，则是缺乏社会认同：如今，当海盗不再被看作是"做正确的事"。自从近代以来，几乎所有国家的价值观都发生了转变，而海盗昔日的荣光已不在。在海盗活动仍存在的地方，这种转变则体现在海盗船员的社会地位上，他们几乎都来自社会金字塔的底层；低阶贵族和士绅也会加入海盗行列的时代，早已经过去了。这背后可能有很多因素，其中有一点便是在自由的民主国家，贵族失去了影响力。然而，最重要的原因则是合法的海盗活动——私掠——已经终结了，1856 年的《巴黎宣言》（Paris Declaration Respecting Maritime Law）将其列为非法活动。宣言明确指出，"私掠活动，从今以后，将被永久取缔"（后文将会做出进一步讨论）。[13]1907 年 10 月 18 日通过的《海牙公约》（The Hague's Declaration）中的《关于商船改装为军舰公约》（Convention Relating to the Conversion of Merchant Ships into War-Ships），即《海牙第七公约》（Hague VII）进一步强调了对私掠活动的取缔。从那时起，任何出身贵族或是上流社会的人，如果想出海追求荣誉和冒险，那么他只能加入正规海军。同样，当今的一流商人所能抓住的机会，也都是合法的，因为全球化和自由化的时代大潮提供了足够多的机会，能让人依靠海上贸易致富。如今，他们更想要的身份是"传奇大亨"，而不是"传奇加勒比海盗"。

在构成今日东地中海"危机弧形带"的地区，传统上视私掠为陆地圣战的海上延续，但这一传统因 19 世纪末法国人对巴巴里海岸的征服和殖民而中断。在 20 世纪，逐渐形成的主权世俗国家无意追随其私掠海盗先人们的足迹。即便是现在，其中很多沿海国家都处于内战和叛乱的阵痛中，但重回"糟糕的旧时代"也是不可能的——除了现实原因（几乎所有的资源都要用在陆地上）之外，还有一个原因便是此类冒险行动已经失去了吸引力，而且缺乏社会认同。理论上，这种情况是可能改变的——如果有一个激进的宗教教派掌控了其中一个沿海国家的政权，并重新燃起潜在的本能，再一次去海上袭扰异端信徒。例如，所谓的"伊拉克和叙利亚伊斯兰国"（ISIS）于2015年宣布，在夺取陆地领土的控制权（对于他们来说，就是叙利亚的地中海沿岸地区以及伊拉克濒临波斯湾北部的沿海地区）后，他们将要按照神的旨意，向大海进军以继续圣战，以对抗那些"崇拜十字架的人和异教徒们，〔他们〕用战舰、船艇和航空母舰污染我们的海水，吞噬我们的财富，还从海上杀死我们"[14]。"伊斯兰国"是否会真的这么做，如今依然悬而未决：由于他们在陆地上吃了败仗，因此，他们在短期内涉足海上的可能性还非常渺茫。

我们这个时代不同于海盗肆虐的早期时代的最后一点，就在于——非常简单——几个世纪以来的社会变迁，让凶悍的部族勇士社会，如维京人或者伊拉农人、巴兰金吉人等，不再盘桓于海上。曾经的历史和传统并没有被遗忘，但大多是用在盛会和典礼上，而不是鼓动人们重操这些职业。约克的约维克海盗节（Jorvik Viking Festival）和设得兰群岛上的市镇勒威克（Lerwick）著名的圣火节（Up Helly Aa festival）便属于这类盛会。圣火节举行时，会有一场火炬大游行，数百人身着维京服饰，游行到港口，在那里，有一艘被点燃的维京长船仿制品——海盗传统从一门要人命的生意演变成了丰富多彩的民俗文化。历史在印度尼西亚也被重塑，在这里，它演变成了一场体育盛会——"2010班达帆船赛"（Sail Banda 2010）便是对荷兰的"当地船只的航行"的历史借鉴。然而，

尽管与现实相去甚远，以及因马来西亚前总理马哈蒂尔·穆罕默德
（Mahathir Mohamad）蔑称时任总理纳吉·拉扎克（Najib Razak）
为（马来的）布吉海盗的后裔[15]所引发的争议，对于部分马来和
菲律宾的渔民来说，海盗活动仍然是其文化的一部分，并没有受到
太多的污名化；当邻国的工业化捕捞船队用拖网进行海底拖网捕鱼
时，他们就会采取这种临时措施。霍洛岛（位于菲律宾西南部）的
陶苏格人（Tausugs）仍然把海盗活动视为一项传统且崇高的职业，
它能让男青年们展现出"勇气、正义感、阳刚气概和宽宏大量等备
受推崇的美德"[16]。他们对当今时代唯一认可的一点是，不再为掠
夺奴隶而进行袭掠，仅仅满足于珠宝、钱财和武器等珍贵的货品，
这与他们的祖先不同。[17]

　　ISIS 威胁要将陆地圣战延续到海上，这表明宗教信仰仍然是一
件"他者化"——即，将"我们"和"他们"区分开——的有力武
器，因而继续为海盗活动披上了高尚的外衣，就像宗教在之前两个
时期中所起到的作用一样（见第一部分和第二部分）。在当今的时
代，像总部位于菲律宾南部的臭名昭著的阿布沙耶夫（Abu Sayyaf
Group）之类的组织，会把自己描述成激进分子——他们表面上是
在为了崇高的事业而非单纯的个人私利而战斗，因此看起来更像是
在进行一场值得尊重的游击战争，而不是一个将海盗式袭掠作为部
分商业模式的残暴的犯罪团伙。与之类似的是，尽管索马里海盗自
己会把任何船只都看作是合理的袭击目标，而不管船上飘扬的是什
么旗帜，也不管船员们信仰什么宗教派别，但正如我们所看见的，
青年党赞扬索马里海盗是索马里海域的捍卫者，他们对抗的是新一
代的"西方十字军"。有趣的是，有着数百年历史的"十字军对抗

圣战战士"思想仍然有一定的吸引力——这种简便的方法非常适合解释己方的行为，同时对另一方的行为做出诋毁。

现代有利环境

就像我们在之前两个时期所看到的那样，海盗活动的盛行需要有利环境，比如政府官员的默许，或者存在某些奉行"从不过问"原则的港口，甚至是部分国家没有兴趣或者没有能力对海盗活动进行治理。

个别政府和港口官员串通合谋的一个典型例子就是通用货船"埃里亚·英奇号"（*Erria Inge*）的遭遇。这艘货轮在 1990 年于印度洋上遭海盗劫持，并被重新注册为"帕卢 111 号"（*Palu 111*）。尽管这艘船的合法所有人多次尝试索回他的船，但该船仍然成功地在数个港口进出，未受到港口管理者的质疑。[18] 在现代海上交通线的许多港口，腐败现象仍然猖獗，这是一个公开的秘密。[19] 可以这么说，当前许多水域的海盗问题愈发严重，其原因就在于"政府官员参与了非法活动，而军队和执法人员的腐败亦令人担忧，这些情况极大地破坏了打击海盗活动所做出的努力"[20]。

另一方面，在现代全球化环境下，港口想要公然作为海盗避风港，其面临的困难远比之前的时代要大得多。从前，政府的控制力还很薄弱，断断续续，有些领土还存在争议；而如今，北方和东方海域都被强大而稳定的政府控制住了。例如英国的五港同盟、爱尔兰的巴尔的摩、法国的敦刻尔克（Dunkirk）、德国的罗斯托克和维斯马、美国的查尔斯顿（Charleston）以及中国的澳门——都已经不再欢迎海盗的到来了，而曾经难以控制的沿海地区，像北海的弗里斯兰海岸（如今分属于现代的荷兰和德国）、濑户内海沿岸地区（属于日本），早已经被彻底治理了。在当今时代，一个港口如果能切实地公开支持海盗，那么它要么属于一个羸弱的国家（其政府无法有效管理全部领土），要么属于一个失败的国家（其政府几近崩溃）。

　　菲律宾和印度尼西亚都属于前一类。菲律宾政府的力量主要在以天主教徒为主的群岛北部地区——以吕宋岛为中心，但并没有延伸到穆斯林占多数的南部地区，在那里，摩洛伊斯兰解放阵线（MILF）、邦萨摩洛伊斯兰自由战士（BIFF）和阿布沙耶夫组织等反政府武装更有影响力（不过，阿布沙耶夫组织可以说是一个涉足海盗活动的有组织的犯罪团伙）。而在另一边，印度尼西亚政府的权威也没能遍及这个分散的群岛国家的全部 1.7 万个岛屿。使这两个国家的情况进一步恶化的，是相对严重的腐败现象。因此，规模较小的港口和锚地仍可以向海盗提供食品、燃料、武器和弹药，并允许他们将赃物出售给黑市上那些从不过问的商人，从而在暗中支持海盗的同时还能免受罪责。以菲律宾为例，在 20 世纪 80 年代及 90 年代早期，正是在这样的条件下，恶名昭彰的海盗船长埃米利奥·昌科（Emilio Changco）在马尼拉湾（Manila Bay）外兴风作浪而未受惩罚，而且就在菲律宾政府的眼皮底下。他的特殊商业模式是偷窃指定的船只及其货物，他的客户需要为这项犯罪服务支付 30 万美元：他的座右铭是“你挑，我偷”（you choose, I steal）。[21] 为了确保他的业务没人过问，昌科大肆行贿——直到

20世纪90年代初，当时，他犯了一个致命的错误，劫持了油轮"塔邦奥号"（*MT Tabango*），这艘油轮隶属于国有企业菲律宾国家石油公司（PNOC）。这次越规行为最终导致他被逮捕并被正式判处多年监禁。1992年，在服刑约一年以后，他便被秘密枪杀了——据称，他当时正在试图越狱。[22]

廖内群岛的一些地方仍然在充当着海盗巢穴的角色，其原因和之前的时代完全相同：印度尼西亚政府对这里的控制力很微弱，而这些地方又是监视新加坡附近海上交通情况的理想场所。此外，这个现代的独立城市国家与其面积更加广大的群岛邻国之间在外交和国防安全方面的冲突历史，使得这些海域的治安难以维系。2004年，研究人员埃里克·弗雷孔（Eric Frécon）来到廖内群岛的巴淡岛（Pulau Batam）上时，发现了一处海盗巢穴，附属于黑甘榜（Kampung Hitam，即"黑村"）：

> 在市场路的尽头，走过一间小邮局，向左拐，就到了一处海盗窝点。这儿有一道海湾，分为三部分：一部分是警察的，另一部分是当地妓女的，而最后一部分是海盗和走私者的……毫无疑问，当地警察非常清楚存在于岛上和海峡附近的犯罪活动。实际上，为了到达海峡，海盗们必须穿过他们的警戒区。[23]

警察们假装没有看到海盗们的所作所为，同时还把贿金收入囊中——这么做的根本原因很好理解：凭着仅有的两艘小艇，他们即便是想要追捕海盗，也根本难以与之匹敌。[24]另外，在一个联系紧密的社会里，有着良好社会关系的海盗们占据着重要的地位，打击海盗活动不仅对参与的官员以及他们的家人来说非常危险，对于社会内部稳定来说也是很危险的。因此，必须确立一种交易机制，这种机制在 2015 年仍然存在，[25] 而且，很可能在今天依然运转着：

> 只要这些组织不直接挑战他们的权威，当地警察就不会打扰海盗和他们的首领。这些所谓的警察只能保护妓女，他们管好自己的这摊事，保持着较低的社会地位。这似乎就是维护国内安定的代价。[26]

对于印度尼西亚政府来说，总体来看，廖内群岛的海盗活动几乎鲜为人知；国际毒品走私网络和伊斯兰恐怖主义运动伊斯兰祈祷团（Jemaah Islamiyah）——如今他们是 ISIS 在当地的分支——被视为对整个印度尼西亚的稳定构成了更可怕的威胁。海盗活动的受害者通常都不是印度尼西亚公民，而是新加坡人或者国际航线上的商船船员，这一情况愈发降低了紧迫感。正是这种利益的缺失，加上印度尼西亚和新加坡之间算不上友好的关系，使得海盗们得以从他们的海岛据点出发进行袭掠，一旦发现新加坡巡逻船出现在海平面上，便从领海交界处迅速撤退回印度尼西亚领海，总能逍遥法外。这类海盗从事的是"国家能力套利：不同国家的政治经济环境为劫持网络提供了不同的机遇，导致他们将活动范围扩展到整个东南亚的半岛和群岛"[27]。

而索马里，则是一个失败的国家。1991 年 1 月，索马里政府垮台后，整个国家陷入了内战，各路诸侯不断更换盟友，彼此之间持续争斗。尽管在 2012 年 8 月，一个联邦政府终于在联合国、欧盟和非洲联盟（African Union）的帮助下建立了起来，但是目前只有最基本的国家执法机构，还要与过于强盛的部落民兵和索马里青年党斗争。雪上加霜的是，索马里兰（Somaliland）和邦特兰正在脱离索马里主体，前者宣布独立为主权国家（虽然并没有被国际社会承认），而后者则是一个（半）自治的联邦自治州，两者都有自己的政府和安防部队。

盟友和效忠对象迅速变换的泥潭中，一些港口——像基斯马尤（Kismayo）、哈拉代雷（Harardhere），尤其是埃勒（Eyl）——纷纷在索马里海盗浪潮达到高峰时，公开成为索马里海盗的安全避风港。在这些地方，被劫持的船只——人质都还在船上——可以大方地停泊，而在岸上的邦特兰官员和在近海巡逻的各国战舰上的海军军官均袖手旁观。后者不能采取任何行动，是因为担心伤及人质；而前者既不能又不愿采取行动："不能"是因为，具有良好社会关系的海盗对于装备简陋的政府军来说，是难以匹敌的对手，而"不愿"则是因为，有权势的政府官员和政客会从海盗行动中收取利润分成——其中有些行动，是由某些政府官员主动提供财政支持的。大量可信的新闻报道指出，长居邦特兰首府加罗韦（Garowe）——这是一座距离大海约 200 公里的城市——的一些富人，在 2008—2012 年资助了多支海盗团伙，而海盗团伙则将勒索所得的巨额赎金在城中投资，以此作为回报："证据就在城市天际线上：比如说你绝对不会错过的圣日酒店（Holy Day hotel），它的造型就像一艘船的船身。酒店主人是一位著名的海盗，如今，他已经把这座建筑改造成了公寓。"[28] 这并不意味着在这些年里，邦特兰没有在打击海盗活动方面做一点工作：他们逮捕并监禁了数十名海盗。但是这些海盗大多属于基层人员。正如联合国驻索马里及厄立特里亚监察小组表示，"海盗高层领导人、组织者、投资人和谈判专家……一直不受影响，而且……继续组织和管理海盗活动"[29]。埃勒的情况和巴淡岛一样，只要海盗们不公开挑战政府的权威，就可以逍遥法外。如果执法者对他们施以惩罚，国内的和平和稳定就会受到影响——对于那些纵容海盗的当权者来说，其巨额的兼职收入也会大打折扣。[30] 只有当邦特兰的合法执政者得出结论，认为通过支持合法贸易可以赚取更多的钱，这种平衡才会被打破：在这种情况下，海盗部族，包括他们的领袖，都将失去自身的价值。[31]

尼日尔河三角洲（Niger Delta）也有类似的有利环境——这种环境可以描述为合法的政治力量（尼日利亚政府和政党）、非法的政治力量［以沿海地区为基本盘的种族和部落反叛运动，例如尼日尔河三角洲解放运动（MEND）］、陆上的有组织犯罪和海上的海盗活动的暗中勾结，所有的这些组织在各个层级上都有着严重的腐败问题，使得这种勾结更加深入。有些观察家明确指出，腐败和"尼日利亚海军内部的肮脏交易"是海盗袭击的帮凶。[32] 特别是，尼日利亚海盗与"腐败的安全人员结盟［允许他们］将人质平均扣押十天，同时，他们可以与海军高层和其他利益相关人士进行谈判而不会遭到拘捕"[33] 仿佛是伊丽莎白一世曾说过的德雷克是"她的海盗"的微弱回声，尼日利亚海盗活动也受到涉足这个行当的各路强大的相关利益者的需求所影响。英国"严重及有组织犯罪调查局"［Serious and Organised Crime Agency，现属国家犯罪调查局（National Crime Agency）］前局长威廉·休斯（William Hughes）说过："当地执法［办事机构］很难打交道，因为他们全都听命于部长和其他政府官员，而这些人全都涉嫌［犯罪］——甚至可能主动参与其中"[34]。这种"主动支持"很可能包括向海盗团伙及时提供情报和目标信息，从而使得他们能够挑选出所载货物最值得下手的船只。因此，掌握着此类敏感信息的港口和海关工作人员会遭到国际航线上的船主和船长的怀疑，也就没什么可惊奇的了。[35]

在国家涉足海盗活动方面，至少有一些好消息：在过去，政府在为海盗活动创造有利条件方面发挥了重要作用，但就目前来说，没有哪个国家还会主动支持海盗骚扰邻国的海上交通线了。不过，注意这里的关键词——"主动"。正如我们已经提到的，有些国家仍然认为，对活跃在本国海域内的海盗，睁一只眼闭一只眼是有用的策略，只要他们猎捕的是别国的船，尤其是当这个"别国"跟本国的关系算不上友好。然而，想要像开关水龙头一样控制海盗活动以适应国家当时的需求——就像伊丽莎白一世统治时期，海盗收到许可证就能变成私掠者——在1856年私掠被列为非法活动之后就再也不可能了。在当时，西方帝国主义国家彼此之间已经承认了绝大部分领土和领海的划定，只留下了极少部分地区没有确定，所以，海盗能够开展海盗活动的那种主权有争议的区域数量急剧萎缩。在数十年的去殖民化运动中，划定彼此承认的边界——不仅是陆地上的边界，还有海洋里的边界——在此期间，所有留存的殖民地全部独立成为主权国家。尽管在今天仍然存在一些有争议的海域，但存在实控和主权争议的灰色地带变得越来越少了；此外，国家在陆地和海上执行法律和秩序的能力也在逐渐增强。而且，到《巴黎宣言》发表时，一个国家获利便意味着另一个国家损失的重商主义时代，也已经让位给了全球化主义时代，人们也意识到，自由贸易所创造

的利润要远高于海盗袭掠。这两个理由解释了为什么曾经充分利用
"不体面的外交政策工具——私掠者"的国家没有一个继续这么做。
至于像坎霍吉·安格雷的短命王国那样脱离母国的海盗王国（见
第二部分），随着具有清晰的陆上疆域和海上边界的西方式主权
民族国家的激增，不复存在了：它们根本不会被任何其他国家或
者国际组织承认为独立的主权国家，例如从索马里分离出来的索
马里兰所经历过的[36]。而且，甚至他们有可能成为旨在重建秩序的
多国部队的目标。

新的不体面的工具

在某些国家，一个新的"不体面的外交政策工具"似乎已经替
代了私掠和海盗活动的地位：远洋拖网渔船，它们的所作所为被部
分观察家称为"渔业战争"（fishery wars）或是"海盗式捕捞"（pirate
fishing）。

在本书第二部分所述的时代，殖民列强经常干涉地区事务，同
时奉行目光短浅的重商主义政策。根据其定义，一个国家获利，将
导致另一个国家遭受损失。在极端情况下，中央政府会粗暴地对待
本国沿海渔业社群的需求，例如严格限制甚至完全禁止海洋贸易，
或是强令沿海居民内迁，以便打造一条封锁线。到了现代，这种注
重短期利益的重商主义政策已经被贸易的全球化和自由化所取代，
而基于激进的明朝式"焦土战术"的国内政策也已经基本上只存在
于历史课本里。尽管如此，在世界上许多地区，仍有国家处于民族

自建的过程中，渔业社群仍旧处于主流社会的边缘，他们发现自己"没有归属感"。

在东南亚（准确来说，是指马来半岛、新加坡和廖内群岛的沿海地区），有一个典型的例子，那就是罗越人——也称"海洋之民"或"海上吉卜赛人"——的后代。虽然很多东南亚国家都取得了飞速的经济发展，但这些海洋民族通常生活在勉强维持生存的肮脏环境下，也享受不到国家福利政策或是全国医保——很多时候，他们甚至不被看作是所居住国家的"合格"公民，因而在被盘剥的时候也享受不到公正的待遇。[37]罗越人只是贫穷的渔业社群遭受系统性漠视的一个例子，与他们的国籍和所属的民族无关。回想一下印度尼西亚海盗马库斯·乌班，他明显意识到自己没有得到应有的分成，而印度尼西亚政府看起来也对远离政治中心的几个小岛上发生的事情毫无兴趣。这些被边缘化的海洋社群成员被政府遗弃，自生自灭，还要定期承受来他们传统渔场进行偷捕的远洋拖网渔船的劫掠，而在这些社群的文化中，海上袭掠的历史并不太久远，他们面临着艰难的抉择。他们当中有些人，可能会选择移居到城市去谋生，另一些人可能会在商船上找到一份合法的工作，还有一些人则有可能从事走私或者去当海盗，或者两样都干。他们当中的大多数人，多半会抓住出现在自己面前的第一个机会。

不管在什么地方，只要出现频繁的海盗活动，那么就一定能找到一个羸弱的或失败的滨海国家，这个国家不重视其边缘海洋社群的社会福利，也难以遏止本国海域内的非法捕捞。

境外强权对区域事务的不断干涉——尽管现在的干涉水平远远低于殖民主义和帝国主义时代——在一定程度上仍需为投机性质的

小规模海盗活动的持续出现负责。例如，就 2008—2012 年大规模出现的索马里公海海盗活动来说，这个问题的根源可以追溯到 20 世纪 90 年代初，当时索马里渔民不得不抗击闯入他们渔场里的远洋拖网渔船——这些渔场属于印度洋最重要的大型海洋生态系统（LME）之一[38]——这些渔船是为了偷捕蓝鳍金枪鱼、鲭鱼和鲷鱼等高价值鱼类。这次闯入是索马里中央政府于 1991 年垮台以及国家随即陷入持续内战的结果。这些国际渔船要么是没有许可证，要么是持有"合法性存疑的许可证，许可证的签发机关是前索马里政府，签名则来自一名摩加迪沙的军阀，此人声称其代表前巴雷[①]政府"[39]。陆地上法律和秩序的丧失同样会转化为法律和秩序在海洋上的丧失——在这个区域，想要维持任何有效的管理形式，从任何角度来说都比在陆地上更有挑战性。结果就是，索马里渔民不得不面对越来越多的远洋拖网渔船，这些渔船来自欧洲（例如法国、西班牙）、中东或西亚（例如沙特阿拉伯、巴基斯坦）和远东（例如日本、中国台湾和泰国）的多个国家和地区，它们有系统地将索马里海域捕捞得一干二净。[40]

关于在索马里海域被偷猎的鱼群的价值，其具体数字很难确定。"1991 年巴雷总统的政权倒台前，来自联合国、俄罗斯和西班牙的评估人员"曾经对该国近海地区海洋生物的数量进行过统计调查，"据估计，每年至少有 20 万吨鱼可供人工和工业化持续捕捞；

---

① 指索马里政治家贾莱·穆罕默德·西亚德·巴雷（Jaale Maxamed Siyaad Barre）。西亚德·巴雷于 1969 年发动政变，推翻索马里第二任总统，并就任第三任总统，直至 1991 年其政府被推翻，索马里内战就此爆发。

而澳大利亚科学家认为这个数字至少是 30 万吨"[41]。由于在索马里海域的非法捕捞会对经济和生态造成破坏，因此部分观察家毫不犹豫地将此类行为和海盗活动相提并论，称其为"海盗式捕捞"：

尽管带有偏见的联合国决议、大国的命令和新闻报道继续谴责索马里海盗在印度洋和亚丁湾劫持商船的行为，然而，海盗式捕捞过去和现在一直被忽略。为什么联合国决议、北约的命令和欧盟的法令，始终没有包含保护同一水域里的索马里海洋资源应免受那些"非法、无管制及未报告"捕捞的侵害？[42]

对于这个直率的问题，可能会有很多礼貌的外交辞令来回应。但是，一个同样直率的回答应该将重点落实到这样一个现实上，即国际关系仍然关乎国家利益，别的都不太重要。因此，法国和西班牙是欧盟亚特兰大行动（Operation Atalanta，2008 年 12 月组织的旨在遏止索马里海盗的行动）最坚定的支持者，也就不足为奇了：这项行动（截至 2018 年 11 月仍在进行中）符合它们国家的利益，可以保护它们国家在索马里海域作业的捕捞船队。

无论怎么说，将海盗逐出海域显然只是问题的一个方面。如果国际社会真的想要消灭，或者至少是减少海盗活动，当务之急是逮捕非法拖网渔船——在索马里海域以外的地区也一样。例如，在印度尼西亚，非法捕捞造成的经济和生态破坏实在太严重，以至维多多（Widodo）政府已经命令印度尼西亚海军击沉一切侵入印度尼西亚领海的拖网渔船（其船员则被逮捕并移交），以此警告其他非法渔船。

现代海盗舰队

罗伊·沙伊德尔（Roy Scheider）在 1975 年的卖座大片《大白鲨》中有一句妙语，堪称是电影史上最经典的台词之一："我们需要一艘更大的船。"直到 20 世纪，应该会有很多海盗同意这句话，毕竟"更大"通常意味着有更多的空间用来装载货物和掠夺品，还意味着更久的耐受力，可以在公海上航行得更远。此外，更大的船也能架载更多火炮，因此在与回报颇丰的目标交火时也就更有把握，即便目标舰船防守严密。"高个子本"亨利·埃弗里的护卫舰"幻想号"——正是驾驶着这艘船，他在 1695 年 7 月捕获了"法塔赫·穆罕默德号"以及"无上珍宝号"——就是这样的一艘船。但不是所有的海盗都试图获得更大、火力更猛的舰船：确实，对于那些不去远洋进行长时间劫掠的海盗来说，他们更喜欢那种可以运载相当数量的战利品，但又不会大到足以引起怀疑的船只。约翰·沃德在其海盗生涯起步时，决定要袭击一艘法国快速平底船，那艘船比他的船要大一些，还装备了火炮。但是沃德喜欢这艘平底船不是因为它更大，而是因为它看起来无害，"像个煤斗一样"[43]。驾驶一艘快速平底船接近其他船只时，很少会引起怀疑——等到对方想要逃走时，已经太晚了。皮埃尔·勒格朗是另一位偏爱外表无杀伤力的小型舰船而非火力更猛的大型战舰的海盗，他正是靠着自己的小划艇那"可怜的"外表，才得以靠近一艘巨大的西班牙大帆船而没有引起对方的怀疑，然后才能快速压制惊讶的西班牙船员们。1857年在菲律宾海域俘虏西班牙军官伊瓦涅斯和加西亚的那群不知名的伊拉农海盗，多半也会赞成沃德和勒格朗在挑选舰船方面的眼光：对于海盗这一行来说，比起单纯的大小和火力，在光天化日之下掩饰自己，进而向全无防备的猎物发动突然袭击，这样的能力更加重要。

如今活跃在马六甲海峡、阿拉伯海和几内亚湾的海盗团伙，似乎也从中学到了这个经验，那就是"更大"并不意味着一定"更好"：在一个依靠直升机、海上巡逻机甚至无人机从海上和空中进行全面海事监测的时代，于光天化日之下隐藏自己的技巧比以往任何时候都重要。伪装成这些海域沿海及群岛水域中无数的近海渔船和小型拖网渔船是很容易的：海盗船和渔船之间唯一的区别就在于，前者会配备抓锚和梯子这种暴露出海盗意图的装备，而船员们一般会装备突击步枪和火箭筒。船只的相似性使得抓捕海盗的难度相当大，只要他们没在实施劫掠——把梯子和抓锚扔下海，就能摇身一变成为看起来无恶意的渔民。而且，在某些地区，例如索马里海岸和几内亚湾，就算是持有小型武器，也可以解释成普通渔船船员的装备——毕竟，渔民们必须抗击海盗保护自己，否则自己的船有可能会被海盗夺走。

至于对"更大的船"的追求，这仅仅对于那些索马里的"海盗行动组织"（pirate action groups）才有意义，在2008—2012年索马里海盗浪潮发展到顶峰时，他们将活动范围扩展到了公海。在那几年里，索马里海盗行动组织的最大活动范围南至莫桑比克海峡的入口，北达阿曼湾（Gulf of Oman），东及拉克代夫群岛（Laccadive Islands）和印度西海岸，其中最远距索马里海岸达1500海里（2778公里）。从逻辑上讲，小型近海渔船或者是长3.4—11米的"波士顿捕鲸船"（Boston whaler）式玻璃钢船是不适合远洋航行的：船员们很快便会消耗尽食物、饮用水和卡塔叶（khat，一种咀嚼后会产生兴奋作用的叶子），燃料当然也会用光，就像一些传闻轶事里讲到的，倒霉的索马里海盗团伙驾乘这样的船去公海上打劫所遭遇的下场。大部分船员可能丧生海上，也许会有一两名海盗在拉克代夫群岛附近被印度海军救起来，饿得半死，渴得要命。[44] 然而，更有组织性的索马里海盗团伙所做的事情和约翰·沃德一模一样：他们使用武力"获取"一艘更大的船，通常是远洋拖网渔船或者小型货船，然后用这艘船作为母舰，他们的小型玻璃钢船则尾随其后。由于拖网渔船和航线不定的小型货船（老式船会根据装载货物的不同，执行港口对港口的货运航行，没有固定的航线或者时间表）无处不在，海盗团伙依旧可以在极大地拓宽活动范围的同时，在显眼的位置很好地隐藏自己。在这种情况下，海盗们还可以将船只的日常维护和导航工作"外包"给船上的合法船员，这些船员通常被扣押在船上，一方面作为人质来换取赎金，另一方面在面对军舰的反击时，海盗可以把他们当作"人肉盾牌"来保护自己——这种战术有时候会导致无辜平民的死亡。

现代伪装与欺骗

没有船的海盗活动当然是不可行的。不过，以一艘合适的船作为移动平台，来劫掠其他船只或者沿海定居点，海盗活动是否永远都是这样的套路？倒也未必。在 20 世纪早期的一些例子中，海盗并没有"获取"船只，而只是临时"借用"一下，目的是彻底洗劫船上的货物和乘客身上的贵重物品。例如，在20世纪20年代和30年代，一些中国海盗伪装成看似无辜的乘客，搭乘进出香港的英国邮轮，以期在航行途中劫掠它们。战术很简单：大多数海盗是作为普通乘客登船的，他们在通常很拥挤的三等舱里；只有海盗头目等少数人有头等舱的票。登船的海盗数量从10人到60人不等，由于他们散布在船上各个位置，因而能够在袭击开始时快速控制引擎室（通常在三等舱附近，位于甲板下方）和舰桥（通常可以从位于上层甲板的头等舱轻松到达）。于是，他们可以停下船，或者驾船沿着他们选定的航线行驶，这样便可以与接应他们撤退的船会合。轮船上的操作人员很快便熟悉了这种无耻的海盗套路，他们用铁栅栏把通往舰桥的窗户封住了，以防止任何人从这里爬过去，同时还派武装护卫在舰桥门外把守。[45] 但是，由于船副们通过舰桥的时间间隔是可预测的，而且自满又是人类的天性，所以，面对这些安保措施造成的困难，全体海盗们需要做的，就是等待一个适当的时机："到时候，会有一声尖利哨响，或是一声枪响，或者也有可能是地狱般的一声锣响，这就是动手的信号。"[46] 在船员还不需要接受审查、登船乘客的身份也无须确认的年代，这是一套非常有效的战术：尽管采取了安保措施，但在1921—1929年，还是约有30艘船惨遭这类海盗的洗劫；[47] 海盗们则在每一次成功的劫掠后，都能轻松地逃进中国领海，顺利逃脱英国海上巡逻船的追捕。与他们的前辈一样，这些海盗展现出了令人钦佩的能力，他们充分利用了尴尬的殖民环境下的漏洞——在这样的环境下，英国和中国在影响力和政治利益方面的分歧为海盗活动提供了极其有利的条件。

如今，准船员在被雇用之前，必须经过审查程序，而乘客在登船前也必须出示护照或身份证——至少理论上如此。然而，海盗或者恐怖分子不被察觉、不受怀疑地潜上船的概率仍然不完全是零。在实践中，并不是所有的航运公司都采取了他们本应采取的严格预防措施：对全体船员进行彻底的审查太浪费时间，而检查每一位乘客的证件则有可能导致晚点，况且身份证和护照也可以伪造。

海盗，或者只是投机性质的罪犯，编造借口或者使用伪造的证件不被察觉地潜入一艘船，以图犯下俗称"锚地盗窃"（theft at anchor）的罪行，这对于不够警觉的游艇驾驶人员来说也是一个严重的问题——他们当中也不是所有人都在看待海盗威胁方面做到了本应达到的严肃认真程度。记录在案的海盗袭击游艇案例有不少，在这些案例里，受雇的普通水手或者付费租船的顾客实际上是罪犯，他们借着上船的机会制服船主，将其绑架或者直接杀死。在加勒比海一带，发生此类袭击的原因通常是为了获取一艘合适的游艇，以便往美国走私毒品。部分情况下，被劫持的船只再也没有出现过。德国单桅帆船"诺德施特恩四世号"（*Nordstern IV*）在1977 年 3 月 18 日离开安提瓜岛踏上前往里斯本的横越大西洋之旅后，便同船上的两名船员和四名德国租客一起神秘地消失了。本案迷雾重重——该单桅帆船的德国籍船主负债累累，而且他也知道，他的船一旦抵达葡萄牙，立即就会被有关当局扣押。四十多年过去了，此案仍有许多疑点。事件发生二十五年后，一位游艇领域的观察家提出了一种解释："当时是哥伦比亚和美国之间毒品走私的鼎盛时期，'诺德施特恩四世号'可能被用作了快速毒品运输船。我认为它被海盗劫持了，而船员们都被除掉了。"[48]

不止毒品贸易困扰着游艇和游艇驾驶员们，在安保较为松懈的小海港或缺乏安保的海湾也经常发生"锚地盗窃"案件，投机性质的罪犯可以偷偷潜上停泊着的游艇。例如，在2016年3月初，就发生了两起案件，蒙面的持枪歹徒在同一天登上了两艘停泊在圣文森特岛（the island of Saint Vincent）瓦利拉布湾（Wallilabou Bay）的德国游艇。在第一起盗窃案中，船主马丁·格里夫（Martin Griff）被枪杀；而在第二起案件中，赖因霍尔德·策勒（Reinhold Zeller）肩部中枪受伤。这两起案件是否由同一伙匪徒犯案尚不清楚，受害者是否有抵抗也不清楚。[49]

圣文森特并不是加勒比海唯一一个需要小心警惕的地方——实际上，游艇驾驶员在整个加勒比地区都应该谨慎行事："有的地方很安全，像家里一样；有的地方，人们随时可能受到严重的伤害。"[50] 亚马孙地区也因为这种投机性质的海盗袭击而臭名昭著。2001年12月7日，著名的新西兰世界赛艇冠军彼得·布莱克爵士（Sir Peter Blake）在他的游艇"海王号"（Seamaster）上受到致命枪击。当天晚上10点左右，有七八名持枪的河上海盗设法溜上了他的游艇，布莱克在自卫时中枪。[51] 时间近一些的也有，2017年9月13日，英国皮艇手埃玛·凯尔蒂（Emma Kelty）在亚马孙河支流索利蒙伊斯河（Solimões River）的河岸上被杀，据推测，凶手可能是一伙河上海盗。在袭击发生的前一天，凯尔蒂在社交媒体上发布了一条令人担心不已的信息："转过［河］弯以后，我看见50个人坐着船，拿着箭！！！……好吧，是30个人……不过也还是……这种地方，这么多人，坐着船，拿着箭还有步枪。"[52] 根据凯尔蒂发布过的信息来看，她是一名经验丰富的皮艇手、探险者，而在这次致命的袭击发生至少三天前，有人警告过她，这片水域经常有海盗出没。但是她看起来没有把这事放在心上："我的船会被偷，我也会被杀。棒极了。"[53]

大概是加勒比海无忧无虑的度假氛围和亚马孙河令人叹为观止的美景，使人们低估了这些地方作为海盗出没地的可能性。只有极少数事故登上了西方媒体的头条，所以也就可以理解为什么游艇驾驶者们可能会忘记采取防范措施——有时候这会造成致命后果。这种对海盗活动的危险性缺乏认知的情况，似乎在相当多计划航行穿越马六甲海峡或者阿拉伯海的游艇驾驶者们当中屡见不鲜——他们穿越的也是今天海盗活动最频繁的地区。有传闻证据表明，即便游艇驾驶者意识到有威胁存在，他们还是会错误地认为，海盗不会对他们动手，因为他们的船上没有什么贵重物品，也没有大量现金；当然，有些人补充说，船只本身就是他们唯一的主要财产。这可不是索马里、尼日利亚和印度尼西亚的年轻海盗的看法，在他们看来，乘着自己的船悠闲地环球航行，这是非常、非常有钱的象征——游艇和艇上的船员对于他们来说，当然就是不可抗拒的目标。

今天的震慑战术

尽管技术的进步给海员和海盗都带来了许多变化，但是对于后者来说，有一个重要问题在几个时代以来也没有改变：发现合适的猎物，在它成功逃跑或借助无线电报（从19世纪下半叶至20世纪末）、无线电（从20世纪下半叶以来）、卫星电话（现如今）快速联系有关当局寻求协助之前，发动袭击并将其压制。因而，现代海盗仍然偏爱狭窄的溪湾、小海湾和岩石海岬，他们的前辈们就一直在找寻这样的场所，理由也是一样的：这些位置方便海盗设置埋伏，他们可以突然杀出来发动进攻，而目标舰船根本没有时间反应，没法加速离开也没法寻求援助。直到"二战"开始前，阿隆索·德孔特雷拉斯等私掠海盗偏爱的那些爱琴海中的希腊岛屿，仍然是少数残存的希腊和黎凡特海盗藏匿的地点。在东方海域，有些地点直到今天还非常受海盗们欢迎，特别是马六甲海峡的一些岛屿，马六甲海峡既是世界上最繁忙的海峡之一，也是最令人害怕的海上咽喉要道之一。

如果没有合适的埋伏地点，当代海盗便会继续在光天化日之下隐藏自己，假装自己是依靠船只糊口的老实渔民，同时不忘用敏锐的眼神观察缓慢经过的商船。在他们被反制措施（后文会讨论这个问题）驱逐之前，第一拨索马里海盗就于20世纪90年代末在亚丁湾的曼德海峡附近游荡，就像"高个子本"亨利·埃弗里在300多年前做的那样。但是，与埃弗里相比，索马里海盗可以猎捕的目标航船要多得多：如今，每年有1.6万—2万艘船只通过这片海域，堪比马六甲海峡，也属于世界上最繁忙的海上高速公路，或者用恰当的专业术语来说——"海上交通运输线"（SLOC）。21世纪初突然出现的尼日利亚海盗充分利用了几内亚湾的狭窄水域和密集的油轮航线，把目标锁定在那些缓慢经过石油和天然气固定设施的油轮。对于今天的东南亚、尼日利亚和索马里海盗来说，在相关港口设置探子和眼线也是一大优势——前者甚至偶尔在目标船只的船员中间都有线人，这些线人只要有机会，就用手机给海盗们提供最新消息。同时，由于社交网络的兴起和如今对脸书、推特的习惯性使用，人们可以知悉某艘船会在何时驶离 A 港，并沿着哪条航线前往 B 港。这对现代海盗活动来说起到了极大的推动作用，真可谓"口风不紧船舰沉"①。不过，总体看来，"能够发现绝佳的目标，更多的可能还是依赖于运气和灵光一现的猜测，而不是靠计划"。54

现代海盗还有一点与他们的前辈类似，那就是对于进行血腥战斗的抗拒。和他们的前辈一样，现代海盗也采用了震慑战术，以确保对方能快速投降，并在没有任何抵抗的情况下登上目标船只。一些观察家声称，现代海盗非常厌恶风险，以至他们甚至会避免接近那些看上去可能会进行自卫的船只。例如，1984 年《经济学人》（ *The Economist* ）上一篇有关活跃于马六甲海峡的海盗的文章指出，由于"以色列、俄罗斯和美国的船只经常携带武器，而他们的船员也都受过训练，了解武器的使用方法，所以［它们］极少遭到袭击"55。与之类似的是，有坊间传言称，索马里海盗行动组织也倾向于避开以色列和俄罗斯船只，因为他们害怕遭到坚决的武装抵抗。他们对于悬挂美国国旗的船只则没有那么尊重，2009 年 4 月 8—12 日对"马士基·阿拉巴马号"的未遂劫持就是例子。56 鉴于有些俄罗斯船只实际上也被袭击过，而且一些索马里海盗行动组织甚至误向海军军舰发起过攻击，例如，2010 年 4 月 10 日的美国海

---

① 口风不紧船舰沉（loose lips sink ships）：源自"二战"时期美国的宣传海报，建议军人和其他公民尽量不要粗心大意地谈话，以免某些消息的泄露间接导致军事上的挫败。

军船坞登陆舰"阿什兰号"（*USS Ashland*）和 2012 年 1 月 17 日的
西班牙海军补给舰"帕蒂诺号"（*ESPS Patino*）[57]。所以，我们应
该有保留地看待这些言论，毕竟从玻璃纤维小艇的相对较低的角度
来看，想要在行动之前，弄清楚一艘大型货船或者油轮的名称和登
记信息，确实有一定的难度，特别是在黄昏或黎明前后。

　　不过，一般来说，现代海盗在与其猎物搏斗时，所面临的危险
通常要远低于他们的前辈：现代商船及其船员一般情况下是没有武
器的。因此，现代海盗发现，利用好震慑战术相当容易，只需要挥
舞起突击步枪和火箭筒就可以了，而商船的船员快速投降的缘由也
跟之前时代的船员们基本相同，无论是否装备了武器：为什么（通
常工资不高的）水手要为了已投保而且属于别人的货物去搏命呢？
船员们即便被海盗洗劫了财物，也很有可能得到保险赔付。尽管索
马里海盗偏爱的绑架勒索赎金的行事方式令人心生恐惧，但服从海
盗命令的被俘船员也清楚，赎金早晚会支付，他们也会被释放。跟
海盗死拼，还是不太值。

　　索马里海盗惯用的震慑战术通常是最多七名海盗在一艘玻璃钢
船上单独行动；或者是数艘船一拥而上——这其实模仿了古代的群
狼战术，不过规模小得多。后者会有多达 40 人的海盗行动小组驾
乘多艘由强大的沃尔沃或雅马哈舷外发动机推动的小艇，从多个方
向迅速接近目标船只。他们用 AK-47 步枪向船只上层结构发起数
轮齐射，试图以此迫使船只停下来，还会间歇发射一枚火箭弹，让
己方的劝降更有说服力。[58] 在很多报道过的案例里，这已经足够说
服船长停船以避免发生流血事件。例如，在 2008 年 11 月，悬挂着
丹麦国旗的货船"未来号"（*CEC Future*）尝试甩开索马里海盗失

败之后，船长诺日金（Nozhkin）就是这样做的。他后来说，当他在雷达屏幕上看到他们时，"就好像我脑袋里有爆竹在响"[59]——这表明，即便是对于大型船只上经验丰富的海员来说，海盗船的出现也会给他带来极大的苦恼。不过，索马里海盗的群狼战术也不是永远都能成功的。正如我们在引言部分所看到的，2005 年 11 月 8 日，邮轮"世鹏精灵号"的船员们采取了强硬的对策，包括突然改变航向和航速，使用高压水管以期将海盗船打翻，还有使用当时还很新奇的"声波炮"（长距离扬声装置）并最终获得胜利。[60]

尼日利亚海盗"特有的暴力天性"

与诺日金船长脑袋里的"爆竹"相比，海盗船出现在几内亚湾的雷达屏幕上所引发的恐惧更加严重：尼日利亚海盗的暴力程度要比索马里海盗高得多，而他们在对待没有立即服从命令的船员时，也比索马里海盗更容易对船员造成伤害甚至死亡。尼日利亚海盗并不总是以劫持船员为人质然后勒索赎金为主要目标。相反的，对于普通货船，他们会洗劫船员的贵重物品和船上保险柜里的钱；而对于运油船，他们通常是为了船上的精炼油发起攻击的。他们会将俘获的运油船开到偏远、安全的地点，然后用另一艘船将精炼油虹吸干净，做快速的"船对船"转移。[61] 在这两种情况下，目标船只上的原有船员是否存活，不影响海盗劫掠的成功与否——在这片海域航行的船员们对此都非常清楚。索马里海盗和东南亚海盗很少冒险截击那些看起来可能会抵抗的船只，而尼日利亚海盗则不同，即便是那种配备了训练有素的武装安保人员并会与海盗持续交火的商船，尼日利亚海盗也照样对其发动攻击，这一点为人所周知——这种事情太寻常了，以至很多资料都评论这是"尼日利亚海盗特有的暴力天性"[62]。例如在2014年4月29日对机动油轮"布鲁塞尔号"（SP Brussels）的袭击中，一群由8名尼日利亚海盗组成的团伙分乘两艘快艇，甚至逼得武装安保团队和船员们一起躲进了船上的避难室里。[63]后来，2名海盗在与赶来救援这艘油轮的一艘尼日利亚海军舰艇交火时被击毙，而剩余的6人则被逮捕。[64]

尼日利亚海盗与该国海军之间的交火并非罕见：仅在2013年8月的两起事件中均有海盗向尼日利亚海军舰艇开火的记载，其目的是为了解救被海军俘获的船只。其中第二起涉及内燃机汽油轮"诺特雷号"（Notre），该船被奉命追捕海盗的8艘尼日利亚海军舰艇围住。尽管汽油轮是名副其实的"浮动炸弹"，并非用自动武器进行持续交火的最佳平台，海盗们还是选择了武力抵抗。最后，他们试图乘一艘小艇脱逃，但没能成功：在持续30分钟的激战里，16名海盗中有12人被击毙，他们的小艇也沉了。[65]这种极端暴力倾向近乎于自杀，在索马里海盗活动中几乎没有出现过。

船只在遭到尼日利亚海盗船袭击时还能够采取逃避策略，但这种办法对于一些海上设施来说，是不可能实现的：尼日利亚海盗还会袭击静止不动的海上石油设施，例如石油钻井平台、浮动式生产储存与卸载油驳（FPSO）以及作为石油工人住房的驳船。荷兰皇家壳牌公司的FPSO "邦加号"（Bonga）就设在尼日利亚海岸以外120公里的位置，他们本以为这里不会遭受攻击。[66]但是，在2008年6月19日凌晨1点，来自游击组织"尼日尔河三角洲解放运动"

的 20 多名全副武装人员乘快艇接近，并试图对这架 FPSO 发动突然袭击。不过他们没能进入 FPSO，于是便开了火。数名船员受伤，但幸运的是没有人丧生。这次袭击持续了至少 4 个小时，没有任何一艘海军舰艇赶来营救。之后，由于无法占领 FPSO，"尼日尔河三角洲解放运动"游击队截击了附近的一艘离岸支援船，并将船上的美国船长劫为人质（一天后，他被释放了）以确保他们能安全撤回自己的据点。尽管这次针对 FPSO 的大胆袭击失败了，但它却"给石油工业带来了严重的冲击"，引发了"对该地区离岸深海设施安全状况的极大关注，甚至是恐惧，此前人们认为这里超出了武装团伙的活动范围"。[67] 其后便是尼日利亚的石油产量"降至 25 年来的最低水平，全球石油价格飙升"[68]。"尼日尔河三角洲解放运动"后来声称，这正是他们此次袭击的意图，其目的是强迫尼日利亚政府通过协商解决他们的政治诉求，包括一次大赦。[69]"尼日尔河三角洲解放运动"是一个游击组织，并不是海盗团伙，然而他们对这架 FPSO 发动的袭击可以被归类为政治性海盗活动：与"普通的"海盗行为（发生在海上的，为了个人私利而实施的犯罪行为）不同，"尼日尔河三角洲解放运动"游击队的活动旨在推进"尼日尔河三角洲解放运动"的政治目标，同时还可以收取赎金，以筹措其政治运动的额外资金。毕竟，组织游击战争可不便宜：武器和弹药需要买，官员需要贿赂，游击队员则需要发饷金。

不是只有"尼日尔河三角洲解放运动"会组织这类政治性海盗活动，"自由亚齐运动"也会用海盗活动的收入来资助他们自己反抗印度尼西亚政府的游击战争，直到 2004 年印度洋大海啸之后双方握手言和，这才罢休。臭名昭著的阿布沙耶夫组织在 2000 年

4月23日袭击了马来西亚西巴丹岛（Sipadan Island）的一处潜水胜地，他们绑架了21名人质（在赎金支付后，人质最终全部被释放），这次袭击也可以看作是带有政治意图：阿布沙耶夫组织的要求包括释放与"基地"组织有关联的恐怖分子头目拉姆齐·优素福（Ramzi Yousef），并撤出霍洛岛上的菲律宾军队。[70] 然而，2016年11月6日，阿布沙耶夫组织在马来西亚淡比山岛（Tambisan）附近绑架了德国游艇驾驶员于尔根·坎特纳（Jürgen Kantner）并杀害了他的妻子（据说她在试图逃跑时惨遭毒手），这次行动的意图只是出于私利。显然，不仅仅是私掠者和海盗之间没有明显的界限，有组织的犯罪（包括海盗活动）和恐怖主义之间也是如此。

现代海盗的行动方式

尼日利亚海盗对致命暴力颇为偏爱（包括与安保人员以及尼日利亚海军舰艇交火），而索马里海盗普遍会避免此类遭遇战，这种现象说明现代海盗所使用的战术是多种多样的。与之前的几个时代一样，海盗是否会无缘无故地施加致命暴力，很大程度上取决于他们想要的是什么：有的海盗主要目标是船上的货物和船员、乘客的贵重物品，比如粮食兄弟会或者黄金时代的海盗；还有的海盗主要目标是乘客和船员本身，要将其掳为人质后换取赎金或是卖为奴隶，比如地中海私掠海盗或者马来海盗。

对于现代海盗所采用的行动方式，有不同的分类方法，[71] 不过，一般来说可以分成以下几类（按暴力程度升序排列）：直接对停泊的船只进行抢劫；对停泊的船只进行武装或暴力抢劫；对航行中的船只进行武装或暴力抢劫；劫持航行中的船只，以期用人质换取赎金；以及最后一种，劫持船只，将其变成"幽灵船"（phantom ship，即未经合法注册的、因非法目的而行驶于海上的船）。[72] 以上所述的"锚地盗窃"都属于武装或暴力抢劫这一分类。导致彼得·布莱克爵士丧命的"海王号"事件表明，武装抢劫亦有发展为致命暴力事件的可能，但如果一切按照计划进行，船员们甚至有可能意识不到海盗的整个盗窃过程：潜上船，偷走能带上的所有东西，然后消失得无影无踪。而武装或暴力抢劫航行中的船只（又称"抢了就跑"袭击）目前来看，是现代海盗活动中最常见的进攻模式。在大多数情况下，这一类进攻只会持续 30 分钟到一小时。马六甲海峡的海盗袭击是这种独特行动方式的典型代表。一艘小艇，通过伪装成一艘渔船，在众目睽睽之下隐藏自己，然后趁着夜幕掩护溜到商船船尾——船员们痛恨不已的船载雷达视野盲区——并慢慢航行到与其并排的位置。有些海盗顺着系在抓锚上的绳索爬上商船的甲板[73]，对于海盗来说，这通常是整个袭掠过程中最危险的一步，因为失手掉落的危险是相当大的，很有可能被商船和己方小艇的船体挤扁，或者被吸入水下、吸进轮船的螺旋桨里。因而，现代海盗必须动作迅速、身手敏捷，而且大部分都是 20 岁左右——像约翰·沃德这样的老水手，50 岁才开启自己的海盗生涯，要是让他以这种方式爬上一艘现代货轮，简直是要了他的老命。海盗们通常装备着大砍刀和突击步枪，这套武器装备足以在惊慌失措的船员们冒出要抵抗的念头之前制服他们。接着，船员们被关起来，通常是关在甲板室的一个房间里；而船长则被押到船上的保险柜处以打开保险柜，交出现金。平均来讲，航行在国际航线上的船只一般会在保险柜里保存 3 万—5 万美元现金，以便支付港口费用或者船员的开销。船员们的财物也会被洗劫干净，一切能拿得走的值钱的东西当然也不会被落下。劫掠完毕，海盗们快速回到自己的小艇上，消失在夜色中。时间是至关重要的：如果商船舰桥上的船员在被制服之前能设法送出遇险信号，那么海岸警卫船很可能已经在赶来的路上了。对于遭受袭击的全体船员来说，唯一的好消息是此类案件通常不会有杀戮现象。

对航行中的船只进行武装或暴力抢劫可能占现代海盗活动的大部分，但是在世界的某些区域，海员们面临着更为严重的袭击，这便是专门劫持船只的海盗行动。在这类袭击中，海盗登上目标船只，要么劫持船员作为人质以勒索赎金，要么控制住整艘船，以盗取船载货物并将其变成一艘"幽灵船"。后一种情况对于遭受袭击的商船船员来说是最危险的：如果海盗只对船只本身和船上的货物感兴趣，那么船员就是累赘。如果他们运气好的话，就只是被扔下大海，甚至还有可能得到一两个救生筏；如果他们运气不够好，那么下场就是被残忍地杀害，就像散装货轮"长胜号"事件中的船员们那样。下一步是对烟囱等船只上容易辨认的部分重新上漆以及对船只的名字进行覆盖或者改写——有时候还有拼写错误。然后，这艘船会使用伪造的文件进行重新注册。船上的货物会在奉行"从不过问"原则的小港口被卖掉，之后海盗会将船开到另一个港口，以该船新的虚假身份作幌子，取走合法的货物，然后将其卖给某个正好不怎么喜欢刨根问底的人。当然，这损害了合法购买者的利益，他已经为这批货物付过钱了，却只能在原定的港口徒劳地等待。最后，如果海盗疑心他们的违法行为已经引起了执法部门的怀疑，就会凿沉该船以试图诓骗保险金，或者只是单纯为了销毁罪证。[74]

　　俘获船只和船上的船员以勒索赎金是劫持船只的另一种形式，也被称作"劫船"。2008—2012 年，此类劫船事故使得索马里海盗引起了国际关注。索马里海盗通常不会对船员们使用致命暴力，只要他们不抵抗。但这并不意味着被俘虏的船员会有一段惬意之旅：有些船长在拒绝合作后遭到残忍枪杀，还有更多的人遭受过毒打。在一些案件中，当船长们疯狂地给公司或是亲戚打电话传达海盗的要求时，他们头顶上会多几声枪响，以强调电话的紧急性，加快谈判速度，否则，这种谈判可能要延续数月之久。[75]一般来说，被俘的船员们最终还是很有可能被释放的，这样，他们就会讲述自己的经历：在索马里海盗的眼里，他们在本质上就是"长着腿的钱"，因此必须要活下来，而且要活得相当好。遭劫持的船只，甚至包括长度超过300米的超级油轮，会调转方向开往索马里海岸，并停泊在大庭广众之下，比如邦特兰的埃勒或者哈拉代雷等索马里南部的港口。随后，大部分船员会被带到内陆的安全地点，船只则由一些海盗或者民兵来保护，以防有人试图将船只再次夺走；通常来说，还会有一部分最初的船员被留在船上当人肉盾牌。这种异常无耻的作案方式在现代是非常独特的，会让人回忆起往昔的地中海私掠海盗。它之所以能够奏效，只是因为港口管理者就是同谋，再加上缺乏中央政府的干涉。[76]从某种意义上说，这些非常有利于索马里海盗活动的有利环境，可以跟第二部分里讨论过的阿尔及尔、突尼斯和的黎波里等港口城市所营造的环境相提并论。

　　2008—2012 年是索马里海盗活动的全盛时期，海盗们犯下的著名案例可以列一个很长的名单，其中包括法国奢华游艇"庞洛号"（*Le Ponant*），2008年4月4日遭劫持，12日被解救，支付赎金200万美元；机动轮船"法伊纳号"（*Faina*），一艘152米长的滚装货轮，2008年9月25日遭劫持，次年2月6日被释放，支付赎金320万美元；韩国超级邮轮"三湖之梦号"（*Samho Dream*），2010年4月4日遭劫持，11月6日被释放，支付赎金950万美元；希腊机动油轮"伊雷妮号"（*Irene SL*），2010年2月9日遭劫持，12月21日被释放，支付赎金1350万美元；还有新加坡内燃机油轮"双子座号"（*Gemini*），2011年4月30日遭劫持，12月3日被释放，支付赎金1000万美元。虽然这份名单还远远称不上完整，但它展示了索马里海盗的业务模式的收益有多高——过去的私掠海盗们想必会向他们脱帽致意。这也解释了为什么自2008年以来的第二波索马里海盗浪潮，跟20世纪90年代末和21世纪初更早出现的第一波索马里浪潮相比，更受贪婪而不是怨愤驱动；同样还解释了为什么索马里海盗组织的构成也从渔民为主转变成渔民和民兵的结合。确实，当2008年8月，劫持法国奢华游艇"庞洛号"及其30名船员的新闻在索马里传开时，所有人都听说了，这次海盗们获得了数百万美元的赎金，而不是2004—2008年的几十万美元。很多野心勃勃的二三十岁的年轻民兵涌上海岸，加入了那些跟他们年纪相当的渔民的行列，想要参与海盗行动，并在赎金上分一杯羹。[77] 还有一点需要注意，索马里海盗从来没有尝试过卸下他们所劫持的船只上所载的货物——比如"法伊纳号"上的货物，包括33辆T-72主战坦克、大量防空炮和火箭筒，据官方称这些货物本应运往肯尼亚，但实际上很可能意在加强南苏丹的武装力量。袭击机动轮船"法伊纳号"的海盗们似乎和其他人一样对此感到惊讶，不过他们并没有碰这批特殊的货物，尽管索马里内战的参与者对于染指这样一批重型武器可能会非常有兴趣。

由于索马里海盗是胆大包天地劫持整艘船，而不"仅仅"绑架个别船员，因此他们占据国际新闻报道达十年之久，直到 2012 年前后，他们终于被一支多国反海盗联盟赶回岸上，或者至少暂时看起来如此。如今，恶名最盛的海盗在尼日利亚，因为他们不介意使用暴力；其次是出没于马六甲海峡的各路东南亚海盗团伙。但是，正如英国皮艇手埃玛·凯尔蒂的遭遇所展示的，其实还存在着其他形式的海盗活动，但只要受害者和海盗们都一样是本地人，那么这些海盗活动就几乎是不为人知的。而且，这些海盗活动甚至没有发生在公海或者近海水域，就是那些经常发生海盗活动的地点。恰恰相反，它们发生在大河流域的入海口，甚至发生在河流内部。

在明清时期，这类"江洋大盗"是中国境内有组织的海盗活动的一种类型。在今天，除了亚马孙河之外，还有一个地区因河上海盗而引起人们的注意，这就是孙德尔本斯（Sundarbans）——布拉马普特拉河（Brahmaputra）、梅克纳河（Meghna）与博多河（Padma）等流入孟加拉湾的河流的三角洲在这里形成一片广阔的沿海淡水红树林沼泽，其面积延伸达 1 万平方公里，横跨印度和孟加拉国的交界地带。纵横交错的河流、沟渠和溪流，连同变化莫测的泥滩、岛屿和遍布野生动物的红树林，组成一个迷宫般的网络，这里是猎人和渔民的天堂。但是老虎并不是唯一徘徊于此的捕食者：对于那些组织有方的海盗组织来说，这片沿海地区是一处快乐的狩猎场，他们利用这座海洋迷宫藏匿行踪，发挥其优势。运气好的话，他们每天的猎物可能包括在这些水域中航行的沿海货船或者远洋拖网渔船，不过遭受他们袭击的船只大部分都是近海渔民的渔船，这些船根本无力抵抗。用一位受害人的话来说，"你可以跟野兽搏斗，把它们赶走，但是只有傻子才会考虑跟这些手持武器的强盗打仗。稍微一抵抗，就可能被打爆头"[78]。这些河上海盗使用的战术，就是用快速的埋伏式袭击，绑架猎物，勒索赎金。就像那些活跃在廖内群岛的海盗一样，这些孙德尔本斯的河上海盗也充分利用"国家能力套利"，带着他们那些不幸的人质，偷偷穿越印度—孟加拉国边界。由于印孟两国没有达成"紧急追捕"协议，而且，不管怎样，海岸执法机构的装备和人员都严重不足，难以在这片区域有效执行法律、维护秩序，只有过零星几次成功的追捕行动，所以海盗们的战术一直能成功。[79]海盗索要的赎金通常为 10 万—15 万印度卢比（约 1500—2500 美元）。[80]虽然在西方读者看来，这笔钱堪称微不足道，可是对于受害者的家人来说并非如此：赎金往往超过了他们一年的收入。但是，如果他们拒绝支付赎金，受害人将被杀害。虽说对于当地的受害者来说非常可怕，但这种海盗活动通常不会影响国际航运——这也解释了为什么此类海盗行为在更广阔的世界中仍然不为人所知。

现代式快乐生活

从前，海盗渴望的战利品包括金银、珠宝和贵重货物，而对于大多数现代海盗来说，他们所希望劫掠的战利品通常是现金。像历史上大多数海盗组织一样，索马里海盗作为今天的顶层收入者（至少在 2008—2012 年如此），也会把他们特殊的战利品（赎金）根据每一名海盗在劫获船只的行动中所扮演的角色，分成若干份。在 2008 年 5 月对机动轮船"莱曼·廷贝尔号"（*Lehmann Timber*）的袭击中，参与海上行动的人每人分到了 14 万美元的奖励，而负责在埃勒看守人质的成员，每个人也拿到了 2 万美元——这仍然比索马里平均年收入的六倍还要高。[81] 据说，这伙海盗的首领——人们只知道他叫"阿卜杜勒喀达尔"（Abdulkhadar，昵称"电脑"）——还给第一个爬上轮船的海盗（他们花了 40 分钟才追上猎物）发了一笔额外的"绩效奖金"：一辆价值 1.5 万美元的"陆地巡洋舰"。[82] 这让人想起加勒比海盗时代对英勇行为的奖励，当时，第一个爬上敌船的海盗同样会得到一笔额外的战利品分成。

在索马里海盗的鼎盛时期，他们的收入是精英级别的——大多数其他海盗赚的钱要少得多。处于"中等"收入的海盗包括活跃在马六甲海峡等海域的海盗，他们的作案方式是"抢了就跑"，主要目标是船上的保险柜里储存的东西和船员们的贵重物品。这类袭掠可以获得总计 2 万—5 万美元的净收益，还算不错。但是这笔钱要分给所有参与袭击的海盗，还要留出一部分来用以贿赂官员、给村里的长者送礼。"临时"海盗处于收入范围的底端，他们只是偷偷溜上停泊着的船，盗走他们能带走的一切东西，通常会带着几卷绳索、几罐油漆或者类似的东西离开——这也算不上是什么海盗传奇。

现代海盗的快乐生活很大程度上依赖于天性，当然还有劫掠品的数量。一个成功的现代海盗有能力负担一次相当不错的哈拉代雷或者埃勒之旅，那里有咖啡店、汽车经销店等各色商业店铺，可以很好地满足海盗们的需求。据说，很多在2008—2012年颇为活跃的索马里青年海盗在事业有成后，便将他们分得的高额赎金花在了轻型货车和迎娶妻子的彩礼上。然而，大多数关于海盗别墅、在新铺的道路上飞驰而过的崭新四轮驱动汽车和海盗们青睐的新开张精致餐馆的小报文章，可能都是西方媒体对于不那么精彩的现实哗众取宠的夸张描绘，而这些媒体的记者可能根本没有到过现场。杰伊·巴哈杜尔（Jay Bahadur）是一位真正去过埃勒的独立记者，他对这类文章嗤之以鼻：

> 如果埃勒真的遍地是海盗的钞票，那么它的居民们一定把钱藏得很好。作为一个海盗天堂，这里真是让人大失所望。国际媒体报道中让我万分期待的豪宅、疯狂的派对和毒品刺激下的狂欢，一概无处寻觅。[83]

然而，当时有一名索马里海盗讲解过，他的同伙们在预计有一笔赎金很快便会支付的情况下，是如何以50%的高昂利息跟别人借钱的：

> 轮船刚一到目的地，派对就开始了，钱也已经花起来了……没人知道赎金什么时候会到手，可能需要一个月、两个月，甚至三个月。但是［海盗们］想要乐子，他们现在就想买车……最终，无论赊账买下的是什么东西，他们都要付双倍的钱……如果他们想买房子，行情价大概是2万美元，但是对于

他们来说，价格是 3 万或者 4 万美元。[84]

　　尽管生活在不同的时代，处于不同的文化氛围中，但活跃于 2008—2012 年的索马里海盗所表现出来的行为，想必会让 17 世纪造访罗亚尔港的海盗们感同身受。不过到了 2018 年左右，他们的好日子就到头了：由于多国海军联盟越来越有效率的海上巡逻，索马里海盗行动组织很少冒险出海，即便出海行动，通常也是空手而归。因此，他们的快乐生活已经结束了——至少暂时结束了。

海盗行为与法律

　　在西方的法律语境里，有一个跟海盗行为有关的观点反复出现，这便是："海盗是'全人类的公敌'（hostis humani generis）。"如今，这个名头似乎已经传给了"基地"组织和 ISIS 等全球性恐怖主义组织，它们都是美国主导的全球性持久反恐战争的作战目标，这次反恐战争是在"9·11"事件后由布什总统发起的。应当指出的是，布什的全球反恐战争并不是第一次出现：真正的第一次是在 1901 年 9 月威廉·麦金莱（William McKinley）总统被一名无政府主义恐怖分子刺杀后，由麦金莱的继任者西奥多·罗斯福总统于 1904 年发起的反无政府主义者恐怖活动的全球战争。[85] 罗斯福对于这场战争发起理由的解释很有意思：

　　　　无政府主义是一场针对全人类的犯罪，所有人都应该联合起来反对无政府主义者。无政府主义者的罪行应当被视为是违反国际法的罪行，就像海盗行为和被称为奴隶贸易的绑架行为，它的恶名比此二者更甚。所有文明开化的国家之间签订的条约都应当宣告这一点。[86]

为了让他的受众明白这种在当时看来还很新奇的威胁的严重性，罗斯福借用了当时众所周知的海盗和奴隶贩子所造成的威胁。当一个世纪之后，布什寻求集结全世界的力量与全球恐怖主义开战时，他也提到了奴隶买卖和海盗行为——他承诺要运用"美国的全部影响力，与盟友和朋友们密切合作，明确所有的恐怖主义行为都是非法的，这样恐怖主义便会被视作跟奴隶买卖、海盗行为以及种族灭绝一般。对于这种行为，任何有尊严的政府都无法容忍或支持，所有政府都必须反对"[87]。

在这两次演讲中，"全人类的公敌"这一观点均为点睛之笔。尽管在其最初的罗马语境中，这句话的含义可能与我们现代的解释有所不同，[88]但这是西方海权国家从近现代早期以来就形成的对海盗的看法。英国大律师威廉·布莱克斯通（William Blackstone，1723—1780）是他那个时代的顶尖法律专家之一，他对海盗行为的描述颇为典型：

> 海盗罪行，或在公海上实施抢劫和掠夺而犯下的罪行，是一种违反社会普适法律的罪行；海盗是……"全人类的公敌"。因此，他放弃了社会和政府所赋予的一切权益，他与全人类宣战，以此回归自己天生的野蛮状态。全人类也必须向他宣战，

因此，每个社群都有权根据自卫原则对他实施惩戒。这是自然之理，每个人都有权这么做。[89]

这个话题在国内法和国际法上引出了一个相当有趣的法律问题，即应该如何看待海盗。例如，在经典的前现代（西方起源的）国际法中，海盗的位置介于纯粹的罪犯和真正的敌军之间。首先，他们"从某种意义上说是罪犯，因为他们没有牵涉到任何国家政府，没有任何公共目的，只是为了'做坏事'的目的聚在一起；从另一种意义上来说，他们又是敌国军队，因为他们干扰了自由贸易和商业，这是向全人类宣战"[90]。这意味着，根据遇到的情况不同，他们可以被看作是罪犯或是战斗人员。其次，要考虑到海盗远远谈不上是全人类的敌人，他们至少经常有某些港口当权者的默许支持，有的甚至拥有国家本身的支持（例如英格兰，当它在跟西班牙进行持续战争时——不论宣战与否）。毕竟，海盗活动是一件大生意，海盗作为随时可以丢弃并撇清关系的工具，很适合用于海上代理人战争，以削弱敌人。[91]再次，有一点并没有逃过法律专家的注意，即作案方式的不同并不能区分私掠者和海盗，真正起到区分作用的是，前者是在国家的授权下进行海盗活动的，而后者没有。[92]这个观点引出了一个逻辑上的问题："如果这两种行为唯一的不同仅在于名义上是否由国家授权，那么怎么能说其中一种是'穷凶极恶'的，而另一种却是可贵可敬的呢？"[93]

结果，在针对海盗活动施行有效多边打击时，各个国家常常无法达成共识。相反，很多国家经常发现，阻挠和破坏当今海上竞争对手所做出的单边努力，是符合其国家利益的。在今天，反海盗联盟仍然囿于深层次的互相猜疑，而另一个问题则在于各个国家不同的行事方式和不同的观念。例如，尽管欧盟和美国对于联合国的《世界人权宣言》持有坚定的立场（至少在特朗普政府退出该宣言之前如此），其他国家的做法却远没有如此坚定。有个例子可以说明这一点：2010年5月6日，一支俄罗斯海军步兵突击队夺回了油轮"莫斯科大学号"（*Moscow University*），该船刚在一天前被海盗劫持。虽然俄罗斯官方消息声称，幸存的海盗被送上充气艇返回家乡海岸了，只不过他们不幸"罹遇海难"，但是另有消息坚称他们很可能被当场处决了——在夺回油轮当天，当时的俄罗斯总统梅德韦杰夫颇有深意的评论，为这种解释提供了有分量的支撑："我们必须做到我们的祖先面对海盗时所做的事情。"[94]

我们已经见识过了"我们的祖先"对海盗所做的事情是什么样的，不会赦免，也不会在连绵不断的战争中像工具一样利用他们，而是会尽量将海盗们绳之以法。有许多处死海盗的方法，很大程度上依赖于文化上对致命惩罚的接受程度。无论采取哪种处决方式，一般都会把这些令人毛骨悚然的场面展现在公众面前，以劝阻人们不要走海盗这条路。在我们这个更加文明的时代，死刑虽然仍存在，但通常不再公开执行。没有改变的是，国家并不总是热衷于对落网的海盗进行审判。例如，伴随人权问题的是财政方面的考虑，其往往使受害国无法在索马里海盗鼎盛时期将俘获的海盗移送法办。一位美国国务院的官员曾经半开玩笑地告诉笔者个中缘由：

> 想象一下，我们要开庭审理几个落网的海盗。显然，我们得把他们带到美国。但是，不光是他们：我们还得用飞机把他

们的律师、受害人、受害人以外的目击证人、船东代表及其律师等许多人都带上。我们还得雇翻译。为了给他们开一场公正的听证会，一切开销都要我们支付。然后，他们可能会被判刑，送进我们的监狱里待一段时间。当服刑完毕以后，他们多半会在纽约开起出租车。[95]

当然，庭审案件虽然花费高昂，有时候也是无法避免的，尤其是一些备受瞩目的事件，像是"马士基·阿拉巴马号"，还有2010年4月10日清晨针对美国海军军舰"阿什兰号"的袭击——当时海盗们误以为这是一艘商船。

其他国家同样也有不愿意对海盗进行审判的情况存在。其中一个原因在于，从根本上来说，各国的国内刑法不再会为海盗活动这种死灰复燃的特定犯罪行为专门定制条例，因为海盗这一现象似乎在一个多世纪以前就已经消失了。从罗马时代以来，人们所熟知的西方法律传统中存在一些原则，例如"法无明文规定不为罪"（nullum crimen sine lege）和"法无明文规定不处罚"（nulla poena sine lege），这意味着没有对应的法律条文，海盗行为就不能被认定为犯罪，也不能依法处置。坦白说，即便一个国家的法律法规将海盗活动编纂入典，这些条文也不一定会被引用。然而也有例外，德国刑法第316条对于试图非法控制一艘民用船只的个人做出的判决是五年监禁——2010年11月，该条款第一次被引用，涉及的案件是10名索马里海盗于当年4月劫持了一艘德国货船"太攀蛇号"（Taipan）。正如很多观察家所指出的，这是四百年来德国首次对海盗做出审判。[96] 因此，在谈到处理海盗案件时，若称很多法庭目前不会对其加以审判，是不公平的。

另一个不愿意审判海盗的原因是：欧盟各国都不希望将被捕的海盗带到他们的军舰上，因为他们担心海盗们会利用这个黄金机会申请庇护——根据欧盟的法律，这是他们的权利。正是由于这个原因，直到欧盟与肯尼亚和塞舌尔达成关于起诉和监禁海盗的合作协议之前，[97]一种被称为"抓捕并释放"（catch and release）的做法非常普遍：没有被抓现行的海盗一旦被捕，只是会被解除武装，然后被释放回自己的船上，让其返回自己的海岸；这样，等到军舰消失，他们便能再度出海碰碰运气。当然了，正如机动船"莫斯科大学号"事件所表明的，总有那么一两个原因，让一些海盗没法活着回家。

避难室和机器人船

如今，以陆地为目标的海盗袭掠极其罕见，仅发生在有限的几个地方。在欧洲，德国沿海城镇和村庄的居民再也不需要提防维京人，弗里斯兰也不再会遭受"依照惯例的突然袭击"——这是当时的编年史中颇为讽刺的一句记载。在地中海，少数保存至今的马尔泰洛塔现在成了吸引游客的地标性建筑物，不再具有防御作用：地中海私掠者和海盗在那里也不见了踪影。这种地区性威胁的终结还导致了沿海地区人口的迅速增长，人们逐渐从更安全的内陆地区迁回沿海地区，因为在这里从事渔业和进行贸易更方便。中国和日本的沿海地区也是一样：那里的人们能够从容生活，不必担心被晴天

霹雳般突然出现的海盗劫持，那里的瞭望台和堡垒工事如今也成了
游客的打卡胜地。而在拉丁美洲和加勒比海沿岸地区，村民和城镇
居民也不用再害怕英国的海猎犬 ① 或者法国、荷兰私掠者的突然袭
击。然而，所有规则都有例外，在某些地方，海盗的威胁并没有完
全消失。正如我们所看到的，停泊在加勒比海的游艇仍然会遭受袭
击，河上海盗仍然出没在巴西的亚马孙地区和印度—孟加拉国交界
处的孙德尔本斯。在那里，保持警惕仍然是每天例行之事，尤其是
在资金和装备匮乏以及（少不了的）腐败导致海上警戒效率低下的
情况下。

在海上防御海盗方面，长期以来商船都有一个显而易见的选
择，那便是结伴护航而行：正如前文已经讨论过的，数量可以带来
一定程度的安全感。近来，面对索马里海盗在公海上的威胁，为保
护欧洲最重要的前往亚洲的海上交通运输线，欧盟部署的欧盟海军
部队（EU NAVFOR）迅速采取行动，在海盗出没最频繁的亚丁湾
和阿拉伯海北部再度启用护航制度。2008 年 12 月，欧盟海军新成
立的"非洲之角"海上安全中心（MSC-HOA）[98] 开始组织船队"集
体穿越"（group transits）一条受到保护的海上走廊：

> "集体穿越"的概念与传统的护航体系有所不同（后者的
> 整体速度受制于速度最慢的舰船的速度），通过的船只交错起

---

① 海猎犬（sea dogs）：一群由英格兰女王伊丽莎白一世授权的私掠者，
本书提及的一些英格兰著名私掠者，如弗朗西斯·德雷克、沃尔特·雷利和理查
德·霍金斯均为海猎犬成员。

航，然后在船只通过海上走廊时对其进行监控。船只将定时抵达并在护航军舰的陪伴下一同通过风险最高的海域。[99]

尽管起航时间错开，而且沿途还部署了一定数量的直升机（诚然，其数量一开始相当有限），[100] 但是"集体穿越"系统有一个致命弱点。针对"集体穿越"时处于护航中的船只进行的海盗袭击有多次都取得了成功，正如这些袭击所展现的那样，部署关键的反海盗措施（例如乘坐直升机或快艇抵达的海军反登舰突击队）的机会窗口只有 8 分钟。这段时间，是从船只发现正在接近的海盗开始（在此之前，它们可能一直伪装成附近的渔船）到海盗爬上船并劫持人质为止。在很多情况下，这段窗口期太短了，根本来不及采取有效的反海盗措施。于是，与之前数百年的情况一样，快船的船长意识到，"集体穿越"索马里海域不一定是最佳选择，他们宁愿相信自己船只卓越的速度。正因如此，国际航线上的集装箱货轮几乎不会劳心劳力地加入这类护航船队。统计数字表明，索马里海盗从来没有登上过速度超过 18 节（约合每小时 33 公里）的船只，而现代集装箱货轮的航行速度比这快得多。[101] 然而，卓越的速度也不是总能保护船只免受伏击；而且，当船只停靠的港口位于海盗频繁出现的海域中心时，再快的速度也无济于事。这就是 2009 年 4 月 8 日，集装箱货轮"马士基·阿拉巴马号"的船长理查德·菲利普所面临的情况。当时，索马里海盗从他们那艘看似无害的母船——被劫持的中国台湾拖网渔船"稳发 161 号"（*Win Far* 161）——上突然放出一艘快艇。尽管在第一次袭击中，货轮在波涛汹涌的大海帮助下成功抵御住了海盗袭击，并阻止小艇靠上来；但是第二次袭击的情况对他们非常不利：大海十分平静。[102] 尽管如此，在"集体穿越"中航行，或是相信船只卓越的速度，再加上精神上的准备和敏锐的警戒心，这些结合起来仍然是低成本高效率的被动式反制措施，而海盗的生活则愈发困难了。

为了让海员们更好地应对 2008—2012 年索马里地区猖獗的海盗活动，"非洲之角"海上安全中心发布了《商船最佳管理规范汇编》（*BMP*），在其中列出了所有推荐的反制措施。这本手册在概括介绍了索马里海盗的活动情况后，便列出了一系列事项，包括风险评估、典型的索马里海盗袭击模式、突发事件报告程序、公司和船主的规划、船只防御措施、遭受袭击时如何应对、海盗试图夺取船只控制权时如何应对、面临军事对抗事件时如何应对和事后报告。手册的附录还为渔船和包括游艇在内的休闲船艇提供了特别的建议。尽管这些建议不是强制性的，但编写者还是非常明确地指出，不遵照这些建议行事的话，潜在后果可能会非常严重："在很多例子中，海盗对人质实施暴力和其他的虐待行为时有发生。"他们还指出，船只被劫持后，人质的平均扣押时长为 7 个月，而且也无法保证一定会有解救被俘船员的军事应对。不过，编写者在最后强调，如何做好准备或者如何具体行动的最终责任人仍是船长："本手册的任何内容都不会为了保护船员、船只和货物而凌驾于船长的权威之上。"[103]

《商船最佳管理规范汇编》手册里建议的第一项安全措施，就是加强警戒，包括雷达警戒，而且一旦进入海盗频繁出没的区域，应立即提高警惕。在使用"目视观察"（即"裸眼"）时——现代船员的前辈们当然也使用过这种技术——最好配合双筒望远镜来增强观察效果，如果可能的话，夜视仪最好也用上。在高科技时代，最先强调的是警戒的重要性，这似乎有点奇怪，但是"非洲之角"海上安全中心对其重要性毫不怀疑："周密的警戒是保护船只最有效的一项手段，可以对可疑的接近船只或者已经发起的袭击进行提早预警，并且可以从容地部署防御措施。"[104]

接下来，该手册继续提出建议措施，以保护舰桥免遭海盗的步枪和火箭筒的射击，例如覆盖额外的金属板和沙袋，或者穿戴凯芙拉纤维夹克和头盔（最好采用非军用颜色，以免被误认为是军人）。各处入口门和船舱口——不仅是通往舰桥的门，还包括整座船上各处——应当加以保护或者封锁，而工具和设备也要安全存放好。此外，也应考虑加以布置诸如合理安装的尖刺铁丝网、顶部带有尖刺的金属栅格甚至是通电围栏（取决于船只类型的不同）等物理障碍，以增加登船难度。还要预备好消防水管或者——如果有的话——泡沫炮和水炮，既可以阻止海盗登船，还可以淹没海盗的小艇。为了监视海盗登船后的动向，闭路电视也应该置备，辅以上层甲板照明系统。如果所有反制措施都失败了，船上还应设置一处安全集中点或者避难室——按照该手册的定义，这是一处"为了在一定时间段内抵挡坚决闯入的海盗而设计和建造的"[105]房间，通常备有一套双向对外通信或无线电系统以便船员呼叫求救。船员可以进入这里避难：如果没有船员被作为人质和人肉盾牌，海盗将极易遭到反击，而且无法将船只驶进己方水域。在这里，编写者警告道："如果在确保一切安全之前，让任何一名船员留在避难室外面，那么避难室方案的整体概念就没有意义了。"[106]正如集装箱货轮"马士基·阿拉巴马号"的例子，这确实是非常重要的一点。

《商船最佳管理规范汇编》手册还谈到了主动性反制措施，例如雇用私人海上安保公司武装护卫或是动用军事化的"船只护卫特遣队"（VPD）——不过编写者强调，他们对于这些行动方针既不推荐，也不认可；他们还强调，这些安保人员只能作为额外的安全保障，不能替代上述建议采用的被动性措施。[107] 对于某些船只，因为载有贵重货物，或者速度过慢因而容易成为目标，那么安排 VPD 或者私人武装安保人员确实是有意义的。但是，VPD 并不是随时可用的，而私人海上安保公司则价格昂贵——正是由于这个原因，即便是在索马里海盗危机最严重的时候，船运公司也不太愿意采取这种特殊行动方案。不过，有一个现象也被注意到了，在索马里海盗的相关案例里，船上配备了武装护卫的船只从来没有被劫持过。护卫们开过几枪后，海盗们通常便会去寻找一个更容易得手的目标。不出所料，有几位海事专家建议船员自己应该武装起来："从全体船员里选拔出一支安保团队，加以特殊训练，再指派一名训练有素的持证船副作为队长。"[108] 这肯定要比雇用私人安保护卫便宜多了。支持将船员自身武装起来的观点，主要来自美国。美国对于私人拥有枪支的态度比其他地方要宽松多了。举个例子，在 2009 年 5 月，鉴于索马里海盗造成的普遍威胁，尤其是"马士基·阿拉巴马号"事件，美国商业船运公司自由海运公司（Liberty Maritime Corporation）的首席执行官"谨此请求国会考虑，清除当前阻止船东武装船只的障碍"[109]。其他的反海盗专家，特别是美国之外的专家，对此没那么乐观；而国际海事组织（IMO）一开始就坚决反对武装船员的观点。[110]

反对武装船员的论点主要有三条：第一，除非船员们受过训练，知道如何使用突击步枪，否则即便是给他们装备了突击步枪也毫无用处。尽管训练船员使用武器不难办到，但是这会干扰他们的正常职责，给这些手上已经有很多活要干的船员平添了额外的负担，而现代商船花在船员身上的钱甚至比它们的前辈们还要少。第二，商船的船员都是——和之前的几百年里完全一样——平民，不是预备海军陆战队员，因此他们不太可能为了一些不属于自己的货物而拼命。第三，还有一些法律障碍需要克服，尤其是沿海国家关于持有和使用武器的法律。例如，在很多沿海国家，持有"战争武器"——这类武器不仅包括大炮和坦克等重型武器，还包括普通的突击步枪——是非法的。一些私人安保公司员工就因为在无意中违反了地方的法律而被判入狱。当然，这些问题是有办法解决的，要么通过受影响国家之间的双边或多边谈判，要么通过私人安保行业的创意性解决方案来解决：例如，把"武库舰"（arsenal ship）①部署在高危地带的国际海域进出口，在这里提供武器的租赁和归还服务，武装护卫也可以从这里上船。如果要进入一个对枪支持有管理非常严格的沿海国家领海，还有一种更便宜也更通用的解决方案，那就是直接把武器扔到海里。

面对反击，并不是所有的海盗都像索马里人那样神经脆弱。很多尼日利亚海盗在交火时脑子里什么都不想，即便——正如我们所见——对手是尼日利亚海军，抑或战场是一艘装载着航空燃料的油轮；他们作战时的凶猛杀气甚至曾经逼迫私人安保护卫退到遇袭船只的避难室里躲避。让船上的工作人员配备枪支，不一定是对抗海

---

① 这是一种尚处于概念阶段的导弹发射平台，暂无国家实际建成。

盗的灵丹妙药，甚至有可能导致其他问题。例如，《商船最佳管理规范汇编》手册就指出过，船长有权决定到底要采取哪种反制措施——但是，在一艘被海盗袭击的船上，如果私人安保人员非常清楚他们很有可能被掠夺者处死，他们还会接受船长的命令，放下武器、举手投降吗？或者，他们会不会对于船长的合法权威置之不理，而跟海盗作战？再一次地，明显可以发现，乍一看似乎颇为明智的方案，实际上带来了很多隐患。

现代技术可能很快就会找到解决办法——至少是在西方世界。船运行业内关于使用"机器人船"（robot ship）进行货物运输的讨论，已经有些年头了，即通过陆地基站远程操控无人驾驶的船只，或者让无人驾驶船只沿着预先设定的路线自动航行。开发此类船只有两个主要的出发点——一方面是提高安全性，另一方面则是降低运营成本，不需要给船员付工资、发奖金——与海盗无关。不过，正如一份报告所指出的，远程操控和自动驾驶的船只能"通过增加海上登船难度的设计来减少海盗带来的威胁。海盗即便成功登船，也无法控制该船。由于没有人可供劫持为人质以勒索赎金，因此没有船员的船会减少对海盗的吸引力"。[111]

2017 年，一家英国—挪威公司自动化船业有限公司（Automated Ships Ltd）委托设计了一艘无人自动驾驶机器人船只，这艘船将于未来几年内建造。该船名为"赫罗恩号"（*Hrönn*），将会服务于离岸风力发电站和石油天然气钻井平台。[112] 而自动化船业有限公司也不是独树一帜，劳斯莱斯股份公司（Rolls-Royce plc）目前也在开发一艘"看起来像是一个巨大的鱼雷和金属鲸鱼的混合物，［而且］它和今天的货船的共同点，就像今天的船只跟'五月花号'

（*Mayflower*）的共同点一样多"。[113] 当评估无人驾驶船只相对于传统载人轮船的优势时，该公司显然考虑到了索马里海盗的战术：

> 目标船只之所以吸引海盗，是因为船上有人。海盗可以扣留人质，勒索赎金。而无人驾驶船只将不会是海盗优先考虑的目标。如果有海盗袭击船只，我们可以切断所有动力和推进设备，使海盗更难将船只及船上所载货物搬运上岸。我们可以向有关当局示警，并启动归航技术，这样船只便会自动航行至预设的安全港口。[114]

无人驾驶船只并不如表面看起来那样，既是对付海盗活动的高招，同时还能提高安全性和降低成本。正如一项名为"海事无人驾驶智能网络导航"（MUNIN）的欧盟研究项目所得出的一些结论，在港口入口等拥挤、高密度交通的海域使用自动驾驶船只是不可行的，仍然需要有人在船上操控，确保能根据不断变化的航行情况做出及时的反应；而且囿于某些海域的卫星带宽有限，无人驾驶船只目前来说仍然难以实现。[115] 此外，在这些无人驾驶船只足够便宜并且在海洋运输业内得到更普及的应用之前，海盗们只需要改变目标，袭击那些底层运营公司的船——他们的船通常是人工操作的老旧船只，价值比一堆破铜烂铁高不了多少。如此一来，海盗活动对于发达国家来说将不再是一个麻烦，因为它们的船运公司能够负担得起最先进的船只——海盗们将从西方人的雷达屏幕上消失，但是他们在现实中并不会消失。

应当指出的是，上述所有被动性和主动性的安防措施，其目的都在于提高商船的安全性和防护性。对于休闲船艇或者邮轮，"非洲之角"海上安全中心的建议就不太有用了。例如，这类船只的船员和乘客们几乎不可能集中在一间避难室里：游艇没有空间来设置避难室，而邮轮需要多处避难室以容纳数百甚或数千名的乘客和船员——这又引出一个问题，如何才能组织大家及时疏散到这些安全室里。对于游艇来说，最明智的行事方针就是干脆完全远离海盗容易出没的水域。在这个问题上，国际海事组织直言不讳：所有"单独航行的游艇，都应远离高风险区域，否则将面临遭受袭击和被海盗绑架勒索赎金的危险"[116]。有人可能会认为，这则警告——这里指的是索马里海域——已经说得够明白了，而且这一条常识在其他海盗活动频发地点也都通用。但是，正如前文已经讨论过的，笔者搜罗的轶事证据表明，威胁常常伴随着游艇驾驶者对危险的无知或者盲目的自信——自以为没东西值得别人偷，因此就觉得没什么值得担心的。

不过，在"世鹏精灵号"事件之后，多家邮轮运营公司便迅速采取行动，仔细检查了在 1985 年 10 月"阿基莱·劳伦号"（Achille Lauro）劫持事件发生之后所采取的安保措施。[117]一线公司运营的顶级邮轮在索马里海盗肇始前就在船上配备了足够的安保人员，而且这些船只也都像"世鹏精灵号"一样装备了声波炮作为防护。但是，由于索马里公海海盗活动的出现和马六甲海峡持续存在的海盗活动，一些新措施也上马了。其中一些措施跟"非洲之角"海上安全中心的推荐做法一致，例如 7 天 24 小时持续警戒，为突然加速以摆脱逼近的海盗所做的准备，以及备好消防水管以阻止海盗登船等。另外一些措施包括无线电静默以及从黄昏至黎明的灯火管制制度——这些措施显然需要乘客们的理解与配合。例如，在 2017 年 7 月，公主邮轮（Princess Cruises）① 的"碧海公主号"（*Sea Princess*）正处于从悉尼至迪拜的航线上。在邮轮进入印度洋时，船长下令执行黄昏至黎明灯火管制，为期 10 天，在这段时间里，严禁在甲板上进行派对或观影等活动，灯光也将调至最暗，尽可能地让船只不易被观察到。乘客们必须参加强制性的反海盗演习，并得到一些在遭遇袭击时应如何应对的具体建议。住在海景外舱的乘客"被告知要关紧并锁上阳台门，然后将舱门上锁，并在走廊上躲避，［这样的话］就可以在乘客和海盗之间布置两道金属门"118。这些措施确实让快乐的气氛暂时降了温，但也确实是"出于谨慎考虑，而不是针对特定的威胁做出的应对"，该公司的一位发言人如是说。119 不过，在安全和防护方面过度谨慎，总比单纯相信运气要靠谱。

海上猎捕海盗

主动在海上追剿海盗似乎总是要被数量上的不对等所困扰：战舰太少，需要执行巡逻任务的海域太广阔，需要猎捕的海盗又太多。即便蒸汽动力船的出现使得海盗猎人相对海盗而言拥有了巨大的技术优势，但是数量上的差距一直无法弥补。从一开始就存在的这种海盗与海盗猎人的数量不均衡也阻碍了 21 世纪初的多项反制海盗

_____

① 一家注册在英属百慕大的美国邮轮公司，总部位于美国加利福尼亚州圣克拉丽塔。

措施的实施，这些措施是在数次跨国打击索马里海盗的行动中制定的，例如欧盟的亚特兰大行动[120]、北约的海洋之盾行动（Operation Ocean Shield）[121] 和 151 联合特遣部队（CTF 151）[122] 等。大多数派遣了军舰的国家也参与了相关的国际治理和反海盗体系，例如"索马里沿海海盗问题联络小组"（CGPCS）和"信息共享与防止冲突"（SHADE）。[123]

纸面上看，这似乎是一支在索马里海岸来回巡航的颇具规模的舰队，海盗活动恐怕要就此销声匿迹了。然而，现实却完全不同。例如，亚特兰大行动一开始只有三四艘军舰，加上十几架直升机和两架海上巡逻机（MPA）；海洋之盾行动"在任何时候"都只有三到五艘北约军舰；[124] 而 CTF 151 行动时只有三艘美国海军战舰和十几架直升机。[125] 因此，当西班牙海军在 2009 年 11 月提出封锁索马里 3300 公里海岸线，将海盗赶上岸以解决海盗问题的方案——这实际上是一项历史悠久的反海盗措施——时，皇家海军司令迈克·贾格尔（Mike Jager）深知当时可用于执行这项任务的军舰数量相对不足，因而他打趣道，这相当于"用五辆警车维护美国东海岸的治安"[126]。尽管封锁海岸难以实施，但之后又有人提出建议，可以派军舰封锁最臭名昭著的几处索马里港口，以阻止海盗行动组织将那里作为母港。但是，随后人们便意识到，索马里海盗并不需要复杂的港口设施来发动突袭——对于这些乘坐玻璃纤维船的人来说，随便一片海滩都可以承担这个任务，至于那些从母船发动袭击的人，据说可以利用也门的某些港口来补充给养。因此，就连这种打了折扣的反制措施，最终也被放弃了。

相反，"非洲之角"海上安全中心建立了一条安全的海上穿越走廊，以减少必须进行巡逻的区域的面积，这也是自第二次世界大战以来第一次成立军舰护航编队。与他们的前辈不同，这些现代海盗猎人还可以依靠"空中之眼"来辅助完成任务，这便是陆基海上巡逻机和俗称"无人机"的舰载或陆基无人驾驶飞机（UAV），这极大地加强了对早期威胁的侦测；而更多的舰载武装直升机也可以投入部署，它们能从大型巡逻军舰上起飞，打击索马里海盗。在大多数情况下，这些军舰一般都得到许可，可以迅速做出回应。通常，可疑的海盗船会被拦住，登舰侦搜小队（VBSS）将对其进行登船检查，而这个过程通常是在武装直升机的掩护下进行的。如果发现有犯罪意图的证据，例如武器和弹药、梯子、抓锚等，那么该可疑船只的船员将被逮捕并接受进一步的调查，他们的船则会被炮火击沉。[127]

　　尽管有现代武器和监视技术，但打击海盗仍然是一项危险而大胆的工作，尤其是在夺回被劫持的船只时。与索马里海盗的对抗提供了一些有益的例子。2010 年 5 月对机动油轮"莫斯科大学号"的解救就是其中一例。俄罗斯特种部队的突击队从一架直升机上绳降，经过短暂而激烈的交火，很快便压制了 11 名海盗，其中 1 名海盗当场被击毙。突击队员无人受伤，也没有船员受伤。不像"马士基·阿拉巴马号"事件，当时海盗设法俘虏了该船船长；"莫斯科大学号"的船员一见海盗登船，便立即躲进了两座避难室（分别是雷达室和引擎室），因此避免了遭受伤害的可能，同时也让海盗们无法挟持人质作为肉盾。2008 年 9 月 16 日，法国海军休伯特突击队（Commando Hubert）在亚丁湾有过一次更加大胆的营救行动，当时，风帆游艇"卡雷·达斯四世号"（*Carré d'As IV*）上的 2

名船员遭 7 名海盗劫持。为了在不被发现的情况下接近该船，法国突击队员在距离游艇尚有一定距离时便跳伞落入海中，然后游泳靠近游艇。按照计划，他们出其不意地制服了海盗：1 名海盗被击毙，其余 6 人非常明智地投降了。2 名人质安然无恙。

但是这类行动并不总是能成功。2009 年 4 月 9 日，距索马里海岸约 20 海里（37 公里）处，法国突击队组织的一次行动，试图夺回被海盗劫持的风帆游艇"塔尼特号"（*Tanit*）及船上的 5 名人质，结果，不仅有 2 名海盗身亡，而且该游艇的船长弗洛朗·勒马松（Florent Lemaçon）也在交火中遇难。[128] 还有更糟糕的，2011 年 2 月 22 日，美国海军部队试图夺回遭劫的风帆游艇"探索号"（*Quest*），该船自 2 月 18 日以来一直被一伙 19 人的海盗劫持。结果，4 名人质全部遇难，均为美国公民。人质是在海盗与迫近的美国海军登船小队交火时丧生的（幸存的海盗如此声称），还是被残忍枪杀的——也许是为"马士基·阿拉巴马号"事件中戏剧般丧命的 3 名索马里海盗复仇——尚不清楚。根据美国海军的报告，登船特别行动小组看到游艇上有开枪的情况后才开始行动——这一证据支持了报复性杀戮的可能性。[129] 无论如何，海盗的计划在致命的交火之前就已经破产了：他们打算带着人质转移到附近的母船上，并在成功劫持后立即抛弃不堪一击的游艇。但是，母船一发现美国海军的军舰在接近，就立刻逃跑了。于是，19 名海盗被困在了小小的"探索号"上，只携带了少量食物和饮用水。[130]

有些计划的部分反制行动由于极有可能危及遭劫船只上的人质生命安全，在一开始就被取消了。2009 年 4 月 3 日，即"马士基·阿拉巴马号"事件拉开序幕的五天前，德国机动货轮"汉萨·斯塔万格号"（*Hansa Stavanger*）及船上的 25 名船员被索马里海盗俘虏。虽然德国联邦警察第九边防大队（GSG-9）海上部队已经赶到现场准备实施救援，但这次行动在最后关头被叫停了——海盗人数尚不清楚，但估计至少有 30 人，只有迅速压制他们，才能解救所有人质。看起来，挑战从一开始就摆了出来。另外，在被劫持为人质的 25 名船员中，至少有 6 人被刻意隐藏了起来，很可能被安置在甲板下方，海盗们想以此增加施救难度。据估计，即便在最佳情况下，至少这 6 名人质——很有可能还要再加上几名 GSG-9 队员——将会在反劫持行动中被杀或受伤。[131] 事后看来——牢记墨菲定律（凡是可能出错的事，就一定会出错）——取消行动的决定很可能是正确的选择：虽然"汉萨·斯塔万格号"的全体船员不得不忍受 4 个月的囚禁，但在支付了一笔 200 万美元的赎金后，他们最终于 8 月 3 日被释放，船只也归还了。[132]

　　缺乏打击海盗的船只，这个问题可以通过前文讨论的无人驾驶飞机或无人机的海上变种来解决，至少可以在一定程度上予以缓解。例如，以色列防御设备提供商拉斐尔先进防御系统有限公司（Rafael）在 21 世纪初研制的无人水面舰艇"保护者"（Protector）是一种具有高机动性能的刚性充气艇，长 30 英尺（约 9.1 米），速度可达 50 节（每小时 92.6 公里），目前已在以色列、墨西哥和新加坡服役。它配备了尖端监视系统和枪塔，通常配备机关枪。尽管其开发商主要考虑的是海军防护，但该舰艇也可以经过改装后用于监视目的或调查潜在的威胁，以打击海盗活动。[133] 但是，《大众机械》（*Popular Mechanics*）的头条新闻《机器人船在高速公海上追捕高科技海盗》（*Robot Boats Hunt High-Tech Pirates on the*

High-Speed Seas）是否会真的实现，还有待观察——目前来说，这只不过是猜测而已。[134]

陆上反制海盗措施

在 20 世纪之前，想要终结那些巢穴位置非常明确的海盗活动，最好的——但不一定是最简单的——方法，就是阻止海盗们从他们的老巢出发，要么派海军摧毁这些地点，要么攻占整个地区，并建立殖民政权。后一种方案能够产生持久功效，而前一种方案的结果，通常被证明海盗只是暂时受挫：对阿尔及尔、的黎波里和突尼斯实施轰炸，结果根本没能起到封锁作用，这就是一个很好的例子。

不过，在 2008—2012 年，索马里海盗的活动次数达到巅峰，因此除了在海上采取各种反制措施以外，也有人在西方各国海军内部进行游说，希望能对索马里海岸也展开反海盗行动。这些进攻提议——虽然限制在一定的规模和范围内——将目标放在了破坏海盗的陆地基础设施上，例如击毁海盗的船只、逮捕或"清除"海盗团伙的领导人——这些领导人早就引起了西方情报部门的注意。支持这一激进方针的人着重指出这样一个事实，即这类任务已经是打击索马里青年党（如今它已是"基地"组织的盟友）的反恐行动中重要的组成部分，而且，在反海盗行动中，类似的袭击已经上演过了，例如"庞洛号"劫持案的收尾工作：在赎金支付完毕、30 名人质被释放之后，法国突击队立即向试图逃进沙漠的海盗发动突然袭击。部分赎金被追回，6 名海盗被捕，3 名海盗可能被击毙，另有数人受伤，不过法国媒体仍然对此表示否认。[135]

对于那些在光天化日之下停泊在索马里港口的遭劫船只，西方各国海军也考虑过将其夺回的可行性，但由于此类行动会对船上的人质构成危险，所以这个方案很快就被放弃了。对海盗首领实施针对性的斩首行动，或是对海盗的设施发动袭击，也被评估为具有一定风险。毕竟，即便是计划最周密的袭击，也有可能导致附带伤害，导致无辜人员的意外死亡，或是对并不属于海盗的设施造成破坏。鉴于在阿富汗的经验——在那里，很多反恐行动出了偏差——海军决策者之间逐渐达成了一个共识：击中错误的目标，可能会导致新一波索马里青年党征募潮——驱动他们的不是什么崇高的宗教理由，而是单纯的复仇。

经过漫长的磋商，欧盟终于在 2012 年 3 月正式通过一份整合了各种陆上反海盗行动建议的简明手册，并允许针对索马里"沿海领土和内陆水域"范围内确认无误的海盗目标开展有限的行动。两个月后，欧洲海军组织了第一次地面进攻，又称"亚特兰大行动"。从两栖攻击舰"迪克斯迈德号"（Dixmude）上起飞的一架单独的虎式攻击直升机，进行了一轮低空扫射。这次行动难以给人留下什么深刻印象，其战果也比较有限：6 艘海盗艇被击毁。[136] 值得注意的是这次行动得到的负面报道，其核心观点认为这次攻击可能会引发暴力升级，而随后的行动可能会"遭到防空炮和导弹等武器的反击"[137]。幸运的是，实际情况并非如此。但是公众的负面反馈凸显出，欧盟各国普遍不愿意陷入另一场无休止的地面冲突。

不过，地面进攻只是旨在解决索马里海盗问题的亚特兰大行动综合方案的一个方面。这个方案明确指出了从根源上解决该问题的必要性，"通过促进索马里社会和经济的发展，重点在三个方面进行合作：管理、教育和生产类项目，尤其是农村的发展"[138]。此外，由于在索马里海域维持军舰巡逻费用高昂——意味着这些军舰没办法在其他地方执行任务——欧盟亦于 2011 年开始，借助一套"区域海事能力建设"计划，鼓励区域反海盗措施，重点在于"加强吉布提、肯尼亚、坦桑尼亚和塞舌尔等国的海事掌控能力"（这几个国家均临近海盗活动频发区域），以及"训练和装备邦特兰、索马里兰和加勒穆杜格（Galmudug）等索马里地区的海岸武装警察，并在索马里邦特兰培训和保护法官"[139]。

这些举措读起来令人印象深刻，看起来也像是一个综合性的一揽子方案。但是，实施起来却非易事。首先，实施这样的长期解决措施，费用不便宜，耗费的时间也会相当长；截至 2018 年 11 月，这些措施进展不大。其次，来自数个欧盟国家的船只仍然在进行非法、无管制及未报告捕捞，对索马里渔民来说是个天大的麻烦，这一根本原因也必须得到解决。而法国和西班牙是非法、无管制及未报告捕捞行为最严重的两个欧盟成员国，如果要解决这个问题，则将损害其本国利益，它们是否愿意解决该问题，还有待观察。当前，索马里海盗不再猖狂，次要原因在于欧盟发起的雄心勃勃的区域性举措，而主要原因在于部署在海上的被动性及主动性反制措施日益见效，加上多个国家海军进行的更有效率的猎捕海盗行动，暂时将海盗赶出了这片水域。他们是否永远不会回到海上目前尚不清楚。如果许诺的建设计划没能落实，而各区域外强国目前仍在索马里水域巡逻的军舰全数撤出，那么海盗活动一定会卷土重来。2017 年发生的两起海盗袭击事件（两艘船均被海盗登上，但是均被重新夺回）

和 2018 年的两起（都失败了），均可谓不吉之兆。[140]

在其他地区，特别是马六甲海峡和几内亚湾，海盗们依然很活跃。一般来说，"非洲之角"海上安全中心的最佳管理规范提出的建议，对于这些海盗活动频发地区仍有积极意义，但是必须根据当地环境在细节上做一些调整。例如，其推荐的在船上实施的主动反制措施，尤其是涉及武装警卫的部分，必须要考虑到一个事实，就是很多尼日利亚海盗团伙并不认为卷入一场持久的战斗算得上什么了不得的大事。还需指出的是，对于任何可能的国际舰队来说，朝近海目标发动进攻，甚至在尼日利亚领海巡逻，是根本不可能的。这种行动方案只有在索马里海域才有可能实现，因为索马里过渡联邦政府允许国际组织以此为目的进入索马里主权领土。到目前为止，尼日利亚一直拒绝这样做。因此在几内亚湾，就需要一种本地解决方案，必须动用所有沿海国家的力量来形成有效的区域性反海盗体系。

在东方，相当有效的马六甲海峡巡逻队（MSP，由马来西亚、新加坡、泰国和印度尼西亚军舰组织的反海盗巡逻）以及范围更广的"亚洲地区反海盗及武装劫船合作协定"[141]（ReCAAP，成员包括东南亚和东亚的 20 个国家）已经被国际海事组织认定为其他地区进行区域反海盗行动的参考蓝图。2009 年 1 月 29 日，吉布提、埃塞俄比亚、肯尼亚、马达加斯加、马尔代夫、塞舌尔、索马里、也门和坦桑尼亚联合共和国联合通过了《吉布提行为守则》（*Djibouti Code of Conduct*），这无疑是朝着正确方向迈出的重要一步。[142] 根据该守则，各成员国有权在以下方面展开合作：调查、逮捕和起诉海盗以及为海盗活动提供支持（例如，资助海盗活动）的人；拦截及搜查有海盗船嫌疑的船只，如有必要，可以将其扣押；营救遭受海盗袭击的船只或个人；组织协同行动，包括与区域外国家的军舰合作开展的行动；共享海盗活动的情报。[143] 但同样地，和欧盟的"区域性海事能力建设"计划一样，事实证明，签署文件是一回事，尽力落实这些目标远大的条款则是另一回事。目前看来，这些宏大的宗旨和目标并没有实现，甚至没能在尼日利亚海盗团伙的劫掠过程中起到一丁点儿作用——在尼日利亚海盗的闲暇时间，他们仍在猖狂地猎捕船只，甚至抢劫离岸采油设施。

结语：卷土重来

就像海盗在漫长旅程结束后也要回到港湾，估量一下到手的财富一样，在回溯数个时期的海盗历史后，我们也需要进行总结：海盗是什么？什么环境让他们成为海盗？为什么打击海盗如此困难？以及全球海盗活动的产生、发展、成熟和衰落的背后原因是什么？

无论是什么时代和地区，海上强盗这份职业，从来不适合胆小鬼，也不适合有道德顾虑的人。确实如此，大多数可能成为海盗的人，可能在面对第一个障碍时便踌躇不前——因为不敢成为海盗。而那些当上海盗的人，接下来要在很短时间里学习很多技能。即便在初入江湖的袭掠或海难中活下来，有些人可能会丧失勇气，也可能因为能力不足或是懦弱而被同伴们抛弃或拒绝。但总体来看，大多数克服了第一个障碍的人也能克服第二关，并在行事上也会相当得心应手。和其他任何职业一样，海盗这个职业也会逐渐让新加入的成员"融入"到这份新职业里，这样一来，乍一看显得奇特而新颖，或者说可怕、危险和恐怖的东西，在他们眼里慢慢就成了很普通的事物。这是很重要的：我们的直觉是同情海盗活动的受害者和他们所经历过的恐惧——如果他们幸免于难；对海盗本身的认同和同情则非常困难，比如杀害散装货轮"长胜号"全体船员的冷血杀手们，以及今天索马里或者尼日利亚的海盗，他们被捕后留给观察者们的印象，通常是一副相当憔悴、衣衫褴褛的样子。这与好莱坞所描绘出的浪漫、勇武过人及基本上是虚构的盗贼形象相去甚远。然而，至少确实有人可能会同情前亚齐海盗马库斯·乌班，他在为自己的海盗行径辩护时说："新加坡富有，我们贫穷。"

也许，有人甚至可能会接受许多落网海盗（还有一些修正主义学者）常常辩称的理由，即"没有别的选择"。即使忽略这种辩词的虚假性，从这种认知到把海盗描述成——无论是历史上还是现代——高贵的"社会盗匪"（social bandits），仍旧可以说是一个很大的飞跃。[1]一些研究黄金时代海盗的现代社会学论著正是这样做的，虽然它们也提出了一些不错的观点。例如，一位著名的学者特别关注海盗船长和船员之间的准民主关系。[2]确实，黄金时代的海盗是在"一人一票"的基础上选举船长的，而船长如果想要强化纪律或是执行某一项行动方针，必须先与全体船员协商或"谈判"，最终通过投票来确定。即便是"黑胡子"这种令人生畏的海盗船长，有时候也不得不通过哄骗的手段，让那些反对他的船员遵照他的计划行事。这种准民主方案可能在广大读者甚至是部分学者之间催生了普遍的浪漫主义观念，即，海盗勇武过人、风流倜傥，是与众不同的"海上王子"。

但是，这些黄金时代的"王子"几乎跟当时典型的海盗形象没有关系。私掠者和私掠海盗似乎受到更多的纪律约束——尽管船长必须跟船员们谈判的例子并不少见。正如亲历者理查德·格拉斯普尔所观察到的，世界另一头的中国海盗舰队推行一套严格的帝国海军式等级制度，纪律严明："任何违纪行为都将立即［受到］惩处，因为他们的船上到处是他们的家人，有男人、女人和孩子，这看起来几乎不可思议。"[3]同时，活跃在东南亚海域的伊拉农人和巴兰金吉人则是按照准封建或部落结构进行组织的，类似于更早期的北方维京人以及马六甲海峡中的罗越人。显然，"放之四海皆准"（one size fits all）的解释注定是说不通的，而西方人对于海盗活动的浪漫主义印象下所隐藏的东西，远比它揭示出来的要多："当海盗"不但涉及平均主义和原始民主制度，而且还取决于地区、严格的等级制度以及严苛的纪律。而说到海盗的行动方式，不仅仅涉及一两艘海盗船和一艘珍宝船的船对船遭遇战，还——这依然取决于地域环境的不同——涉及数百艘船、数千海盗组织的大规模袭掠行动，他们扫荡整个沿海地区，甚至通过内河航道深入内陆。

关于经常提及的"没有别的选择"这个借口，现在可以说是很清楚了，无论得到授权与否，海上袭掠并不是存在于真空当中的。相反，这种现象及其衰落和兴起，与陆地上的大背景密切相关，尤其是沿海地区，因为在这些地方能够找到具备基础航海技能的人。虽然在各个年代和不同的地区存在差异，但是一般来讲，海盗行为是植根于边缘人群的，而且在某些地区，这些边缘人群通常处于"有教养的""文明的"主流社会之外。即便在今天，这类生活在勉强维持生计的肮脏环境下的海洋社群仍然存在。东南亚的罗越人仅仅是其中一个例子。[4] 忽视这些的结果是可以预见的：那些被剥夺了权利的人，早晚会开始寻找摆脱困境的出路。成为海盗是一种可能的选择，有时候还是一种非常明显的选择。

当然，这并不意味着所有的海盗都是不受其控制的外部环境的无辜受害者，仅仅受到"怨愤"的驱使。可以说，长期以"快钱的诱惑"的形式存在的"贪婪"也是海盗出现的重要因素，还经常是主导因素。以现代索马里海盗为例，最初的驱动因素是"怨愤"——

在该国海域进行的大规模非法捕捞，但在 2008 年 4 月，劫持法国奢华游艇"庞洛号"给海盗们带来了一笔 200 万美元的赎金之后，"怨愤"很快便被"贪婪"，被迅速发财的希望所取代。该事件的广泛报道导致了一场现代海洋版本的"加利福尼亚淘金热"：很多从未见过大海的青年民兵涌上海岸，参与海盗活动，并分到一杯羹。当然，他们当中有很多人可能只是偶尔参与了一次袭掠，随着他们命运之轮的转动，倏然投身海盗活动，又倏然离开。如果这些投机性质的海盗能够得到机会，他们很可能重新融入社会。不过，与活跃在陆地上的罪犯一样，总有一群顽固的职业犯罪分子致力于追求快乐生活——这也意味着，只要海上贸易还存在，即便是无人驾驶船只，海盗活动也仍然会与我们同在。

如果各个国家真的想要减少海盗祸害，那么就必须从陆地上着手："因为海盗——和其他人一样——必须生活在陆地上，必须在陆地上阻止他们。仅靠海上力量是不足以打击海盗活动的。"5 建立（如菲律宾或印度尼西亚等羸弱国家）或重建（如索马里等失败国家）陆上法律和秩序是合乎逻辑的第一步。尽管这并不容易做到，但就索马里的情况而言，还是有一线希望的：在这里，事实独立的索马里兰和半自治的邦特兰都已经成功地在一定程度上重建了一套法律与秩序，从而能够有效地遏制以其沿海地区作为据点的海盗活动。但是，陆地上的法律和秩序并不是唯一的解决办法。对于被边缘化的渔业社群，需要制定专门的福利政策，以改善民生，并为他们提供真正的职业选择权：20 世纪 70 年代，马来西亚就是出于这个目的，启动了一项专门针对小规模渔业人群的消除贫困计划。6 虽然该项计划存在很多引起广泛讨论的缺点，如资金管理不善、各政府机构之间的竞争等，但海盗活动确确实实地从马来西亚海岸消失了。颇具讽刺意味的是，尽管马来西亚渔民不再是海盗活动中的犯罪者，他们却成了来自马六甲海峡另一边的印度尼西亚海盗的受害者。迄今为止，印度尼西亚政府尚未在本国启动任何类似的消除贫困计划。

这意味着，谈及有效解决海盗活动这个问题，外部力量（不仅仅是周围的邻国）也应该发挥一定的作用。确实，外部势力对特定地区事务的干涉也是海盗活动萌发和持续出现的一大诱因。在殖民主义和帝国主义时代，外国对地区性沿海国家势力范围的入侵最为显著。例如，18世纪东南亚海域的海上袭掠浪潮之所以会爆发，很大程度上是因为西方殖民强国（尤其是荷兰）持续不断地试图强行摧毁所有当地竞争对手，西方殖民者的这些尝试导致了有数百年历史的海洋贸易网络几乎被完全破坏。而说到18—19世纪的马来海盗，千万别忘了，是"欧洲列强"在东南亚的"贪婪"逼他们走上了这条路。[7]即使在今天，索马里、菲律宾和印度尼西亚等国持续出现的海盗活动，很大程度上仍可归咎于外部势力对地区事务的干涉，这类干涉的形式如今转变为外国远洋拖网渔船在这些国家的海域进行非法捕捞作业。由此可见，反海盗巡逻只是其中一个方面：还必须要加强对非法捕捞的控制，让当地渔民获得公平的谋生机会，而不必参与走私或海盗活动。

打击海盗活动不仅是一个战术和军事行动问题，还是一个政治问题。就像如今的全球反恐怖主义战争一样，反海盗的战争也要依靠"自愿同盟"才能成功。在过去，建立有效的反海盗联盟几乎是不可能完成的任务，毕竟，贸易通常被认为是一场零和游戏，一个国家获利便意味着另一个国家损失。14 世纪末，为了打击粮食兄弟会而成立的汉萨同盟就是这样的一次尝试，同样的例子还有英格兰的詹姆斯一世，他在 1617—1620 年试图联合西班牙与荷兰的力量，建立一个三国海军联盟，共同打击阿尔及尔。然而，在当今这个依靠适时交货和海上运输链平稳运行的全球化世界中，视贸易为零和游戏不再有任何意义。以索马里海盗活动为例，它从仅影响个别船只的投机主义沿海袭掠犯罪，迅速发展成有组织的远洋海盗活动，从亚丁湾开始向外蔓延，然后扩张至整个阿拉伯海，对欧洲海上供应链构成了实实在在的威胁。欧盟——特别是其中主要的海洋强国，包括英国、法国和西班牙——因此做出了一些将海盗问题"安全化"的努力，即将其从单纯的海上犯罪"提升"至跟恐怖主义并列的全球性潜在安全威胁。于是，欧盟和北约部署了多支海军分队，而日本、韩国、中国、俄罗斯和印度等利益相关的国家也随之派出了军舰（这些海军当中，可能有一些也受到其他因素的推动，比如学习如何在远离己方基地的海域中进行海上作业、掌握海上补给的技术以及了解阿拉伯海的海洋与气象条件——当然，能够展示本国国旗，也是军舰外交的一种形式）。

还有一种相当有趣的解决海盗问题的方案，即重启私掠制度。尽管私掠在 19 世纪就被列为非法活动，但是美国拒绝认可《巴黎宣言》或其他任何特别禁止私掠活动的条约，因为美国当时仍需依靠私掠者来充实其薄弱的海军，以防有战争爆发。虽然美国在 1899 年的西美战争期间正式废除了私掠制度[8]，但美国宪法第一条第八款（国会权力：列举的权力）仍然在"界定和惩罚在公海上所犯的海盗罪和重罪"的权利后面紧跟着包括了"颁发私掠许可证的权利"。[9] 这一情况对于打击索马里和尼日利亚海盗以及私营海上安保公司的出现都具有潜在影响：现在普遍的做法是将越来越多的国家核心服务外包出去，包括那些与马克斯·韦伯提出的"在执法程序中，合法使用武力的垄断权力"的概念相关的服务，这可能导致私掠制度通过后门回归。[10] 的确，在"9·11"事件后，美国国会议员罗恩·保罗（Ron Paul）就在国会提出了关于私掠制度的《2001 年私掠与报复法案》（*Marque and Reprisal Act of 2001*），该法案将允许美国总统能够针对特定的恐怖分子签发许可证。2009年，当索马里海盗将活动范围扩展到公海上时，保罗也提议签发这类许可证，以打击索马里行动组织。他的意见并没有被采纳，但却提出了对海上及海岸的海盗活动进行私有化遏制的效力问题。在一个政府预算稳步减少、海军力量随之萎缩的时代（至少对于各个西方老牌海权强国来说是这样的），这不失为一个颇具诱惑力的选择。

当前，私营海上安保公司的任务范围还相当有限，仅仅是向装载贵重货物并航经海盗频繁出现的海域的船只，或位于这些海域的石油钻井平台和浮动式生产储存与卸载油驳提供武装安保人员。几内亚湾、马六甲海峡的海盗活动仍然频繁，索马里海盗虽然目前处于低潮，但仍然具有一定危险性，在这样的背景下，私营海上安保业正在蓬勃发展。[11] 一些更有进取心的公司已经提出了计划，包括从被动式安保发展为主动式安保，涉及主动开展的海盗猎捕行动。但是到目前为止，这一步一直没能迈出去，主要原因在于各个国家对待枪械持有的法律规定有所不同，而且，在一个国家主权高于一切的时代，也很难深入近海水域追捕海盗船。正如新加坡、马来西亚和印度尼西亚的例子，想让每个国家都允许他国军舰进入本国领海追捕海盗船，这仍然需要更多的信任和信心——尽管有联合巡逻行动。同样，印度也不允许私人海盗猎手进入其领海。武装安保人员所乘船只一进入印度领海，便会被印度海军和印度海岸警卫队拦截。显然，想要将打击海盗的任务外包给私营公司以作为现代版的私掠者，这还需要更多的游说和磋商。

纵观全球海盗史，我们可以觉察到"海盗周期"的大致轨迹，即海盗活动在一个特定区域内的产生、发展、成熟和衰落。正如维京人、伊拉农人和巴兰金吉人以及中国海盗舰队的大规模袭掠行动所证明的，海盗活动通常一开始规模不大，一旦有机会，它的实力和规模便会不断壮大，有时候还会成为一股真正强势的政治力量。从某种意义上说，这也呼应了弗朗西斯·德雷克爵士的座右铭"伟大始于渺小"。如果海盗活动在早期一直处于放任状态，那么它会迅速地从一开始的投机主义行动升级为有组织的海上袭掠。一旦防御的力量被极大地削弱，而政治和军事力量又近乎崩溃，那么先前季节性袭扰的掠夺者们就会发展成长期的统治者，并建立起他们自己的国家——就像维京人那样。这一过程可以看作"海盗周期"的发展阶段：

> 首先，来自沿海贫困地区居民当中的一些人会凑到一起，结成单独的队伍，各自拥有零星几艘船，袭击最弱小的商船……下一步就到了有组织的阶段，大的海盗团伙要么吞并小团队，要么把他们驱逐出去。这些大型组织的规模如此庞大，以至没有哪批商船——即便是装备上最强的武器——能从他们的袭击中全身而退。[12]

如果被攻击的国家成功反击，幸存的海盗将会被遣回，"他们很快就又成了鬼鬼祟祟的拦路毛贼，就在他们一开始兴风作浪的海域"[13]，于是，"海盗周期"又开始了。

那么，如何才能终结"海盗周期"呢？正如我们所看到的，非常不幸，大多数海盗活动的根本原因仍然存在。颇为讽刺的是，这意味着为海盗活动的发展定制一套"配方"，要比提供反海盗措施更加容易。实际上，维持"海盗周期"所需的（到目前为止）常见配料已经都列好了：

> 找一处靠海的地理位置，并且对当地的不法分子相当有利，而不利于千里迢迢赶来的执法人员。添加一点高利润和低风险的机会。把它跟内部和外部的冲突充分混合起来。避开海事执法能力，不要加入普通法！腐败有助于调味！加热！[14]

在前面的章节里，我们已经了解了所有这些要素。那么，从逻辑上来说，"解药"就是必须设法清除掉所有这些配料。最重要的是，想要从陆上和海上打击海盗，就必须要在所有当前海盗活动频发地点配备一套有效的海上法律和秩序，这样才能增加海盗的行动风险，同时降低其利润。这当然需要各个沿海国家的政治意愿，还需要一定的海事控制能力——适量的舰船和人员。正如索马里和几内亚湾的海盗活动所凸显出的，这一切都不是理所当然的。对于极度依赖于顺畅海上贸易的发达国家来说，解决这一问题的政治意愿似乎也经常缺失：只要"我们的"船只和船员、"我们的"货物和"我们的"海上交通线没有受到影响，那么这就不是"我们的"问题——而是"他们的"。它们同样缺乏切实解决非法捕捞问题的政治意愿，这是海盗问题的另一个方面，这在索马里海盗的例子中非常明显，同时也是导致其他海域海盗活动兴起的原因之一。只要这一情况没有改变，海盗活动就将继续存在。这也意味着，在未来的数年甚至数十年里，不同地区的人们仍会出于同样的原因而走上海盗之路。

术语表

Angre，Kanhoji 坎霍吉·安格雷（1669—1729），马拉塔海军统帅，被英国和葡萄牙认定为海盗；出生于 1669 年左右，死于 1729 年 7 月 4 日。

Argosy 大商船，一种 17 世纪的威尼斯大型货船，重量可达 1500 吨。

Avery，Henry 'Long Ben'"高个子本"亨利·埃弗里，因 1695 年 7 月捕获"无上珍宝号"舰船而闻名；出生于 1659 年 8 月 20 日，约 1714 年去世。

Balangingi 巴兰金吉人，生活在菲律宾苏禄群岛的民族，因 18—19 世纪的海盗行为而臭名昭著。

Barbary Coast 巴巴里海岸，是欧洲人于 16 世纪早期直到 19 世纪早期使用的术语，指北非滨海地区（包括现在的利比亚、阿尔及利亚、突尼斯和摩洛哥）。

Barbary corsairs 巴巴里私掠海盗，指 16 世纪早期到 19 世纪早期之间，来自巴巴里海岸城邦国家阿尔及尔、的黎波里和突尼斯等地的私掠者和海盗。

Bonnet，Stede 斯特德·邦尼特，因无聊而当了海盗的巴巴多斯地主；出生于 1688 年左右，死于 1718 年 12 月 10 日（被绞死）。

Bonny，Anne 安妮·邦尼，女海盗，约翰·拉克姆的同党；

生于 1698 年左右，死于 1782 年 4 月。

buccaneer 从法语 "boucanier"（意为 "使用 'boucan' 之人"，"boucan" 是一种熏肉用的木制烤架）转变而来，专指 17—18 世纪活跃于加勒比地区的法国、英格兰和荷兰海盗及私掠者，他们专事猎捕西班牙商船，也会袭击西班牙沿海定居点；本书一般译作 "加勒比海盗"。

Bugis 布吉人，又译武吉斯人，生活在马来半岛和苏门答腊岛的民族，因 18—19 世纪的海盗行为而臭名昭著。

chain shot 链球弹，大航海时代前装式大炮使用的一种特殊弹药，通常包含用锁链联结起来的两个半球，主要用于破坏桅杆索具及船帆，并最大限度地对暴露在甲板上的船员造成伤害。

Cinque Ports 五港同盟，英格兰港口黑斯廷斯、新罗姆尼、海斯、多佛、桑威奇加上 "古代城镇" 拉伊和温奇尔西组成的同盟；12—13 世纪为臭名昭著的海盗巢穴。

cog 柯克船，大型单桅货船，重量可达 200 吨，见于 10—14 世纪的北海地区。

Contreras, Alonso de 阿隆索·德·孔特雷拉斯，为西班牙及地中海的医院骑士团效力的西班牙私掠海盗；生于 1582 年 1 月 6 日，死于 1641 年。

corsair 本为法语词，专指参与 "guerre de course"（远洋战争 / 商业劫掠）的商业劫掠者；与 "privateer"（私掠者、私掠船）同义，大多用于表述活跃在地中海地区的私掠者；该术语既指从事此类活动的人员（私掠者），又指船舶本身（私掠船）；本书一般译作 "私掠海盗"。

Coxinga 国姓爷，西方对于郑成功（郑芝龙之子）的称呼，他曾为南明政权效力，也建立过自己的政权；出生于 1624 年 8 月 27 日，死于 1662 年 6 月 23 日。

Drake，Sir Francis 弗朗西斯·德雷克爵士，伊丽莎白一世女王的"绅士冒险家"（gentleman adventurers）中最著名、最成功的一位；出生于 1540 年左右，死于 1596 年 1 月 26 日。

drogue 海锚，用来给船舶减速的装置，通常用绳索、帆布或垫子临时制作并固定在船尾——海盗用此装置隐藏己方船舶本应达到的真实速度，借以误导目标船舶的船员。

dromond 中世纪地中海地区的一种大型商船。

East Indiaman 东印度商船，一般为欧洲各国的东印度公司使用的大型武装帆船的通用名称。

Eustace the（Black）Monk "（黑）修士"厄斯塔斯，中世纪海盗及私掠者；生于 1170 年左右，死于 1217 年 8 月 24 日的桑威奇之战。

Exquemelin，Alexandre 亚历山大·埃克斯梅林，法国海盗兼作家；出生于 1645 年左右，死于 1707 年。

flyboat 快速平底船，16—17 世纪的一种吃水较浅的轻型货船，重量可达 200 吨。

freebooter 源自荷兰语"vrijbuiter"，尤指专事海盗行为的人；海盗的同义词。

galleon 一种三至四桅的帆船，16—18 世纪被各种海上势力广泛用作武装货船或战船；本书一般直接译作"大帆船"。

galley 一种船身细长、干舷较低的桨船，在地中海地区主要用作战船；本书一般译作"桨帆船"。

Hanseatic League 汉萨同盟，在中世纪，北海和波罗的海沿岸的北德意志港口城市组成的同盟。

hongitochten 荷兰于17世纪在殖民地水域维持的对抗海盗及强制垄断的航线。

IMB 国际海事局（International Maritime Bureau），国际商会（ICC）专门处理包括海盗行为和保险诈骗在内的海洋犯罪的部门。

Iranun 伊拉农人，生活在菲律宾棉兰老岛的民族；18—19世纪因海盗行为而声名狼藉。

IUU "非法、无管制和未报告"（illegal，unregulated and unreported）的捕捞作业；被部分观察家称为"海盗式捕捞"（pirate fishing）。

junk 一种中国帆船，视大小而定单桅或多桅——在郑和下西洋期间，据说这种帆船的长度可以达到400英尺或124米（更现实一些的数据是250英尺或76米）；本书中，这种船一般只出现于东亚、东南亚海域，一般译作"大帆船"或"中国大帆船"。

Le Golif，Louis 路易·勒戈利夫，法国海盗，绰号"半边腚"（Borgnefesse）；约1640年出生，死亡日期未知。

Likedeeler 源自荷兰语，意为"均分者"；是"粮食兄弟会"的后继者，于1398年（第一次出现该名称）至1401年间活跃于波罗的海和北海地区。

Mainwaring，Sir Henry 亨利·梅因沃林爵士，英格兰海盗，后在詹姆斯一世国王治下成为海盗猎人；出生于1586年左右，死于1653年。

Morgan，Sir Henry 亨利·摩根爵士，英格兰海盗（加勒比海盗），后成为海盗猎人；牙买加代理总督；出生于约 1635 年，死于 1688 年 8 月 25 日。

MV Cheung Son "长胜号"，于 1998 年 11 月 16 日遭海盗（其中包括 12 名中国国籍海盗和 1 名印度尼西亚国籍海盗）劫持的中国散装货轮。

MV Maersk Alabama "马士基·阿拉巴马号"，于 2009 年 4 月 8 日遭索马里海盗俘获的美国集装箱货轮。

MV Moscow University "莫斯科大学号"，遭索马里海盗劫持的俄罗斯油轮，于 2010 年 5 月 6 日被俄罗斯特种部队解救；据说，全部海盗"已经葬身大海"。

Nuestra Señora de la Concepción "圣母无原罪号"，一艘西班牙大帆船；1579 年 3 月 1 日，从马尼拉航向阿卡普尔科途中，在太平洋上被弗朗西斯·德雷克爵士捕获。

Operation Atalanta 亚特兰大行动，欧盟在索马里 / 非洲之角附近进行的反海盗行动，于 2008 年 12 月 8 日开始，截至 2018 年 12 月仍在进行中。

Operation Ocean Shield 海洋之盾行动，北约在索马里 / 非洲之角附近进行的反海盗行动，于 2009 年 8 月 17 日开始，2016 年 12 月 15 日结束。

Orang Laut 罗越人，族名来自马来语词汇，直译为"海洋之民"；8—13 世纪活跃于马六甲海峡，或效命于三佛齐统治者，或自立门户从事海盗行径。

Pero Niño, Don 唐·佩罗·尼尼奥，15 世纪早期的卡斯蒂利亚私掠海盗，受命猎杀海盗并进行商业劫掠；生于 1378 年，死于 1453 年 1 月 17 日。

pinnace 随附于大型船只的小型船艇，用于穿梭或摆渡。

piracy 海盗行为，在海上或从海上发起的未经合法授权、为私人谋利益而进行的抢劫、绑架或暴力行为。

piragua 亦作"pirogue"，一种吃水浅的小型快速船只，包括划艇（canoe）和独木舟（dugout）等。

pirate 从事上述"海盗行为"的人，即海盗。

prahu 由船桨或 / 和船帆推动的一种马来亚多船体舰船；本书一般译作"马来快船"。

privateer 私掠者，由"private"（私人的）和"volunteer"（志愿者）缩写而成；指被私人操控的战船，或接受委托进行商业劫掠的个人——即"拥有许可证的海盗"。

Rackham, John 约翰·拉克姆，绰号"棉布杰克"（Calico Jack），海盗船长，活跃于 1717—1720 间；生于 1682 年 12 月 26 日，死于 1720 年 11 月 18 日（被绞死）。

Raleigh, Sir Walter 沃尔特·雷利爵士，伊丽莎白一世女王的"绅士冒险家"之一；出生于 1552 年左右，死于 1618 年 10 月 29 日（被斩首）。

Read, Mary 玛丽·里德，女海盗，随安妮·邦尼和约翰·拉克姆出海；出生于约 1690 年，死于 1721 年 4 月 28 日（被囚禁时死于高烧）。

Sea Dayak 海上达雅克人，又称伊班人（Iban），婆罗洲（即加里曼丹岛）的达雅克族分支，因 18—19 世纪的海盗行为而臭名昭著。

Seabourn Spirit "世鹏精灵号"邮轮，于 2005 年 11 月遭受到索马里海盗一次并不成功的袭击。

Teach，Edward 爱德华·蒂奇，海盗船长，他的绰号"黑胡子"（Blackbeard）更为知名；出生于 1690 年左右，死于 1718 年 11 月 22 日（战死）。

Victual Brothers 粮食兄弟会（德语：Vitalienbrüder），14 世纪末活跃于波罗的海和北海的海盗公会，最初是效命于梅克伦堡公爵（Duke of Mecklenburg）的私掠者，后成为海盗。

Wako 在英语中又译"wokou"，即倭寇，活跃在中国、朝鲜和日本沿海地区的海盗，主要活动于 14—16 世纪；通常以大型舰队进行海盗劫掠。

Ward，John 约翰·沃德，英格兰私掠者，"变节土耳其人"（turned Turk），后为臭名昭著的突尼斯私掠海盗；出生于 1552 年左右，死于约 1622 年。

Xu Hai 徐海，出身于一座著名中国寺庙的佛教徒，后成为海盗并加入倭寇，原因未知；出生年未知，死于 1556 年 9 月 29 日（死于倭寇火拼）。

Zheng He 郑和，于 1405—1433 年领导了七次进入印度洋的航海行动（下西洋）；1407 年初，于第一次下西洋尾声击败了中国海盗陈祖义的舰队；生于 1371 年，死于约 1433 年或 1435 年。

Zheng Zhilong 郑芝龙，中国海盗领袖，初支持南明政权，后于 1650 年投降清朝；生于 1604 年，死于 1661 年。

注　释

引言：海盗的突然回归

1.　Burnett, Dangerous *Waters*, 224.

2.　关于这些刻板印象，可参见 Ritchie, "Living with Pirates"。

3.　当时属于世鹏邮轮公司（Seabourn Cruise Line）。2015 年 4 月，风星邮轮公司（Windstar Cruises）收购该船并将其重命名为"星之微风号"（*Star Breeze*）。

4.　可参见 *Scotland on Sunday*, "Pirates Attack Luxury Cruise Ship", 6 November 2005。亦可参见 Lehr and Lehmann, 'Somalia: Pirates' New Paradise, 4–5。

5.　Rediker, *Villains of All Nations*, 175.

6.　Y.H. Teddy Sim 批评了这种"伟人"式论调，从本质上讲，这掩盖了不太知名的海盗——可以说是绝大部分海盗——可能更加平凡的经历。不过，由于其目的是阐明观点，所以此类"伟人"故事效果很好。见 Y.H. Teddy Sim, "Studying Piracy", 5 (note 13)。

7.　Mann, *The Sources of Social Power*, vol. 1, 2.

8.　Buzan and Little, *International Systems*, 257.

9.　My emphasis; "piracy, n.", *OED Online*; online at http://www.oed.com/view/Entry/144486 (accessed 17 September 2018).

第一部　各地起源，公元 700—1500 年

1.　Antony, *Like Froth*, 89.

2.　Kaiser and Calafat, "Violence, Protection and Commerce", 71-2.

3. Saxo Grammaticus, *Gesta Danorum*, XIV, 15.5.

4. *Detmar Chronicle*, 引述自 Puhle, *Die Vitalienbrüder*, 50 (translation mine)。

5. Ibid., 151–2.

6. 由于跟所谓《汉萨同盟档案》（*Hanserecesse*，汉萨同盟的档案，包括其全部报告、公函、条约等）相关的部分涵盖了 14 世纪的最后十年，而关于粮食兄弟会的起源也包含在这部分文件里。但这些文件在 1842 年 5 月汉堡的大火中被烧毁，所以我们只能做些推测。

7. Puhle, *Die Vitalienbrüder*, 41–2.

8. "吉伯林"（英语：Ghibelline; 意大利语：Ghibellini）是 12—14 世纪意大利的一个支持神圣罗马帝国皇帝而反对教宗的拥皇派政治派别。根据《大不列颠百科全书》（*Encyclopeadia Britannica*）的说法，这个名字来自地名魏布林根（英语：Wibellingen，现代德语：Waiblingen），霍亨斯陶芬的康拉德三世（Conrad III of Hohenstaufen）在这里有一座城堡。"吉伯林"的拥教宗派反对者称为归尔甫（Guelfs）——"韦尔夫"（Welf）的意大利语化，韦尔夫是德国的一个王朝，其作为霍亨斯陶芬家族的死敌，受到教宗的支持而反对皇帝。参考条目 "Guelf and Ghibelline", https: //www. britannica.com/event/Guelf-and-Ghibelline。

9. Heers, *Barbary Corsairs*, 28, 34–5.

10. Ibid., 36.

11. Ibid., 28–9. 亦可参考 Setton, *The Catalans in Greece*。

12. Puhle, *Die Vitalienbrüder*, 33.

13. 同上引述。

14. Ibid., 61–3.

15. 为避免误会，需要指出的是，我们在这里讨论的是托钵修会的个别僧侣，而不是专业的"武僧"，如基督教的圣殿骑士团、医院骑士团，或是佛教的僧兵（Sōhei）。

16. Burgess, *Two Medieval Outlaws*, 7–8.

17. Matthew Paris, 同上引述，34。

18. Hucker, "Hu Tsung-hsien's Campaign Against Hsu Hai", 280.

19. Ibid.

20. Levathes, *When China Ruled the Seas*, 185.

21. Chin, "Merchants, Smugglers, and Pirates...", 50–2.

22. 关于 "social bandits"，参见 Hobsbawm, Bandits。

23. Hedeager, 'From Warrior to Trade Economy', 84.

24. Ibid.

25. Foote and Wilson, *The Viking Achievement*, 229.

26. 引述自 Bradford, *Mediterranean*, 361。

27. Abulafia, *The Great Sea*, 279.

28. Ibid.

29. Diaz de Gamez, *The Unconquered Knight*, 54.

30. 参见 Abulafia, The Great Sea, 415。

31. 关于乌穆尔帕夏和《乌穆尔帕夏史诗》（*Destan d'Umur Pasha*）的引述，参见 Heers, *Barbary Corsairs*, 48–50。

32. Amirell and Müller, "Introduction: Persistent Piracy", 4.

33. Meier, *Seafarers*, 153.

34. 引述自 Higgins, "Pirates in Gowns and Caps", 30。

35. Shapinsky, "Japanese Pirates and Sea Tenure" (unpaginated).

36. Ibid.

37. Antony, *Like Froth*, 30.

38. Turnbull, *Pirate of the Far East*, 7; Farris, *Heavenly Warriors*, 242.

39. Wilson, *Empire of the Deep*, 14.

40. Hobsbawm, *Bandits*, 27.

41. 关于这一点，参见 Barrett, "What Caused the Viking Age?"。

42. Pryor, *Geography, Technology, and War*, 99.

43. 引述自 Gosse, *The History of Piracy*, 1。

44. Abulafia, *The Great Sea*, 271, 274.

45. 对中国船型制详尽权威的论述可参考李约瑟《中国科学技术史》。Needham, Science and Civilisation in China, vol. 4, part 3, 379–699。

46. Adorno, 引述自 Heers, Barbary Corsairs, 33。

47. Ibid., 33–4.

48. Ibid.

49. Tenenti, *Piracy and the Decline of Venice*, 5.

50. Polo, *The Travels of Marco Polo*, 290.

51. Ibid.

52. Polo seems to use the term "corsair" as a substitute for "pirate".

53. Pryor, *Geography, Technology, and War*, 76–7.

54. Diaz de Gamez, *Unconquered Knight*, 95.

55. Earle, *Corsairs of Malta and Barbary*, 140–1.

56. Turnbull, *Pirate of the Far East*, 47.

57. 关于这次遭遇战，所有引述均出自 Hermann and Edwards (trans.), *Orkneyinga Saga*, 173–7。

58. Ibid., 177.

59. Diaz de Gamez, *Unconquered Knight*, 73.

60. 亦称"arquebuses"，演变自德语"Hakenbüchse"，意为"钩子枪"。这些重型火器在射击时，需架设在支架或是稳定的平台，如墙壁或城垛上。当处于后一种情况时，会从枪管中伸出一支钩子来钩住，故得名。

61. Reimar Kock, 引述自 Puhle, *Die Vitalienbrüder*, 43–4 (translation mine)。

62. Zimmerling, *Störtebeker & Co*, 85.

63. Reimar Kock, 引述自 Puhle, *Die Vitalienbrüder*, 44 (translation mine)。

64. *Annals of St-Bertin*, 39.

65. Ibid., 53.

66. Ibid., 63.

67. Ibid., 64–5.

68. Kennedy, *Mongols, Huns and Vikings*, 188.

69. Magnusson, *Vikings!*, 31.

70. *Anglo-Saxon Chronicle*, in Somerville and McDonald (eds), *The Viking Age*, 230.

71. Foote and Wilson, *The Viking Achievement*, 229.

72. Simeon of Durham, *History of the Church of Durham*, 35-6.

73. Magnusson, *Vikings!*, 31-2.

74. Morris, "The Viking Age in Europe", 99.

75. Batey and Sheehan, "Viking Expansion and Cultural Blending", 128.

76. 引述自 Price, "Laid Waste, Plundered, and Burned", 119-21。

77. *Riben zhuan*（"Treatise on Japan"），引述自 Turnbull, *Pirate of the Far East*, 25-6。

78. Levathes, *When China Ruled the Seas*, 185-6.

79. Ibid.

80. Hucker, "Hu Tsung-hien's Campaign Against Hsu Hai", 289-90.

81. Turnbull, *Pirate of the Far East*, 48.

82. Leeson, *Invisible Hook*, 116.

83. 关于政策的改变, 参见 Lim, "From Haijin to Kaihai", especially 20-2。

84. L. de Mas-Latrie, 引述自 Heers, *Barbary Corsairs*, 51。

85. 关于这些塔, 可见 Clements, *Towers of Strength*。

86. Turnbull, *Pirates of the Far East*, 48-50.

87. 正如马格努斯·马格努松（Magnus Magnusson）所指出的那样, 这段著名的祷告经文的原始版本可能是"summa pia gratia nostra conservando corpora et custodita, de gente fera Normannica nos libera, quae nostra vastat, Deus, regna"或"Our supreme and holy Grace, protecting us and ours, deliver us, God, from the savage race of Northmen which lays waste our realms", 参见 Magnusson, *Vikings!*, 61。

88. Eickhoff, "Maritime Defence of the Carolingian Empire", 51-2.

89. *Royal Frankish Annals*, 引述自 Somerville and McDonald (eds), *The Viking Age*, 245。

90. *Annals of St-Bertin*, 37.

91. Ibid.

92. Ibid.

93. Ibid., 98, 100, 118, 127, 130–1.

94. Ibid., 224.

95. Price, "Laid Waste, Plundered, and Burned", 120.

96. Kennedy, *Mongols, Huns and Vikings*, 193.

97. Braudel, *The Mediterranean and the Mediterranean World*, vol.1, 298.

98. Heers, *Barbary Corsairs*, 53. Bombards were early versions of cannon.

99. 在地中海，以护航舰队作为抵御海盗的防御措施，可以追溯到古代希腊和腓尼基诸城邦时期。

100. Lane, "Venetian Merchant Galleys", 182.

101. Ibid., 189.

102. Diaz de Gamez, *Unconquered Knight*, 59.

103. Ibid., 68.

104. Teichmann, *Stellung und Politik der hansischen Seestädte*, 59.

105. Ibid., 64.

106. Ibid., 66.

107. Zimmerling, *Störtebeker & Co*, 180–5.

108. Levathes, *When China Ruled the Seas*, 98.

109. Dreyer, *Zheng He*, 55.

110. Matthew Paris, *Matthew Paris's English History*, 413.

111. Riley-Smith, *The Knights Hospitaller in the Levant*, 224.

112. Bradford, *Mediterranean*, 359.

113. Heers, *Barbary Corsairs*, 55.

114. Bradford, *Mediterranean*, 358; Heers, *Barbary Corsairs*, 55.

115. Heers, *Barbary Corsairs*, 56.

116. 关于罗得岛的医院骑士团，可参见 Luttrell, *The Hospitallers at Rhodes, 1306–1412*, and Rossi, *The Hospitallers at Rhodes, 1421–1523*。

117. Teichmann, *Stellung und Politik*, 74.

118. Ibid., 78; see also Puhle, *Die Vitalienbrüder*, 97–102.

119. Turnbull, *Pirate of the East*, 13.

120. Ibid.

121. Ibid.

122. Hellyer, "Poor but Not Pirates", 118.

123. Gosse, *History of Piracy*, 22.

第二部　欧洲海权的崛起，公元 1500—1914 年

1. 引述自 Defoe, *General History*, 244。

2. Braudel, *The Mediterranean*, vol. 1, 432–3, 519.

3. Mueller and Adler, *Outlaws of the Ocean*, 298.

4. Ibid.

5. Bak, *Barbary Pirate*, 18.

6. Antony, *Like Froth*, 73.

7. Murray, "Cheng I Sao", 258.

8. Antony, *Like Froth*, 92.

9. Defoe, *General History*, 165.

10. 关于女人和海盗活动，可参考书目如 Appleby, *Women and English Piracy*; Klausmann, Meinzerin and Kuhn, *Women Pirates*; or, more generally on women and violence, Sjoberg and Gentry, *Mothers, Monsters, Whores*。

11. Wintergerst, *Der durch Europam lauffende*, 7–8.

12. Contreras, *Adventures*, 10.

13. Ibid., 13.

14. Le Golif, *Memoirs of a Buccaneer*, 28.

15. Ibid., 30–1.

16. Exquemelin, *Buccaneers of America*, part 1, 1–22.

17. Ibid., 21–2.

18. Bak, *Barbary Pirate*, 21.

19. On Ward, see ibid., especially 24, 36 passim.

20. 关于弗罗比歇，可参考 Best, *A true discourse*。关于他的现代传记，可参见 McDermott (ed.)，*The Third Voyage of Martin Frobisher*。

21. Bicheno, *Elizabeth's Sea Dogs*, 159.

22. 排第一的是"黑山姆"塞缪尔·贝拉米，获利约 1.2 亿美元。参见 Woolsey, "Top-Earning Pirates"。

23. Andrews, *Elizabethan Privateering,* 100.

24. Ibid.

25. 引述自 Reid, "Violence at Sea: Unpacking 'Piracy'", 17。

26. Defoe, *General History*, 72.

27. 克雷格·卡贝尔（Craig Cabell）及另外一些人认为，他这样做是为了找到背叛他的"黑胡子"并向其寻仇。参见 Cabell, Thomas and Richards, Blackbeard, 91, 94–5。

28. Preston and Preston, *Pirate of Exquisite Mind*, 74.

29. Cordingly, *Pirate Hunter*, 7–8.

30. 引述自 Andaya and Andaya, *History of Malaysia*, 130.

31. 伊拉农人是一个海洋民族，居住在菲律宾南部的棉兰老岛。

32. Warren, *Iranun and Balangingi*, 43–4.

33. Antony, "Turbulent Waters", 23.

34. Andrews, *Elizabethan Privateering*, 15.

35. 他对西班牙人的仇恨可以追溯到 1568 年 9 月 23 日发生在圣胡安·德乌卢阿（San Juan de Ulúa，今墨西哥韦拉克鲁斯）的一场惨绝人寰的苦战，交战双方是一支由约翰·霍金斯爵士（Sir John Hawkins）指挥的英格兰海军小队——德雷克在其中一艘战船上担任船长——和一支由唐·弗朗西斯科·卢汉（Don Francisco Luján）率领的西班牙舰队。据说卢汉打破了停战协定，就像战败的英格兰人在事后所做的那样。关于这场战役的简短描述可参见 Coote, *Drake*, 38–41；更详细的资料可参见 Unwin, *Defeat of John Hawkins*, 189–212。

36. 关于这个话题，参见 Coote, *Drake*, 110–11。

37. Senior, *Nation of Pirates*, 43.

38. 引述自 Lunsford-Poe, *Piracy and Privateering*, 121。

39. Abulafia, *The Great Sea*, 647.

40. Conrad, *The Rescue*.

41. Warren, *Iranun and Balangingi*, 398. 在 1920 年出版的这本康拉德的小说中，此句引述可在第 263 页找到。

42. 引述自 Reid, "Violence at Sea: Unpacking 'Piracy'", 19 (emphasis mine)。

43. 关于摩根，可参考一篇简短的传记：Breverton, *Admiral Sir Henry Morgan*。

44. Preston and Preston, *Pirate of Exquisite Mind*, 179–80.

45. Gosse, *The Pirates' Who's Who*, 10.

46. Lunsford-Poe, *Piracy and Privateering*, 152. Lunsford-Poe just mentions a "Grave of Ormond"，不过，如果她文章中的日期没错，那么当事人肯定就是第一代奥蒙德公爵詹姆斯·巴特勒（James Butler, 1st Duke of Ormond）。

47. Gosse, *The Pirates' Who's Who*, 10.

48. Senior, *Nation of Pirates*, 56. 关于这座小港口还有一段小故事，它曾经被一个叫作穆拉特·雷（Murat Rais）的巴巴里私掠海盗在 1631 年 6 月洗劫过。关于此事，见 Ekin, *The Stolen Village*。

49. Mainwaring, "Of the Beginnings", 15–16.

50. 引述自 Senior, *Nation of Pirates*, 54。

51. Talty, *Empire of Blue Water*, 40.

52．Lane, *Blood and Silver*, 105.

53．Zahedieh, "Trade, Plunder, and Economic Development", 215.

54．Petrucci, "Pirates, Gunpowder, and Christianity", 62.

55．Antony, *Like Froth*, 125.

56．Chin, "Merchants, Smugglers, and Pirates", 50.

57．Petrucci, "Pirates, Gunpowder, and Christianity", 65.

58．马来语或印度尼西亚语"pulau"就是"岛"的意思。

59．Atsushi, "The Business of Violence", 135.

60．关于澳门历史，参见 Porter, *Macau, the Imaginary City*。

61．掺水烈酒是一种由（热）水和朗姆酒制成的酒精饮料，有时候也会加入糖或香料。

62．Antony, *Like Froth*, 129.

63．Wang, *White Lotus Rebels*, 86.

64．Antony, *Like Froth*, 127–9.

65．Bicheno, *Elizabeth's Sea Dogs*, 155.

66．引述自 Tinniswood, *Pirates of Barbary*, 17。

67．Childs, *Pirate Nation*, 2, 4；亦可参见 Ronald, *The Pirate Queen*。

68．Williams, *Sir Walter Raleigh*, 233.

69．保罗·塞林（Paul Sellin）在他关于雷利的有趣的著作中断言，他其实找到了一处富饶的金矿，只不过他成了法庭腐败的牺牲品。参见 Sellin, *Treasure, Treason and the Tower*。

70．Lunsford-Poe, *Piracy and Privateering*, 3.

71．Earle, *Sack of Panama*, 92.

72．Lunsford-Poe, *Piracy and Privateering*, 110.

73．Ibid., 115.

74．Lizé, "Piracy in the Indian Ocean", 81.

75．Wilson, *Empire of the Deep*, 105.

76．Ibid., 26.

77. 关于这一点，参见 Warren, *The Sulu Zone 1768-1898*。

78. Van der Cruysse, *Siam & the West,* 199–201.

79. 同上，412—414。塞缪尔·怀特的弟弟乔治留下过第一手资料，见 White, *Reflections on a Scandalous Paper*。亦可参考 Collis, *Siamese White*。

80. Senior, *Nation of Pirates,* 27.

81. Mainwaring, "Of the Beginnings", 14.

82. Bak, *Barbary Pirate,* 43.

83. Ibid., 44–5.

84. Barbour, "Dutch and English Merchant Shipping", 280.

85. Bak, *Barbary Pirate,* 61.

86. Senior, *Nation of Pirates,* 27.

87. Defoe, *General History,* 50.

88. 根据 1696 年英格兰东印度公司的一封请愿书的复制品，参见 Jameson, *Privateering and Piracy,* 109。不过，笛福声称这艘船的名字叫"公爵号"（*The Duke*），见 Defoe, *General History,* 50。

89. Ibid., 50–1.

90. Contreras, *Adventures,* 47, 49.

91. Ibid., 50.

92. Defoe, *General History,* 204.

93. Duguay-Trouin, *Les campagnes de Monsieur Duguay-Trouin,* 21.

94. Contreras, *Adventures,* 53.

95. Consul General Thomas Baker, as quoted by Tinniswood, *Pirates of Barbary,* 266.

96. Defoe, *General History,* 234.

97. Ibid., 217.

98. Hakluyt, *Principal Navigations, Voyages, Traffiques,* 817(adapted into modern English).

99. Ibid.

100. Wintergerst, *Der durch Europam lauffende*, 10–14.

101. Exquemelin, *Bucaniers of America*, part 1, 82.

102. Ibid.

103. Ibid.

104. 船长的名字似乎没有记录。关于船长的名字，哈里·凯尔西（Harry Kelsey）认为"San Juan"（圣胡安）是一个形式上有点罕见的西班牙名字，即便是在今天这个西班牙人不那么刻板的年代也是如此。另外，"Antón"（安东）很可能就是正确的拼法。"参见 Kelsey, *Sir Francis Drake*, 465 (endnote114)。

105. Bicheno, *Elizabeth's Sea Dogs,* 146.

106. Antony, *Like Froth*, 111.

107. Warren, *Iranun and Balangingi*, 269.

108. 引述同上，270-1。

109. Padfield, *Guns at Sea*, 29–39, 51–6.

110. Childs, *Pirate Nation*, 63.

111. Ibid., 62–3.

112. 根据科比特（Corbett）的说法，这是一艘加莱赛商船（galeazze di mercantia）。参见 Corbett, *England in the Mediterranean*, vol. 1, 14。

113. Tinniswood, *Pirates of Barbary,* 36.

114. 链球弹是两个用链条拴在一起的半球，用作近程杀伤敌方人员或是撕裂帆具、切断桅杆索具的炮弹。

115. 引述自 Tenenti, *Piracy and the Decline of Venice*, 77–8。

116. Defoe, *General History*, 53.

117. Cordingly, *Life Among the Pirates*, 35.

118. Ibid. 另有资料表示每人的份额是 50 万美元，参见 Rogozin'ski, *Honor Among Thieves*, 89–90。

119. 关于"马尼拉大帆船"（Manila galleon），参见 Schurz, *The Manila*

Galleon, 161–77。

120. Pretty, "The Admirable and Prosperous Voyage", 108.

121. Ringrose, *Bucaniers of America*, vol. 2, 30.

122. Little, *Sea Rover's Practice*, 6.

123. Earle, *Pirate Wars*, 105.

124. Warren, *Iranun and Balangingi*, 268–9. 东印度公司的船只，参见 Sutton, *Lords of the East* (especially the chapter "The Ships", 37–52)。

125. Earl, *The Eastern Seas*, 376.

126. 参见 Warren, *The Sulu Zone 1768-1898*, 170(footnote)。

127. Warren, *Iranun and Balangingi*, 273.

128. Rutter, *Pirate Wind*, 38.

129. Warren, *Iranun and Balangingi*, 271–2.

130. Rutter, *Pirate Wind*, 20.

131. O'Kane, *The Ship of Sulaima‾n*, 232.

132. 关于这次袭掠及其精彩描述，见 Ekin, *The Stolen Village*。

133. Exquemelin, *Bucaniers of America*, part 1, 114–15.

134. Earle, *Pirate Wars*, 95.

135. Masefield, *On the Spanish Main*, 202.

136. Earle, *Pirate Wars*, 128.

137. 引述自 Antony, *Like Froth*, 119–20。

138. 参见 "Mr Brooke's Memorandum on the Piracy of the Malayan Archipelago", in Keppel, *Expedition to Borneo*, 290。

139. Ibid.

140. Earle, *Pirate Wars*, 128.

141. De Bry, "Christopher Condent's Fiery Dragon", 107.

142. Exquemelin, *Bucaniers of America*, part 1, 106–7 (spelling modernised).

143. Ibid., 107(spelling modernised).

144. Contreras, *Adventures*, 36.

145. Antony, *Like Froth*, 143.

146. Le Golif, *Memoirs of a Buccaneer*, 227.

147. Ibid., 225.

148. Murray, "Cheng I Sao in Fact and Fiction", 260.

149. Antony, *Like Froth*, 48-9.

150. Le Golif, *Memoirs of a Buccaneer*, 228.

151. Woolsey, "Top-Earning Pirates".

152. Exquemelin, *Bucaniers of America*, part 2, 2-3.

153. Woolsey, "Top-Earning Pirates".

154. Exquemelin, *Bucaniers of America*, part 2, 56-7.

155. 引述自 Earle, *Pirate Wars*, 29。

156. Rediker, *Villains of All Nations*, 5.

157. Earle, *Pirate Wars*, 23.

158. 关于可能的原因，例子参见 Tinniswood, *Pirates of Barbary*, 75-6。

159. Mainwaring, "Of the Beginnings", 10.

160. Mainwaring, *Life and Works of Sir Henry Mainwaring*, Vol. I, 31.

161. Mainwaring, "Of the Beginnings", 15-16.

162. Ibid., 19.

163. Ibid., 23.

164. Tinniswood, *Pirates of Barbary*, 82-3.

165. Mainwaring, "Of the Beginnings", 42.

166. Antony, "Piracy on the South China Coast", 36.

167. Sazvar, "Zheng Chenggong", 164.

168. Ibid., 165.

169. Clements, *Coxinga*, 5.

170. Ibid., 186.

171. 关于郑成功的英雄地位，参见 Sazvar, "Zheng Chenggong", 201-30。

172. 引述自 Clements, *Coxinga*, 159。

173. 关于马拉塔历史, 参见 Gordon, *The Marathas 1600–1818*。

174. Risso, "Cross-Cultural Perceptions of Piracy", 303.

175. Biddulph, *Pirates of Malabar and An Englishwoman in India*, 27.

176. Weber, "The Successor States", 205.

177. Risso, "Cross-Cultural Perceptions of Piracy", 305. 但是, 她误把这个评价归因于 K.M. Panikkar, 后者仅以中立的角度提到过一次安格雷（在该书第 94 页, 并非 Risso 声称的第 74 页）, 见 Panikkar, *Asia and Western Dominance*, 94。

178. Downing, *Compendious History of the Indian Wars*, 20-2.

179. Rediker, *Between the Devil and the Deep Blue Sea*, 256.

180. Hawkins, *Observations of Sir Richard Havvkins Knight*, 213–14, 221-2.

181. 不幸的是, 关于当时所使用的武器, 德孔特雷拉斯并没有提供任何细节——但是, 由于他很可能没有时间也没有资源给这些商船配备加农炮, 我认为他在这里指的是步枪——这也能解释为什么在战斗中没有舷炮齐射。

182. Contreras, *Adventures*, 137-8.

183. Ibid., 138.

184. Chauvel, *Nationalists, Soldiers and Separatists*, 20

185. Parthesius, *Dutch Ships in Tropical Waters*, 41-2.

186. Contreras, *Adventures*, 21.

187. Ibid. 然而, 德孔特雷拉斯对于他自己一方的伤亡绝口不提。

188. 关于这一点, 见 Cabell, Thomas and Richards, *Blackbeard*, 3, 135–7; Konstam, *Blackbeard*, 233–7, 275–80。

189. 这是笛福关于这件事的看法；安格斯·康斯塔姆（Angus Konstam）认为, "黑胡子"直到第二天清晨才发现梅纳德的两艘单桅帆船, 原因是他没能安排好警戒工作, 参见 Konstam, *Blackbeard*, 245-6。

190. Defoe, *General History*, 80.

191. Ibid., 81.

192. Ibid.

193. Ibid.

194. Ibid., 82

195. Ibid., 165.

196. Tinniswood, *Pirates of Barbary*, 10.

197. Hebb, *Piracy and the English Government*, 2.

198. 关于这次袭掠，参见 Tinniswood, *Pirates of Barbary*, 131–2。

199. Little, *Pirate Hunting*, 205.

200. Tinniswood, *Pirates of Barbary*, 278.

201. Earle, *Pirate Wars*, 71.

202. Oppenheim, *Naval Tracts of Sir William Monson*, vol. 3, 80.

203. Ibid., 82–3.

204. Ibid., 82.

205. "方块弹（dice shot）是方形的铁块，使用情景跟后来的葡萄弹（grape shot）类似，在亨利七世和亨利八世统治时期经常用于大炮炮弹，在伊丽莎白统治时期偶尔使用。"

206. Hebb, *Piracy and the English Government*, 134.

207. Lambert, *Barbary Wars*, 92, 101.

208. 第一次巴巴里战争是此书的主题：Wheelan, *Jefferson's War*。

209. 关于这场战争，参考 Lambert, *Barbary Wars*, 179–202。

210. Fremont-Barnes, *Wars of the Barbary Pirates*, 7–8.

211. Ibid., 87.

212. 引述自 Earle, *Pirate Wars*, 72。

213. 引述同上，73。

214. Tinniswood, *Pirates of Barbary*, 279.

215. Earle, *Pirate Wars*, 72.

216. Corbett, *England in the Mediterranean*, vol. 1, 52.

第三部　全球化的世界，公元1914年至今

1. 索马里是一个非常重男轻女的社会，女战士或者女海盗，目前来说都未存在过。

2. 这些船只于2005年9月被释放，总赎金约50万美元——但是相关资料不能确定确切数目。

3. 关于这一点，参见 Lehr and Lehmann, "Somalia - Pirates" New Paradise; Westberg, "Bloodshed and Breaking Wave: The First Outbreak of Somali Piracy"。

4. Lehr, "Somali Piracy and International Crime", 125.

5. Schuman, "How to Defeat Pirates".

6. Simon, "Safety and Security in the Malacca Straits", 35.

7. Frécon, "Piracy and Armed Robbery at Sea Along the Malacca Straits", 71.

8. Pérouse de Montclos, "Maritime Piracy in Nigeria", 535–41.

9. Jimoh, "Maritime Piracy and Violence Offshore in Nigeria", 7–8.

10. Ibid. 亦可参考 Pérouse de Montclos, "Maritime Piracy in Nigeria", 535。

11. 关于从中东和北非经由地中海抵达欧洲的非法人口贩卖和移民偷渡，可参考 Triandafyllidou and *Maroukis, Migrant Smuggling*。

12. 关于这些网络，可参考 BBC, "Migrant crisis"。

13. Ronzitti, *The Law of Naval Warfare*, 64.

14. 引述自 Cigar, "Jihadist Maritime Strategy", 7。

15. Bernama, "Zahid: Indonesia's Veep Hit by 'Bugis Pirate' Remark".

16. Koburger, "Selamat Datang, Kapitan", 69.

17. Ibid.

18. Stewart, *Piraten*, 379–81.

19. HSBC Economist Intelligence Unit, "Pirates of the Ports".

20. Liss, "Challenges of Piracy in Southeast Asia".

21. Stewart, *The Brutal Seas*, 29.

22. Ibid., 30-1.

23. Frécon, "Piracy and Armed Robbery", 73.

24. Ibid., 73-4.

25. Koh, "Drop in piracy in regional waters".

26. Frécon, *Piracy and Armed Robbery*, 77.

27. Hastings, "Geographies of State Failure and Sophistication in Maritime Piracy Hijackings", 220.

28. Hansen, "Somali Pirates are Back".

29. United Nations Monitoring Group on Somalia and Eritrea, *Report of the Monitoring Group on Somalia and Eritrea*.

30. 在本书完稿时（2018 年 11 月），由于严密的海军巡逻，海盗活动数量仍然走低，但海盗高层仍然有较高的影响力——无论是在整个社会还是在政治管理体系中。

31. 这至少是一位邦特兰官员（他希望保持匿名）在 2017 年与笔者通电话时所表达的观点。

32. Pérouse de Montclos, "Maritime Piracy in Nigeria", 536; Jimoh, "Maritime Piracy and Violence Offshore in Nigeria", 20.

33. Ibid., 9.

34. Murphy, "Troubled Waters of Africa", 71-2.

35. 类似观点参考同上，73。

36. Lacey, "The Signs Say Somaliland, but the World Says Somalia".

37. Young, *Contemporary Maritime Piracy in Southeast Asia*, 63.

38. 关于索马里海盗活动，参见 Lehr, "Somali Piracy and International Crime"。

39. Coffen-Smout, "Pirates, Warlords and Rogue Fishing Vessels in Somalia's Unruly Seas".

40. Lehr and Lehmann, "Somalia: Pirates' New Paradise", 12.

41. Mwangura, "Somalia: Pirates or Protectors?".

42. Ibid.

43. Barbour, "Dutch and English Merchant Shipping", 280.

44. 几乎所有专家都赞同，索马里海盗活动的某些方面无法用数字量化——很多流传出来的数字都是简单编造出来的，或者，最多是或多或少有些根据的猜测。

45. Lilius, *I Sailed With Chinese Pirates*, 2.

46. Ibid., 5.

47. 见同上列表，7–10。

48. Hympendahl, *Pirates Aboard!*, 23–7.

49. *iWitness News*, "Murder of German Sailor 'Another Nail' in St. Vincent's 'Economic Coffin'".

50. 引述自 Beeson, "Is Piracy Still a Threat to Ocean Cruisers?"。

51. *NZ Herald*, "Sir Peter Blake Killed in Amazon Pirate Attack".

52. 引述自 Phillips, Gayle and Swanson, "I Will Have my Boat Stolen"。

53. 引述同上。

54. Senior, *Nation of Pirates*, 59.

55. *The Economist*, "When Pirates Are Not So Bold".

56. 关于这次事故，参见 Captain Richard Phillips's report, published in Phillips and Talty, *A Captain's Duty*。

57. Associated Press, "Somali pirate gets life in prison for attack on US Navy ship"; Bockmann, "EU Navy Has Gunfire Exchange With Somali Pirates".

58. 参考 UN Monitoring Group on Somalia and Eritrea, *Report of the Monitoring Group on Somalia and Eritrea*, 34–5。

59. 引述自 Eichstaedt, *Pirate State: Inside Somalia's Terrorism at Sea*, 67。

60. Lehr and Lehmann, "Somalia: Pirates' New Paradise", 1–22.

61. 关于尼日利亚海盗的战术，参见 Kamal-Deen, "Anatomy of Gulf of Guinea Piracy", 104。

62. 可参见 Bridger, "West African Piracy: Extreme Violence and Inadequate Security"。

63. *Shipping Position Online*, "SP Brussels Attack". See also Bridger, "The World's Most Violent Pirates".

64. *Shipping Position Online*, "SP Brussels Attack".

65. Osinowo, "Combating Piracy in the Gulf of Guinea", 3.

66. 关于这次袭击，见 Kashubsky, "Offshore Energy Force Majeure", 20–6。

67. Ibid., 20.

68. Kamal-Deen, "Anatomy of Gulf of Guinea Piracy", 98.

69. Ibid.

70. 可参考 Hajari, "Bungles in the Jungle"。

71. 关于其概述，见 Oceans Beyond Piracy, "Definition/classification of piracy"。

72. Peter Unsinger，引述自 Herbert-Burns, "Compound Piracy at Sea in the Early Twenty-First Century", 113。这种分类方法可参见同上，98。

73. 更多细节，见 Herbert-Burns, ibid., 104–11。

74. 赫伯特–伯恩斯（Herbert-Burns）亦提请读者注意"自我海盗化（self-piracy）——即该船的初始船员主动将船变成幽灵船。这种行为要么是船员们主动的，要么是船主授意的。但是由于这种做法与保险欺诈的关系要比跟海盗活动的关系大，所以这种情况不予讨论。见 Herbert-Burns，同上。

75. 有些谈判代表所扮演的角色相当可疑，这种观点是有一定道理的。例如，2008 年 11 月 7 日，索马里谈判代表阿里·穆罕默德·阿里（Ali Mohammed Ali）曾就悬挂丹麦国旗的货船"未来号"（*CEC Future*）遭劫持一事在海盗和船东之间代为沟通。他被美国政府以"海盗帮凶"的罪名告上了法庭。不过，在 2014 年 2 月，起诉撤销。可参考 Schuler, "US to Drop Charges Against CEC Future Pirate Negotiator", and Dickson, "The Pirate Negotiator"。

76. 在本书撰写时，新成立的联邦政府仍被局限于首都摩加迪沙，这一点是否能有所改变，尚待观察。

77. 年龄范围参考 Hunter, "Somali Pirates Living the High Life"。

78. 引述自 Pandey, "Pirates of the Bay of Bengal"。

79. 可参考 Bagerhat Correspondent, "Sundarbans Pirates' Ringleader Held", and Chakma, "Maritime Piracy in Bangladesh"。

80. Pandey, "Pirates of the Bay of Bengal".

81. Bahadur, *Deadly Waters*, 197; Bahadur，不过，这里似乎混淆了发生在同一个月里的两件劫持案：发生于 5 月 17 日（不是他说的 5 月 5 日）的是一帮来自霍比奥（Hobyo）的海盗，他们劫持的是悬挂约旦旗帜的机动船"维多利亚号"（*Victoria*）；而属于德国船主、悬挂德国旗帜的机动船"莱曼·廷贝尔号"是在 5 月 28 日被劫持的。由于后一艘船确实被一支来自埃勒的海盗团伙劫持了，因此这似乎是他所指的那艘船。该案件涉及的赎金是 75 万美元。

82. Ibid., 194.

83. Ibid., 176-7.

84. Ibid., 197.

85. 关于这场战争，参见 Jensen, "The United States, International Policing and the War against Anarchist Terrorism, 1900-1914"。

86. 引述同上，19。

87. 引述自 Thorup, "Enemy of Humanity", 401-11。

88. 关于这一表述及其意义的有趣讨论，可参见 Gould, "Cicero's Ghost"。

89. William Blackstone, 引述同上，32。

90. Heinze, "A 'Global War on Piracy'?", 50.

91. 彼得·厄尔（Peter Earle）也有同样的结论，见 Earle, Pirate Wars, xi。

92. Gould, "Cicero's Ghost", 34.

93. Ibid.

94. 相关报道可参见 the *Telegraph*, "Russia Releases Pirates Because They 'Too

Expensive to Feed'"。

95. Private conversation, December 2008.

96. Ebert, "Deutschland macht Seeräubern den Prozess". 位于汉堡的国际海洋法法庭（The International Tribunal for the Law of the Sea）负责裁定作为国际法一部分的《联合国海洋法公约》（*UN Law of the Sea Convention*）所引起的纠纷。它的管辖权不包括海盗活动等刑事案件。

97. 关于处理当今海盗的多个可能的法律机制，可参考 Kraska, *Contemporary Maritime Piracy*, 168-82；关于将这些持久存在的问题加以审判的讨论，可参考 Kontorovich, "A Guantanamo on the Sea"。

98. 如果想要进一步了解，参见 MSC-HOA, "The Maritime Security Centre – Horn of Africa"。

99. Maritime Foundation, "Tackling piracy in the Gulf of Aden".

100. Ibid.

101. 关于 18 节及以上的情况，见 MSC-HOA, *BMP* 4, 7. How fast the various classes of modern container vessels can go is treated confidentially by their operators in order to deny their competitors a possible edge。

102. 可参考 *MEBA* 的报告 "Don't Give Up the Ship!"。

103. MSC-HOA, BMP 4, vi, 1, 2.

104. Ibid., 23-4.

105. Ibid, 38.

106. Ibid.

107. Ibid., 39-40.

108. Kuhlmann, "Piracy: Understanding the Real Threat", 36.

109. 引述自 the *Washington Times*, "Arming Sailors"。

110. Ibid.

111. Connett, "Robot Ships".

112. Ibid.

113. Andrews, "Robot Ships and Unmanned Autonomous Boats".

114. 引述同上。

115. Ibid. 亦可参见 MUNIN, "Munin Results".

116. IMO, *Somali Piracy Warning for Yachts*.

117. 关于这次事故，见 Bohn, *The Achille Lauro Hijacking*。

118. Ahluwalia, "Cruise Liner on Journey from Sydney to Dubai Turns into 'Ghost Ship'".

119. Pearlman, "Cruise Passengers Ordered to Switch off Lights and Music at Night".

120. 亚特兰大行动的正式名称是"欧洲联盟索马里海军"（European Union Naval Force Somalia），于 2008 年 12 月 8 日开始，截至本书写作时（2018 年 12 月）仍在进行中。该行动重点关注开往索马里港口的船只，并监视索马里海域的捕捞作业。参见 EU NAVFOR Somalia, "Mission"。

121. 海洋之盾行动是北约的一项倡议，一些北约以外的海军也有所贡献。该行动始于 2009 年 8 月 17 日，重点保护为世界粮食计划署（World Food Programme）向该区域运送粮食的船只，因此不可避免地要穿过索马里海域。由于海盗袭击——无论成功与否——数量大大减少，海洋之盾行动已于 2016 年 11 月 24 日终止。参见 Maritime Security Review, "NATO ends Ocean Shield"; Bueger, "'Ocean Shield' Achieved its Mission"。

122. CTF 151 是在 2009 年 1 月根据联合国安全理事会（United Nations Security Council）第 1816、1838、1846、1851 和 1897 号决议成立的多国合作组织。在本书撰写时（2018 年 11 月），CTF 151 由新加坡共和国海军少将 Saw Shi Tat 指挥。如果想要了解更多信息，参见 Combined Maritime Forces, "CTF 151: Counter-piracy"; Combined Maritime Forces, "Singapore Takes Command of Counter Piracy Combined Task Force 151"。

123. Foreign and Commonwealth Office (UK), "The International Response

to Piracy".

124. NATO, "Operation Ocean Shield".

125. BBC, "US to lead new anti-pirate force". 后来，所有这三个行动的军舰部署量——尤其是舰载直升机——都有所增加。

126. 引述自 Lehr, "Maritime Piracy as a US Foreign Policy Problem", 215。

127. 可参考 Kontorovich, "A Guantanamo Bay on the Sea"。

128. Curtenelle, "Uncertainty Surrounds Death in French Piracy Raid".

129. Nagourney and Gettleman, "Pirates Brutally End Yachting Dream".

130. Wadhams, "American Hostage Deaths: A Case of Pirate Anxiety".

131. *Spiegel Online*, "Mission Impossible: German Elite Troop Abandons Plan to Free Pirate Hostages".

132. 关于这次磨难，该船船长克日什托夫·科提乌克（Krzysztof Kotiuk）（用德语）写了一本书，参见 Kotiuk, *Frohe Ostern Hansa Stavanger*。

133. Konrad, "The Protector".

134. Sofge, "Robot Boats Hunt High-Tech Pirates".

135. BBC, "France Raid Ship after Crew Freed".

136. Pflanz and Harding, "Europe's Mainland Attack Will Escalate Conflict".

137. Ibid.

138. EU NAVFOR, *EU Naval Operation Against Piracy*, 7.

139. Ibid.

140. 关于 2017 年的两次攻击，见 BBC, "Somali pirates suspected of first ship hijacking since 2012"; MAREX, "Chinese Navy Hands Pirates Over to Somali Authorities". For the two attacks in 2018, see gCaptain, "Chemical Tanker Attacked by Pirates Off Coast of Somalia"; Schuler, "Hong Kong-Flagged Bulk Carrier Attacked by Pirates Off Somalia"。

141. Ministry of Foreign Affairs (Japan), *Regional Cooperation Agreement on Combating Piracy and Armed Robbery against Ships in Asia*.

142. 后来，科摩罗、埃及、厄立特里亚、约旦、毛里求斯、莫桑比克、阿曼、沙特阿拉伯、南非、苏丹和阿拉伯联合酋长国等国加入了进来。

143．IMO, *Djibouti Code of Conduct*.

结语：卷土重来

1. See Hobsbawm, *Bandits*.

2. 马库斯·雷迪克（Marcus Rediker）在这方面最重要的一部著作无疑是《万国恶棍》（ *Villains of All Nations* ）。关于普通海员，可以参见他早期的作品《魔鬼与蔚蓝深海》（ *Between the Devil and the Deep Blue Sea* ）。

3. 引述自 Murray, "Cheng I Sao", 273。

4. Young, *Contemporary Maritime Piracy in Southeast Asia*, 63.

5. Lambert, "The Limits of Naval Power", 173.

6. 关于这个计划，见 Ghee, "Conflict over Natural Resources in Malaysia", 145–81。

7. Rutter, *Pirate Wind*, 26.

8. Anderson and Gifford, "Privateering and the Private Production of Naval Power", 119.

9. "Constitution of the United States and the Declaration of Independence" (2009 edition), 6; online at http: //frwebgate.access.gpo.gov/cgi-bin/getdoc. cgi?dbname=111_cong_documents&docid=f: sd004.111.pdf (accessed 26 September 2018).

10. Weber, *Theory of Social and Economic Organization*, 154.

11. 可参见 Isenberg, "The Rise of Private Maritime Security Companies"。

12. Gosse, *History of Piracy*, 1–2.

13. Ibid.

14. Mueller and Adler, *Outlaws of the Ocean*, 288.